EPC 工程总承包项目风险管控研究

王 彬 原建军 主编

科学技术文献出版社

·北京·

图书在版编目（CIP）数据

EPC工程总承包项目风险管控研究 / 王彬，原建军主编. —北京：科学技术文献出版社，2023.4
ISBN 978-7-5235-0140-5

Ⅰ.①E… Ⅱ.①王… ②原… Ⅲ.①建筑工程—承包工程—工程项目管理—风险管理—中国 Ⅳ.① F426.9

中国国家版本馆 CIP 数据核字（2023）第 056635 号

EPC工程总承包项目风险管控研究

| 策划编辑：周国臻 | 责任编辑：张瑶瑶 | 责任校对：张 微 | 责任出版：张志平 |

出 版 者	科学技术文献出版社
地 址	北京市复兴路15号　邮编 100038
编 务 部	（010）58882938，58882087（传真）
发 行 部	（010）58882868，58882870（传真）
邮 购 部	（010）58882873
官方网址	www.stdp.com.cn
发 行 者	科学技术文献出版社发行　全国各地新华书店经销
印 刷 者	北京厚诚则铭印刷科技有限公司
版 次	2023年4月第1版　2023年4月第1次印刷
开 本	787×1092　1/16
字 数	349千
印 张	15.25
书 号	ISBN 978-7-5235-0140-5
定 价	58.00元

版权所有　违法必究

购买本社图书，凡字迹不清、缺页、倒页、脱页者，本社发行部负责调换

前　言

中国 EPC 工程总承包近年来发展十分迅速，但是工程总承包行业在高速发展的同时，风险管控意识相对薄弱。本书研究的方向即在 EPC 工程总承包高速发展的形势下，如何加强 EPC 工程总承包项目中的风险管控。EPC 工程总承包项目的总承包商按照和业主或投资者签订的合同规定，对工程项目实施过程中的工程设计、设备和材料采购、工程施工等进行全面承包。总承包商依照合同约定对自己承包工程的质量问题、安全状况、如期完成情况等向业主或投资者负责。这种将工程项目中绝大部分风险都转嫁到承包商身上的做法使承包商承担了很大的风险，如果不能在项目投标和执行阶段很好地研究和控制风险，将会给承包商和项目带来巨大的损失。

基于目前风险管理与控制逐步标准化和精细化的发展趋势，本书以国内外项目风险管理有关标准为指导，以 EPC 工程总承包项目的风险管控为研究对象，顺应风险管理与控制发展新趋势编写而成。全书共有十章，主要包括 EPC 工程总承包项目风险认知、EPC 工程总承包项目风险识别、EPC 工程总承包项目风险评价、EPC 工程总承包项目风险应对、EPC 工程总承包项目风险监控、EPC 工程总承包项目阶段风险管控、EPC 工程总承包项目专项风险管控、EPC 工程总承包项目接口风险管控、EPC 工程总承包项目全面风险管理，以及"一带一路"视角下 EPC 工程总承包项目风险管控等内容。

在编写过程中，编者参考了近年来著名企业在国内外开展 EPC 工程总承包项目风险管理实践的一些案例，以供大家吸取经验、取长补短，从而达到举一反三的目的。同时，编者也参阅了一些专家和学者的著作、文献，在此表示衷心感谢。

由于时间所限，书中难免存在不妥之处，希望读者给予指正。

目 录

第一章 EPC 工程总承包项目风险认知 ·········· 1

    第一节 工程风险基本概述 ·········· 1

    第二节 EPC 工程总承包模式的风险管理 ·········· 9

第二章 EPC 工程总承包项目风险识别 ·········· 26

    第一节 风险识别基本内容 ·········· 26

    第二节 风险分类与识别程序 ·········· 28

    第三节 风险识别基本方法 ·········· 34

    第四节 风险识别方法实践 ·········· 39

第三章 EPC 工程总承包项目风险评价 ·········· 41

    第一节 风险评价基本内容 ·········· 41

    第二节 风险评价指标体系构建原则 ·········· 42

    第三节 风险评价常见方法 ·········· 44

    第四节 风险评价方法实践 ·········· 50

第四章 EPC 工程总承包项目风险应对 ·········· 56

    第一节 风险应对基本内容 ·········· 56

    第二节 风险应对常见策略 ·········· 58

    第三节 风险应对策略选择 ·········· 65

    第四节 风险应对策略实践 ·········· 68

第五章　EPC 工程总承包项目风险监控 ·· 72

第一节　风险监控基本内容 ·· 72
第二节　风险预警系统分析 ·· 77
第三节　风险监控具体方法 ·· 78
第四节　风险监控方法实践 ·· 83

第六章　EPC 工程总承包项目阶段风险管控 ···································· 89

第一节　签约前的风险管控 ·· 89
第二节　设计阶段风险管控 ·· 95
第三节　采购阶段风险管控 ·· 100
第四节　施工阶段风险管控 ·· 106
第五节　试车阶段风险管控 ·· 108
第六节　阶段风险管控实践 ·· 110

第七章　EPC 工程总承包项目专项风险管控 ·································· 132

第一节　工期风险管控 ·· 132
第二节　费用风险管控 ·· 135
第三节　质量风险管控 ·· 139
第四节　HSE 风险管控 ·· 146
第五节　外汇风险管控 ·· 152
第六节　境外税务风险管控 ·· 156
第七节　专项风险管控实践 ·· 160

第八章　EPC 工程总承包项目接口风险管控 ·································· 177

第一节　接口风险管控认知 ·· 177
第二节　接口风险管控内容 ·· 183
第三节　接口风险管控实践 ·· 188

目 录

第九章　EPC 工程总承包项目全面风险管理 ································196

　　第一节　全面风险管理的含义 ··196
　　第二节　全面风险管理的理论发展 ··200
　　第三节　全面风险管理的体系构建 ··203
　　第四节　管道工程 EPC 总承包项目全面风险管理实例 ······························212

第十章　"一带一路"视角下 EPC 工程总承包项目风险管控 ·················220

　　第一节　EPC 工程总承包项目风险评价体系 ······································220
　　第二节　EPC 工程总承包项目风险评价准则及控制措施 ··························224
　　第三节　赞比亚输变电 EPC 工程总承包风险管控实践 ····························231

结语 ··234

参考文献 ··235

第一章　EPC 工程总承包项目风险认知

EPC（Engineering Procurement and Construction）工程总承包是国际工程管理领域的先进管理模式，与传统模式相比，具有很多优势，普遍受国际承包市场的推崇。然而，由于其具有工期长、规模大且协作单位多等特点，在实施过程中充满了风险，对众多风险如不加强管理，则必将影响项目目标的最终实现。因此，弄清 EPC 工程总承包项目面临的各种风险及其特点，明确总承包商所承担的风险责任，对于工程项目总承包商而言，无疑具有重要意义。

第一节　工程风险基本概述

一、工程风险的定义

（一）风险的定义

关于风险的定义，国内外一直没有统一，不同的学者对风险的理解和认识程度不同，或对风险研究的角度不同。因此，对风险概念有着不同的解释。

美国学者 A.H.Mowbray 定义风险为"事物的不确定性"；Ruefli 等将风险定义为"不利事件或事件集发生的机会"；C.A.Williams 将风险定义为"在给定条件下的某一特定的时期，未来结果的变动"；March 等认为风险是"事物可能结果的不确定性"，可由收益分布的方差测度；Brmmiley 认为风险是"公司收入的不确定性"；美国经济学家 Markowitz 等将证券投资的风险定义为"该证券资产各种可能收益率的变动程度"，并用收益率的方差来度量证券投资的风险，通过量化风险改变了投资大众对风险的认识；J.S.Rosenb 将风险定义为"损失的不确定性"；F.G.Crane 认为风险意味着"未来损失的不确定性"等。

综上所述，国外关于风险定义存在以下几种观点。

1. 风险不确定说

美国学者 Willet 把风险理论与保险联系起来研究，把风险与偶然和不确定性联系起来，提出风险是客观存在的，且具有不确定性。他从保险业的角度探讨风险与损失之间的内在联系，认为风险的发生与否不确定，发生的时间不确定，发生的情况不确定，发生的程度和结果不确定。

2. 损失可能说

损失可能说认为风险就是损失的可能性。该学说由美国学者 Haynes 在 1895 年首次提出，Haynes 从企业经营的角度探讨风险与损失之间的内在联系，着眼于强调损失发生的可能性。他指出"风险"一词在经济学和其他学术领域中，并无任何技术上的内容，只是意味着损失的可能性。某种行为能否产生有害的后果，应以其不确定性定义。如果某种行为具有不确定性，则行为就反映了风险的负担。

3. 预计结果与实际结果变动说

Williams 等提出，风险是随机事件可能结果之间的差异，或者说是预计结果与实际结果之间的差异。

4. 风险因素结合说

1956 年，由美国学者 Pfeiffer 在《保险与经济理论》一书中提出，他认为不确定性是主观的，概率是客观的，强调不区分风险的主观性和客观性，而着眼于风险产生的原因、后果与人类行为（人为因素）之间复杂的互动关系。其提出风险包括两个基本要素：不利后果与可能性。其中，不利后果包括主观和客观两个方面，即可能造成主观影响（人群心理影响、社会影响和政治影响等）和可能产生客观损失（人员伤亡、经济损失和环境影响等）。

上述关于风险定义的说法，是学者从保险、企业经营、证券投资和经济等学科出发，从各自不同的角度加以描述的，具有一定的局限性。一般认为，风险是指在实践活动中，客观环境与主观行为的不可确定因素造成的与项目预期结果的偏差。

（二）风险的理解

对于风险的理解，综合起来主要包括以下几个要点。

1. 风险是与人们的行为和活动相联系的

人们在从事的任何行为和活动中，总是想达到预期的结果，但对预期达到的结果是没有十足把握的，这时人们就会认为从事的此项行为和活动是有风险的。如果没有任何行为和活动，就不会有什么预期结果，也就不存在风险。

2. 风险事件本身是不确定的

外界客观环境与人们的主观行为具有很大的不确定性，这是风险产生的主要原因。战争、地震、海啸、暴雨、工人罢工、游行集会、物价上涨、汇率变动，以及人的反常行为、失职行为和违规行为等都是风险产生的根源因素，而这些因素在一定的客观条件下一旦发生，就成为风险事件。因此，风险事件具有很大的不确定性。如果风险事件本身是确定的，那么就不可能存在风险。

3. 风险损失是不确定的

风险损失的不确定性是指在一定的客观条件下，某种风险事件损失发生的不确定性。由于上述风险事件本身的不确定性，以及风险事件本身发展的规律也是不确定的，事件发生时在人们的行为和活动中所取得的实际结果与期望结果就会产生差值，差值越大则风险越大，反之差值越小则风险越小。风险事件损失已经存在了或风险事件损失肯定不存在的，均不可定义为风险。

4. 风险是可以度量的

风险是一种客观存在，其大小可以度量。根据概率论，风险大小取决于其所致损失概率分布的期望值与方差。统计学将概率的测定分为两种：一种是客观概率，是指根据大量历史的实际数据推算出来的概率；另一种是主观概率，是指在没有实际资料的情况下，人们根据有限资料和经验合理估计的概率。

（三）风险的要素

风险因素、风险事件和风险损失构成风险三大主要要素。

1. 风险因素

风险因素是指引起风险事件发生、增加风险事件发生的概率或扩大损失幅度的条件，是风险事件发生的潜在原因。

2. 风险事件

风险事件是指造成生命财产损失的偶发事件，是造成损失的直接或外在原因，是损失的媒介。

3. 风险损失

风险损失是指非故意、非预期和非计划的经济价值的减少，是风险事件造成的后果。

（四）风险的来源

工程风险的来源是多个方面的，如自然风险、社会风险、经济风险、法律风险和政治风险。不同的承包模式下，承包商会侧重于不同范围的风险。对于EPC工程总承包项目而言，其所面临的风险除具有传统承包模式下所有风险的特点外，范围还进一步增大，风险范围增大源于EPC工程总承包合同所规定的风险分配变化，主要有以下两个方面原因。

1. 合同条款变化

与传统承包模式相比，EPC工程总承包模式下合同风险分担发生了很大变化，EPC工程总承包商除承担合同明示的风险外，还有一些风险往往是隐藏在合同条款中的，这样就给总承包商的风险管控大大增加了难度。传统的承包模式下，业主承担的风险主要有政治风险、经济风险、法律风险、自然风险与外界风险等，承包商承担剩余的风险，而且当发生不可抗力时，业主也会承担承包商的直接损失；但在EPC工程总承包模式下，除政治和不可抗力因素引起的风险外，其他的风险都由总承包商承担，EPC工程总承包模式下总承包商的风险范围明显增大。在EPC工程总承包模式下，总承包商承担的主要风险有以下几个。

（1）实施过程中的设计风险

EPC工程总承包的合同条件强调由承包商负责整个工程的设计，并在业主应负责的部分外，对业主要求（包括设计标准和计算）的正确性负责。合同条件同时规定，业主不应对原包括在合同内的业主要求中的任何错误、不准确或遗漏负责，并不应被认为对任何数据或资料给出了任何准确性或完整性的表示。承包商从业主或其他方面收到任何数据或资料不应解除承包商对设计和工程施工应承担的职责。

（2）业主提供的现场数据不准确风险

现场数据是指项目现场地下、水文条件及环境方面的所有相关数据。现场数据是项目在投标和实施过程中非常重要的资料，大量的项目索赔及失败案例都是源于现场数据的收集和使用不当。FIDIC银皮书规定，承包商应负责核实和解释所有此类资料。除设计义务一般要求提出的情况以外，业主对这些资料的准确性、充分性和完整性不承担责任。承包商对业主所提供的资料要承担很大的责任。

在EPC工程总承包项目中，业主提供的数据和信息不准确是风险来源的一个重要方面，也是引起索赔甚至工程争端的最频繁因素之一。例如，某EPC工程总承包管道项目中，沟槽开挖是一项主要工作，按合同规定，管道应埋入地下1.5 m，总承包商在沟槽开挖中遇到了大量的石方段，与合同中工作范围描述的管线地质情况严重不符，总承包商在其技术标和商务标中报价的石方段长度只有70 km，而实际开挖过程中遇到的石方段长达300 km。因此，总承包商向业主提出了索赔，业主在收到初步索赔报告后，出于反索赔策略方面的原因，答复称将对承包商的索赔报告进行研究。但当工程进入收尾阶段时，业主致函总承包商不同意这项索赔，主要理由是EPC工程总承包合同条款规定，业主在合同文件中给出的任何数据和信息仅供承包商参考，业主不负责承包商依据此类数据得出结论的正确性……对现场条件的不了解不解除承包商的履约义务，也不能作为承包商的索赔依据。

（3）现场施工放线风险

EPC工程总承包合同与传统承包合同比较，放线风险分配条款有所改变，删除了传统承包合同中的业主原因导致费用增加和工期延长的，承包商应得到相应补偿的内容，将放线的所有风险都转嫁给了承包商。承包商应根据合同中规定的原始基准点、基准线和基准标高进行工程放线。由承包商负责对工程所有部分进行正确定位，并应纠正在工程位置、标高、尺寸或定线方面的任何差错。

（4）物价上涨或汇率变化所引起的经济风险

在EPC工程总承包中，除在专用条件中另有规定外，由于劳动力、货物及工程其他投入成本的上涨，或市场汇率发生变化，合同价格需要调整时一般业主不予以调整价格，应由工程总承包商来承担此类风险。

（5）其他不可预见的风险

EPC工程总承包合同规定，除合同另有说明外，承包商应被认为已取得了对工程可能产生影响和作用的有关风险、意外事件和其他情况的全部必要资料；通过签署合同，承包商接受对预见到的为顺利完成工程的所有困难和费用的全部职责；合同价格对任何未预见到的困难和费用不应予以考虑。

2. 工作范围的扩大

在EPC工程总承包模式下，总承包商的工作范围包括设计、采购和施工等阶段，根据业主需要，总承包商还可能参与到项目的前期策划、试运行、物业管理与运行维护等阶段，在如此大的工作范围中，分项目、各专业的接口多，承包范围边界模糊。同时，需要多单位、多专业人员参与建设，这样才能完成项目目标，参与方包括设计单位、设备和材料的供应商、施工分包商等，人员众多，从而增加了项目的风险。另外，与传统承包项目相比，EPC工程总承包项目一般持续的工期较长，不但从项目范围上会有增大的风险，而且在项目实施难度上往往也会增加，EPC工程总承包项目实施过程中环境的复杂性和不可确定性，会造成总承包商项目管理组织跨度的增加，从而使管理风险增大。

例如，某石油开发项目中，前期的设计工作是由业主方实施的，导致了合同范围界定不清，合同执行过程中出现了关于线路的附属工程简易机场是否属于EPC工程总承包工作范围的争议。该项目在合同工作范围中规定，若在工程的配套设施A炼厂和B炼厂各自的50 km以内没有简易机场，则承包商应在这两个炼厂的50 km内的区域各自修建一个简易机场。在工程开工后的现场详细勘察中，承包商的设计部发现在两个炼厂的50 km范围内，实际上已经分别存在简易机场了，于是承包商的设计部就致函业主，按照合同不再修建简易机场，业主最初回信同意，并据此发出工作范围删减的工程变更令，同时要求承包商将EPC工程总承包合同价格进行分解，以便从中将修建两个简易机场的费用扣除。但后来业主发现其中一个炼厂附近的简易机场是军用的，不允许商业使用，因此又重新来函要求承包商必须修建一个简易机场，并将另一个不需要修建的简易机场的费用从合同价格中扣除。承包商回函，不认可此项变更，既不同意修建一个机场，也不同意扣除另一个简易机场的费用。理由是从合同的措辞来看，只要是两个炼厂50 km以内有简易机场就可以不用修建，而且承包商的投标报价中根本没有包括简易机场的修建费用，若业主坚持修建简易机场，业主必须下达追加工作的变更命令，而不是删减工作的变更命令，并对承包商进行费用和工期补偿。

业主不同意承包商的说法，因为业主发现作为EPC工程总承包合同一部分的承包商技术建议书的内容中包括了简易机场，所以认为在承包商商务建议书的报价中，必然包含此费用。因此，承包商必须自费修建一个简易机场，并从合同价格中扣除另一个不修建的简易机场的费用。承包商致函业主做出解释：在承包商的技术建议书中出现了简易机场的设计是一个笔误，因为承包商在投标前期原计划是修建简易机场的，但在投标勘察阶段发现已经存在简易机场，所以就将简易机场的工作内容从技术建议书中删除了，只是在技术建议书的目录中忽略了删除"简易机场的设计"这几个字。在详细的设计和施工计划中并没有具体描述简易机场设计和施工的内容，同时对EPC工程总承包合同价格进行了分解，以证明其中没有包含简易机场的费用。双方经过多次谈判，最终达成协议，承包商自费修建一个简易机场，另一个简易机场不再修建，业主也不再从合同价格中扣除其费用。上述例子说明，EPC工程总承包项目中，承包商将面对由工作范围扩大所带来的各种风险的挑战。

二、工程风险的分类

根据不同的标准，工程风险分类有以下几种方法。

（一）按照项目全生命周期分类

按照项目全生命周期分类，可分为投标阶段风险、设计阶段风险、采购阶段风险、施工阶段风险、试运行阶段风险和运行维护阶段风险等。

（二）按照风险成因分类

按照风险成因分类，可分为政治风险（项目所在国战乱、动乱，国有化、征用、没收外资，以及所在国法律法规发生变化、汇兑限制、国际关系反常、专制行为等）、自然风险

（气候、地质、水文、地理位置等构成的障碍或不利条件）、经济风险（经济领域潜在或出现的各种可能导致承包商企业遭受损失的风险，如汇率浮动、通货膨胀等）、道德风险（业主不付款或拖延付款、分包商故意违约、承包商管理人员不诚实或存在违法行为等）、技术风险（承包商技术力量薄弱，缺乏技术人才和经验，新技术、新标准的应用等）、管理风险（决策失误，如招标信息失误或失真、报价过高等；缔约和履约不利；职业技术人员过失）、组织风险（合同各方关系的协调能力不够、公司领导对项目部不太重视、项目班子内部缺乏团队精神等）等。

（三）按照项目系统性质分类

按照项目系统性质分类，可分为环境系统风险（自然环境和社会环境的变化导致的项目风险）、行为系统风险（参与者的主观行为失误导致的项目风险）、技术系统风险（设计难度较大、新技术的应用、施工难度大等导致的项目风险）和管理系统风险（管理组织、机制、制度不健全导致的项目风险）等。

（四）按照风险对项目的影响分类

按照风险对项目的影响分类，可分为成本风险（是指由于风险的存在或在风险事件发生后人们必需支出费用和减少预期经济利益的风险）、工期风险（是指由于承包商原因，如管理不善、分包违约等，工期出现拖延，从而导致承包商接受业主罚款的风险）、质量风险（是指工程项目存在缺陷或瑕疵，给承包商带来经济利益上的负面效应和消极影响的风险）、安全风险（是指发生事故造成人员伤亡或重大财产损失的风险）等。

（五）按照风险对经济实体的影响分类

按照风险对经济实体的影响分类，可分为系统风险和非系统风险两类。系统风险又称为市场风险，是指某些因素给市场所有的经济实体（承包商或承包项目）带来经济损失的可能性，如政治风险、经济风险和环境风险等。

非系统风险又称为公司特别风险，是指某些因素对单个经济实体造成经济损失的可能性，如投标风险（报价风险、技术风险等）和履约风险（合同风险、组织风险、管理风险等）。

（六）其他分类

根据需要还可以依据其他标准对项目风险进行分类。

①按照风险分布地域分类，可分为国别风险、行业风险和企业风险3种。国别风险是指项目所在国或地区的政治、经济、法律等风险。行业风险是指由于一些不确定因素的存在，对建设行业生产、经营、投资偏离预期结果而造成损失的可能性。反映行业风险的因素包括周期性风险、成长性风险、产业关联度风险、市场集中度风险、行业壁垒风险和宏观政策风险等。企业风险是指建设企业所面临的风险，如投资风险、运营风险和管理风险等。

②按照风险的可控性程度分类，可分为不可控制风险和可控风险两种。不可控制风险是

指那些不可避免和无法弥补损失的风险，如自然风险。可控风险是指可以通过各种控制手段加以消除、减弱或转移的风险，如安全风险等。

③按照风险发生的概率高低分类，可分为极低风险、低风险、中风险、高风险和极高风险。高风险、极高风险是指发生概率比较高或非常高的风险，如工地安全事故风险。极低风险、低风险、中风险是指发生概率并不是很高，而是一般或很低的风险，如工地火灾风险等。

④按照风险发生后产生的后果严重程度分类，可分为稍有风险、一般风险、显著风险、高度风险和极其危险等。

⑤按照风险是否具有可保性分类，可分为可保风险和不可保风险两类。可保风险是指损失程度高、发生概率低、损失发生是意外的，且符合承保人承保条件的特定风险，如火灾财产风险、人身伤害风险等。不可保风险是指那些损失程度低、发生概率高、必然发生的风险，如机械磨损风险等，对于这类风险保险公司是不予承保的。

在工程项目风险管控中，风险分类常用①和④的方法。

三、工程风险的特征

在 EPC 工程总承包项目中，业主和总承包商风险分担与传统承包项目中业主和承包商之间的风险分担不同，总承包商承担了几乎所有的经济风险、技术风险、管理风险，以及大部分政治风险、社会风险，所承担的风险明显加大，这就要求总承包商具有更高的抗风险能力。了解工程风险的特征，熟悉诱发风险的潜在条件和风险发生过程，这对于风险管控非常重要。

EPC 工程总承包项目风险特征有以下几点。

（一）多样性

EPC 工程总承包项目的类型不同，风险也不尽相同。有对工艺要求较高的化工 EPC 工程总承包项目，意味着化工行业的设计风险很高；有对安全要求较高的核电 EPC 工程总承包项目，意味着项目实施过程中施工阶段的风险和材料采购阶段的风险很高。所以，在 EPC 工程总承包项目实施过程中，针对不同类型的项目，对风险控制的重点也不尽相同。

（二）复杂性

在 EPC 工程总承包项目中，总承包商所要处理的风险要比设计或施工等传统分段承包商复杂得多，风险也大得多。因此，EPC 工程总承包项目风险管控的难度必然更大，但其所取得的效益也会更加显著。

（三）全过程性

EPC 工程总承包模式下，承包商的工作任务贯穿于项目的设计、采购、施工、试运行及维护全过程，因此风险也将贯穿于工程整个生命周期。

（四）关联性

EPC 工程总承包项目各个阶段都存在风险，但各个阶段的风险并不是独立的，相互之间具有一定的关联性。例如，设计风险的发生可能导致采购工作的推迟，从而影响施工进度。材料、设备质量不合格，会影响施工安装环节的工作，其风险具有关联性。

（五）社会性

EPC 工程总承包项目实施过程中所涉及的利益相关者较多，关系复杂，国际 EPC 工程总承包项目尤其如此。

（六）三维性

通常风险可以描述为风险发生的概率和风险产生的后果的组合，除概率和后果可以作为描述风险的维度外，时间也是影响风险的一个重要维度。如果以 R 代表风险，P 代表风险概率，C 代表风险后果，T 表示时间，则可以把风险表述为函数：$R=f(P, C, T)$。随着时间的推移，风险发生概率降低，但风险产生后果增大。风险发生概率与风险产生后果的曲线依据风险特性分布有所不同。

四、工程风险的损失

工程风险损失包括有形损失和无形损失两类。

（一）有形损失

有形损失是指一旦风险事件发生所造成的经济损失。有形损失主要表现在以下两个方面：一是承包商因履行了合同责任范围以外的责任，或为避免非承包商所应承担的风险而造成的额外成本支出。二是业主付款拖延，或者拒付部分或全部合同款；或是承包商违约导致业主不付款或迟付款；或是由于业主的原因承包商承担其不付款或迟付款的后果；或是合同以外第三者的影响导致业主对承包商不付款或迟付款，如分包商违约等；或是由于承包商和业主都无法预见和控制的意外事件的发生，业主不付款或迟付款等。

（二）无形损失

无形损失是指一旦风险事件发生，对承包商所产生的负面影响，如对总承包商的经营运行、国际声望、社会名誉、企业形象等诸多方面的破坏后果。承包商信誉、信用损失是因风险产生的潜在损失，是一种不能直接用货币来衡量的损失。例如，风险事件的发生造成对总承包商不利的社会影响，被业主、金融机构列入黑名单，导致承包商信誉受损、信用下降等，这种风险损失给承包商带来极大的负面影响，不仅会使承包商在其他项目的投标报价中受到严格的限制，还会影响到承包商的经济效益、职工福利和财务资金运行，严重时还会造成承包商破产。

第二节　EPC 工程总承包模式的风险管理

一、风险管理原理概述

(一) 风险管理的含义与特征

1. 风险管理的含义

风险管理是指项目主体通过风险识别和评价等来分析工程项目的风险，并以此为基础，采用多种方法和手段，对项目活动涉及的风险实行有效的控制，妥善地处理风险事件造成的不利后果的全过程。EPC 工程总承包项目风险管理的对象是项目实施过程中的各类风险，风险管理的主体是 EPC 工程总承包企业和（或）项目部。

与其他传统承包模式的风险管理不同，EPC 工程总承包模式的风险管理工作具有特殊性，风险管理难度比较大。一是 EPC 工程总承包项目的风险管理持续时间比较长，由于风险伴随建设项目的实施全过程，所以项目的可行性研究、规划设计、采购、施工和试运行等都离不开对风险的管理工作。二是风险管理工作难度比较大，EPC 工程总承包项目范围广泛，参建人员众多，不稳定因素错综复杂，风险的发生具有高度不确定性。因此，实施 EPC 工程总承包项目的风险管理需要全面分析项目中潜在的风险因素。三是 EPC 工程总承包项目对总承包商风险管理能力要求较高，要求项目的风险管理人员具备较丰富的风险分析与管理经验。同时，也要求风险管理人员全面了解 EPC 工程总承包市场情况，具备对 EPC 工程总承包项风险的把控能力。

2. 风险管理的特征

（1）联系性

工程项目风险管理工作必须与该项目的特点相联系，这些特点包括复杂性、系统性、规模、新颖性、工艺的成熟程度等。同时，项目的类型、项目所在领域、项目所处的地域（如环境条件等）也要一并考虑分析。

（2）深入性

风险管理需要大量地占有信息，了解情况，要深入了解项目系统及系统环境，只有在此基础上，才能进行科学和有效的预测。不深入实际、不熟悉情况，则不可能进行有效的风险管理。

（3）人的能动性

在整个风险管理过程中，人的因素影响很大，如人的认知程度、人的精神、人的创造力等。在风险管理中，要注重对专家经验和教训的调查分析，这不仅包括他们对风险范围、规律的认知，而且包括他们对风险的处理方法、工作程序和思维方式，并在此基础上，将分析成果系统化、信息化、知识化，用于对工程风险决策的支持。

（4）综合性

风险管理在项目管理中，属于一种高层次的综合性管理工作，它涉及总承包企业管理和项目管理的各个阶段和各个方面，涉及项目管理的各个子系统，所以必须与合同管理、成本管理、工期管理和质量管理联成一体。

（5）理智性

风险管理的目的并不是消灭风险，在工程项目中尤其是在EPC工程总承包项目中，多数风险是不可能由项目管理者消灭或排除的，而应有准备地、理性地实施风险管理，尽可能地减少风险发生后的损失和利用风险因素有利的一面。

（二）风险管理的内容与方法

EPC工程总承包项目的风险管理是一项复杂的系统活动，从系统工程理论的角度进行研究，风险管理工作大致包括两个方面的内容：一是风险分析；二是风险决策。这两个方面工作相互辅助、交替进行，共同构成了项目的风险管理过程。

在EPC工程总承包项目的风险管理过程中，风险分析工作具体分为风险识别和风险评价两个阶段。风险分析过程是一个系统过程，最主要的工作是调查研究和资料的收集、归纳，有时还要进行必要的试验和模拟。只有认真分析研究项目内部和实施环境及两者之间的关系，在风险管理过程中，才能有效地对风险进行识别和评价，为风险决策提供可靠的依据。

风险决策又可分为两个阶段，即风险应对和风险监控。只有在科学有效的风险分析基础上才能实行对风险的有效应对或处理。同时，系统工程理论已是一门比较成熟的学科，具有相对完善的体系和成熟的理论方法基础，因此在风险管理过程中，可以有效利用系统分析的方法和手段来指导风险管理工作。

工程项目风险管理的方法有以下几个。

1. 风险分析

（1）风险识别

专家问询法、现场勘察法、系统分解法、流程图分析法、情景分析法、故障树分析法、财务报表法、相关部门配合法、索赔统计法、环境分析法等。

（2）风险评价

主观评分法、层次分析法（AHP）、等风险图法、相关树法、灰色模糊评价法、网络分析法（ANP）、风险概率分布、历史资料统计、理论分布分析、外推方法、风险量测定、风险费用分析、风险评价推测等。

2. 风险决策

（1）风险应对

回避、预防、转移、自留。

（2）风险监控

①监控途径：项目风险管理经理、风险管理制度、风险管理机构、保险公司等。②监控方法：风险预警系统、风险审计、技术指标分析、直方图、因果分析图、帕累托图等。

（三）风险管理的目标与程序

1. 风险管理的目标

风险管理是一种有明确目标的管理活动，对 EPC 工程总承包项目进行风险管理，最重要的目标就是实现对 EPC 工程总承包项目四大管理目标的有效控制，即对项目的造价、质量、工期和安全实施有效的控制。在 EPC 工程总承包项目实施过程中，通过风险识别、风险评价、风险应对及风险监控，对工程项目实施过程中的风险进行定性与定量分析，避免项目实施过程中风险的产生，或者将风险发生后的损失降低到最小，达到在总承包商能力承受的范围之内。风险管理的目标是服从于工程项目总目标的，是和工程项目总目标相统一的，工程项目风险管理过程是使项目顺利进行、处于良好受控状态的过程，对 EPC 工程总承包项目进行风险管理，减少了项目不确定环境或项目本身给项目实施带来的风险，提高了项目管理水平，同时能够有效确保项目获得成功，使竣工项目的效益更加稳定。

在风险管理过程中，需对项目目标进行分解，大致可分为以下 4 个阶段性目标。

（1）风险需尽早识别

在风险潜伏阶段的目标就是风险管理者要尽早识别项目的各种风险。识别全部的潜在风险是不可能的，但风险管理者要尽早识别各种可以预见的风险，因为对风险识别得越早，对风险的管理就会处于越主动的位置，也就越能掌握风险应对的主动权。

（2）风险需尽量避免

在风险潜伏阶段，除需尽早识别风险外，更重要的是要尽力避免风险事件的发生。同样，在此阶段完全避免风险事件的发生是很困难的，但风险管理者要竭尽全力。

（3）尽量降低风险造成的损失

这是在风险发生阶段的管理目标，既然风险发生了，首要任务就是要尽量降低风险发生对项目实施过程所造成的损失，最大限度地降低风险带来的危害性。

（4）风险管理过程总结

一个完整的风险管理过程结束后，要对风险管理的过程进行及时的总结，总结风险管理过程带来的教训与经验。这一个项目实施过程中的风险往往会在下一个项目实施过程中发生，因此要对每一个风险管理过程进行总结，每一个项目都要形成一个风险管理档案，避免在下一个项目中遇到同样的风险而没有及时地识别与应对，从而造成不必要的损失。

由于风险管理的过程很难用标准或量化验证，因此在风险管理目标实现的过程中，务必做到尽早识别、尽量避免、尽量降低、尽责总结，这样就算风险发生了，也有可能将风险的损失降低到项目可承受的范围之内。

2. 风险管理的程序

在 EPC 工程总承包项目中，由于一个承包企业所面临的风险是多种多样且大量存在的，并随着企业、项目、地点的不同而不同，其风险往往盘根错节、错综复杂，风险管理需要一个有序的过程，采取系统的风险管理步骤、按照规定的科学方法进行，这就是风险管理的程序，包括风险因素识别、风险因素评价、风险应对措施与措施效果跟踪评价等，以期在项目的全生命周期取得消除、转移和控制风险的最优效果。

风险管理的程序如图 1-1 所示。

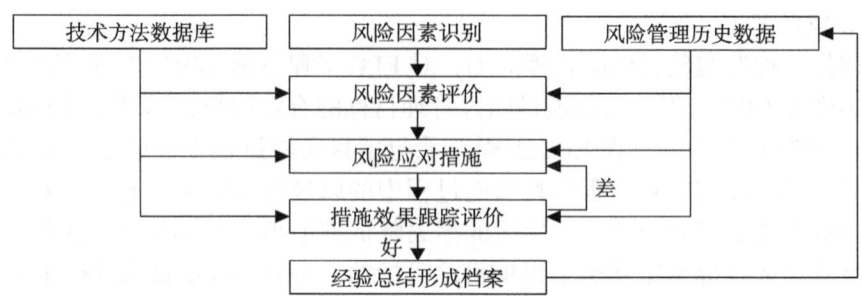

图 1-1　风险管理的程序

（四）项目风险管理的组织构架

EPC 工程总承包项目风险管理，首先应该在项目组织机构的基础上成立项目风险管理小组，项目风险管理应该以项目经理为核心，任命风险控制经理。风险管理小组的第一任务是识别风险，其次是对风险进行评价，最后制订风险应对计划，明确风险管理的措施和主要负责人，跟踪更新风险登记表，对制订的风险应对计划进行落实。项目风险管理组织结构和项目风险管理小组组织结构如图 1-2 和图 1-3 所示。

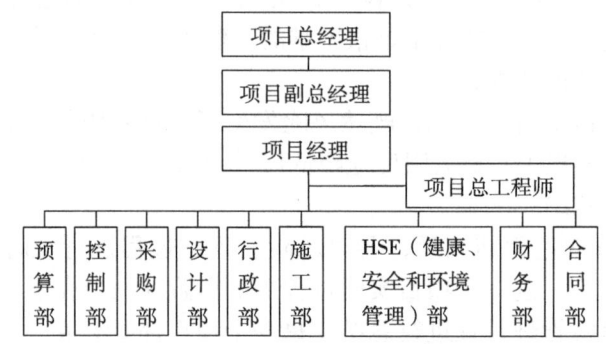

图 1-2　项目风险管理组织结构

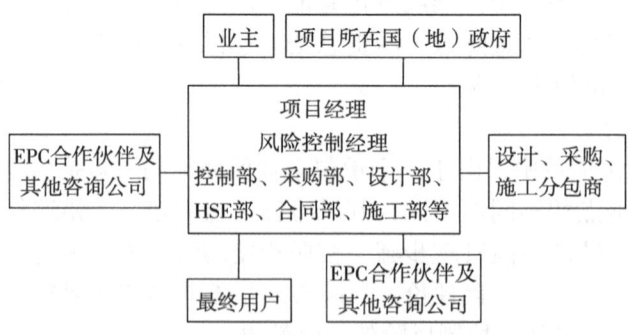

图 1-3　项目风险管理小组组织结构

二、风险管理与其他管理

(一)风险管理与其他管理的区别

1. 风险管理与项目管理

风险管理是工程项目管理的重要组成部分,其目的是保证项目管理总体目标的实现。下面,从项目管理总体目标、范围管理职能、计划管理职能、沟通管理职能及成本管理职能角度进行分析。

(1)项目管理总体目标

①项目管理总体目标是,在限定条件下,优化方案、排除干扰、降低成本,达到业主在进度、质量和成本方面的要求,实现或超过设定的需求和期望,保障企业赢得预期利润。②风险管理是通过风险管理手段,把风险发生导致的各种不利后果降低到最低程度,实现项目进度、质量和成本总目标,风险管理目标与项目管理总体目标是完全一致的。

(2)项目范围管理职能

①项目范围管理的主要内容包括界定项目范围和对项目范围变动的控制。通过界定项目范围,避免因遗漏而产生风险。②风险管理可以通过对风险的识别、评价,来预测变动的不确定性,从而向项目范围管理提出任务,风险管理是项目范围管理的主要组成部分。

(3)项目计划管理职能

①项目计划是项目的总体计划,它是动态的、灵活的,并且随着环境或项目的变化而变化。其考虑的是未来,而未来必然存在着不确定因素。项目的计划管理职能就是对未来做出谋划、安排。②风险管理通过各种手段判断各种不确定因素,减少项目整个实施过程中的不确定性,可以为项目计划的制订和调整提供依据,显然对提高项目计划的准确性和可行性有极大的帮助。

(4)项目沟通管理职能

①项目的沟通管理主要是对沟通体系进行监控,特别要注意经常出现误解和矛盾的职能及组织间的接口,项目的沟通管理可以为风险管理提供信息。②风险管理中收集到的信息,也可以通过项目沟通体系传输给相应的部门和人员,从而为项目沟通体系监控提供更多的信息,强化了沟通管理的职能。

(5)项目成本管理职能

①项目成本管理是承包商为将项目成本控制在计划目标之内所进行的预测、计划、控制、调整、核算、分析和考核等管理工作,成本计划、控制、调整是成本管理的重要工作环节。②风险管理可以通过风险分析,指出有哪些可能的意外费用,并估计出意外费用的多少;对于不能避免但能够接受的损失,也计算出数量并列为一项成本,为在项目预算中列入必要的应急费用提供依据,从而增强项目成本计划的准确性和现实性,避免因项目超支而造成项目各有关方的不安,有利于坚定对项目的信心。风险管理是项目成本管理的一部分,没有风险管理,项目成本管理则是不完整的。

2. 风险管理与合同管理

关于风险管理与合同管理的关系，主要从两者的管理主体、管理客体、管理内容和管理目标4个方面进行分析比较。

（1）管理主体

①合同管理主体可以是政府行政管理部门、律师、业主、工程师、承包商、供应商等，在工程项目中管理主体角色不同，则有不同角度、不同性质、不同内容和侧重点的合同管理工作。一般合同管理的主体是指总承包商项目部及有关职能部门（即合同管理部）。②风险管理主体可以是业主、总承包商、分包商，也可以是利益关系人，如保险公司、监理公司、贷款银行、担保公司等。一般而言，总承包商作为管理主体对工程项目风险进行管理。由此可见，一般来讲合同管理和风险管理的管理主体是一致的。

（2）管理客体

①合同管理是以合同为研究对象，围绕合同的签订与履行全过程的管理。合同管理对象可分为两个层次：一是对整个项目的合同管理；二是对分包（或单项）合同的管理。②风险管理的研究对象是项目风险，发现项目全过程潜在的风险，并采取措施予以控制。管理客体可分为设计风险、采购风险、施工风险和试运行风险等。由此可见，两者管理客体不同。

（3）管理内容

①合同管理的内容侧重于对主合同和分合同的策划、合同签订、合同履行、合同变更、合同索赔和合同争议的处理等。②风险管理的内容侧重于工程项目全过程的风险识别、风险评价、风险管理技术选择，以及制订有效的风险控制计划并跟踪监督、评估风险管理效果等。由此可见，管理内容侧重不同。

（4）管理目标

①合同管理是通过有效的合同管理手段，将合同签订、合同履行中的不利因素加以控制，尽量排除合同条款产生的风险，并对风险予以防范，为保证合同履行奠定基础，同时做好索赔工作，为实现项目进度、质量和成本总目标服务。②风险管理是通过风险管理手段，把风险发生导致的各种不利后果降低到最低程度，实现项目进度、质量、成本总目标。由此可见，风险管理与合同管理目标是完全一致的。

（二）EPC工程总承包模式与其他模式风险管理比较

工程总承包模式多种多样，除了设计—采购—施工（EPC）工程总承包模式外，还有设计—施工（D—B）工程总承包模式、建设—运营—移交（BOT）工程总承包模式、建设—拥有—经营—移交（BOOT）工程总承包模式、建设—拥有—经营（BOO）工程总承包模式、建设—移交（BT）工程总承包模式、公司合营（PPP）工程总承包模式等，它们绝大多数都是以联合体的形式进行承包。由于承包模式不同，其风险的特点有所不同，风险管理的侧重点也不同。

在EPC工程总承包模式中，业主将很多的投资风险转嫁到了总承包商身上，在项目初期和设计时就要考虑到对采购及施工的影响，避免设计、采购与施工的矛盾，减少设计错误、疏忽引起的变更，这样可以显著减少项目成本、缩短工期。EPC工程总承包模式的风险较大，但是只要有足够的实力和较高的管理水平，就有机会获得较大的利润。

EPC工程总承包模式最大的特点是固定总价。在EPC工程总承包模式下，业主允许总承包商因费用变化而调价的情况几乎不可能存在，因此EPC工程总承包模式的成本风险成为风险管理的重点。在EPC工程总承包模式下，业主和总承包商双方谈判时要确定好工程价格，签约时一定要考虑到总承包商可能面临的各种风险，工程价格中应包含对各种风险的应对费用，以便一旦出现风险就可以采取有效的应对措施。因此，EPC工程总承包模式的价格往往要高于其他传统承包模式的价格。这是EPC工程总承包模式所具有的特点。

通常EPC工程总承包模式与融资有着密切的关系，总承包商可能自己带资支持项目，故涉及融资风险。这要求项目成本一定要有确定性，不能敞口，并且还要具有前瞻性，以保证融资金额相对固定和安全，否则融资人的风险就会很大。

对于EPC工程总承包合同，双方议标的时间往往是比较漫长的，这实际上是一个讨价还价的过程。总承包商要在报价中充分考虑各种成本。

在设计—施工（D—B）工程总承包模式中，主要风险在于项目总承包商的整体管理水平的高低，包括设计管理，特别是设计与施工的配合，设计是否能够满足业主的规范要求，直接关系到项目的进度、成本及最终总承包商的收益。因此，总承包商必须具有较强的项目管理能力。

BOT工程总承包模式涉及工程建设、运营和移交多个阶段，合同履行时间比较长，项目涉及方方面面，包括金融风险、经济风险、政策和法律变动风险、政府越权干预风险、材料和其他费用价格上涨风险、成本超支风险、运营不当风险、当地社会不当干扰风险、同类竞争风险等，变数较多。如今往往同一家公司会参与建设方投资、总承包商建设和运营商运营，职责与合同风险、项目管理风险都比较大，如果管理不善，预期盈利很可能变成亏损。因此，总承包商要通过加强协调管理能力来降低风险。

PPP是一种公私合作的项目融资方式，其融资的风险，大致包括政府风险、市场风险、违背公益性原则风险和政策法规方面的风险等。上述风险的任何一种发生，如果私人资本方的损失得不到政府的弥补，则PPP工程总承包项目就无法正常建设、运营，甚至最终中止，从而导致公众、政府和私人融资主体利益受到损害。因此，PPP工程总承包项目风险管理的关键在于有效识别和合理规避项目风险，尤其是在特许权协议及合同设计中充分体现权责对等的原则，把风险分配给适合承担和能够规避的合作方。

三、风险管理理论的发展

（一）国际风险管理的研究成果

风险管理是工程施工职能领域中非常重要的一部分，风险管理的有效性直接决定了EPC工程总承包项目建设的最终质量。第一次世界大战后，由于德国社会出现恶性通胀，为了给战后重建提供充分保障，风险管理的概念开始出现。这一阶段，随着西方战后重建的逐步展开，风险管理理论逐渐成为人们在能源、交通、宇航等领域建设中的共识，并逐步走向国际平台。此后，风险管理理论经过数十年的发展，已经被学术界和建设领域广泛接受。风险管理并非是单一的，而是需要进行系统管理和控制的过程，在此过程中，需要有针对性地对风险进行识别、评价、控制和管理，最终达到控制风险、提高工程建设质量与效率的目的。

在风险识别与分析方面，Mojtahedi 等（2010）认为在潜在风险中识别和评估项目风险是一个多属性群体决策问题，包括定量和定性标准，并将安全的概念扩展到风险识别和评估中，这是为了强调时间、成本、健康、安全和环境标准，用潜在分解结构的方法解决了传统方法处理个别风险评估的不精确性。Khazaeni 等（2012）运用 TOPSIS 定量建模的方法研究了风险的分配，通过风险分配过程进行授权，确定最佳风险承担者。Abd El-Karim 等（2017）收集了 16 家埃及建筑公司的数据，通过开发的计算机化模型对业主、承包商、分包商都必需的成本节约和时间绩效进行了风险识别与评估。Tanabew 等（2017）运用帕累托 80/20 法则对风险因素进行识别分类，丰富了风险识别研究的内容。Garbuzova-Schlifter 等（2016）用层次分析的方法对俄罗斯工业、住房、公共服务 3 个领域的 EPC 工程总承包项目进行了定性风险评估，金融和监管方面的风险最大。PalR 等（2017）运用神经网络和 Logistic 回归的方法研究了国际 EPC 工程总承包项目中承包商、供应商、分包商之间的关系，最终确定了 4 个影响 EPC 工程总承包项目成功的风险因素。Toutounchian 等（2018）提出了一个初步概念模型，确定了控制石油和天然气项目安全成本的风险参数，然后基于参数化建模方法设计数字模型，确定了相关因子的权重。Keshk 等（2018）认为项目管理包括时间管理、成本管理、质量管理等，风险管理是最重要的管理之一，对风险进行分类识别、分析、评估，有利于风险评价模型的研究。Ribas 等（2019）使用模糊层次分析法对亚马孙河支岸的水力发电厂进行风险因素的识别与评价，并通过一个三角形的隶属函数对风险事件进行排序，构成了一个理性透明的风险管理办法。Yucesan 等（2019）运用毕达哥拉斯模糊层次分析法对水力发电设施的 20 种危害进行分析并制定了预防措施。

在 EPC 工程总承包项目的风险评价方面，Pícha 等（2015）分析了国际电力 EPC 工程总承包合同中的关键条款及陷阱，在此基础上确定了 EPC 工程总承包模式下项目成功的关键因素。Lee 等（2015）确定了能源绩效 EPC 工程总承包项目的关键风险，并对承包商给出了 3 项实际措施以达到能源节约的目的。Du 等（2016）通过建立和测试一个概念模型，系统地研究了 EPC 工程总承包项目参与者之间的因果关系，并通过问卷调查、访谈和案例分析等方法，从具有 EPC 工程总承包项目实施经验的中国承包商那里收集数据，为承包商伙伴关系的应用程度、组织能力的强弱、风险管理的总体情况、项目绩效水平等提供了实证，为项目实施阶段承包商的决策提供了依据。Szymański 等（2017）通过详细识别和分类风险，对消极风险进行分析，并使用数学工具检查风险，制定应对的策略。Biswas 等（2019）用三角模糊编号系统结合专家的经验计算风险值，得到了在不确定的情况下建设项目的风险评估方法。Kim 等（2019）开发了一个 EPC 工程总承包项目进度预测和成本绩效管理模型，运用层次分析法和模糊推理系统对工程的 5 个关键阶段进行了风险指标的分析测量，并利用 DECRIS 模型使 EPC 工程总承包项目的总承包商可以持续预测施工成本和进度。Hatmoko 等（2019）以某油气平台海底管道 EPC 工程总承包项目为例，确定了工程延误的 28 个风险因素并将其量化，承包商的财务能力不足、项目范围变化、工程设计的延迟、承包商经验的缺乏是延迟交付的主要因素。Tarihoran

等（2019）在文献研究与数据分析的基础上制定了石油和天然气行业的能力标准，通过专家论证分析了对石油和天然气 EPC 工程总承包项目工程进度、成本、质量、安全造成影响的主要风险。Niayeshnia 等（2020）采用 TOPSIS 法对石油工业 EPC 工程总承包项目的风险因素进行评价，规划、建模、设计、计划布局准备的顺序等对石油行业 EPC 工程总承包项目有较大影响。Song 等（2020）对国际 EPC 工程总承包项目的风险进行分析，建立了基于 ISM 的风险评价模型，从整体和系统的角度考虑了风险控制的策略。Safira 等（2020）研究了影响海洋 EPC 工程总承包项目的进度风险，运用失效模式与效应分析、故障树分析、临界路径法相组合的方法来做数据分析，提出了减少项目总工期的管理方法和措施。Nurdiana 等（2020）从 EPC 工程总承包项目业主的角度出发，通过访谈和评估获得风险概率问卷，采用风险分解结构法进行数据分析，最终确定了 EPC 工程总承包模式下业主方的风险等级。

（二）我国风险管理的研究成果

国外行业风险管理的概念于 20 世纪 80 年代引入我国，标志着我国相应行业风险管理研究的正式启动和实现，这也造成我国对 EPC 工程总承包项目风险管理的研究较西方发达国家滞后。陈志华等（2006）依据 EPC 工程总承包项目的特征，分析了风险的产生过程，并运用层次分析法对 EPC 工程总承包项目的风险进行识别和评价，并对 EPC 工程总承包项目不同实施阶段提出风险管理的对策。楼海军（2010）认为工程风险因素的识别是风险分析与风险管理的基本纽带，通过对 EPC 工程总承包模式下建设工程自然、经营、技术、管理等方面的风险辨识分类，总结了建设工程的主要风险因素，完善了工程风险因素辨识体系。李松涛等（2011）用定性分析的方法对 EPC 工程总承包项目企业内外部环境风险进行分析，提出了科学的有针对性的风险源控制措施，认为承包商在合同履行时要尤其注意政治社会、经济市场、技术、合同管理等风险。朱毅等（2012）结合 120 多个工程项目的评审资料，运用层次分析法从总承包商的角度对 EPC 工程总承包项目国际工程的风险因素进行权重检验并量化，这有利于工程总承包商的前期决策。在 EPC 工程总承包项目风险管理的起步阶段我们可以发现，学者们将风险识别、风险控制、风险评价作为研究的中心，而且大多数学者运用定性分析、案例分析、层次分析的方法进行研究，表明了该阶段是将风险管理引入 EPC 工程总承包项目的时期，EPC 工程总承包项目的风险评价是其中比较重要的课题。

在 EPC 工程总承包项目风险管理研究的新阶段，赵美玲等（2017）运用约束理论（TOC）及集对分析理论（SPA）将风险量化，针对水电工程总承包项目风险多样、阶段变异性大的特点，提出了一种全过程、全规模、全要素、全团队的风险管理办法，达到动态循环改善风险管理的目的。张立明等（2018）就工作界面划分、设计深度、投标范围和风险转移分析了 EPC 工程总承包模式下水电工程的变更管理工作。王绮绮（2013）运用企业管理的专业理论为中国企业有效控制项目风险、加快实施境外 EPC 工程总承包项目提供了部分解决思路。陶自成等（2015）通过模糊综合评价法从竞争对手、业主、自身实力、外部环境、技术等 8 个方面全面分析了国际水电站 EPC 工程总承包项目的投标风险，建立了投标阶段风险评价体系并制定了风险管理措施。杨融等（2018）认为设计在整个 EPC 工程总承包项目中十分重要，影响着项目的进度、成本，通过对这一阶段的风险进行有效识别，提出了规避风险的措施。王勇等（2018）阐述了高速公路 PPP ＋ EPC ＋项目打捆模式的操作要点，并展望了新政策、新模式的应用前景。在 EPC 工程总承包项目风险管理研究的新阶段，大多数学者喜欢结合具体的工程案例进行研究，一些新的研究主题出现了，如设计管理、投标风险、企业管理、PPP 等，并且国际工程、水电工程也是 EPC 工程总承包项目风险管理研究的热门主题。

在 EPC 工程总承包项目的风险指标研究方面，杨宝臣等（2011）运用了模糊综合评价模型，构建了定性与定量相结合的风险评价方法，设计了 EPC 工程总承包项目综合集成风险管理流程，强调需关注合同条款的制定。韩钰（2017）对公立医院的合同管理业务进行风险评估，制定了完善的合同执行制度，并建立了科学的管理信息系统。沈毓等（2017）为海外电力 EPC 工程总承包项目提供了参与方的履约状况及权责划分。王洪冰（2018）对影响海外 EPC 工程总承包项目的风险因素进行研究，为合同的投标管理提供了帮助和指导。刘华等（2019）用熵权法计算指标权重，然后用可拓物元模型对 EPC 工程总承包项目合同纠纷、招投标不规范等问题进行指标评价。张吉祥等（2020）从技术、经济、社会和管理 4 个层面，对设计单位牵头的水利 EPC 工程总承包项目履约过程进行风险集对分析，建立了合理的风险评价模型，最后对合同风险提出了应对策略。陈志鼎等（2015）运用熵权法在成本风险评价指标体系的基础上，找出影响总承包商确定投标报价、施工成本的关键风险因素，其中设计方案的技术要求对施工成本的影响较大。张浩（2015）分析了 EPC 工程总承包项目中总承包商的设计责任和义务，以及设计管理对投资、采购、施工、工期、质量的影响，并对总承包商和设计管理团队建设存在的问题提出了建议。赵政等（2019）从政治、经济、合同、设计等 6 个层级，辨识了 EPC 工程总承包项目实施过程中的风险因素，并运用改进的 Fuzzy-ISM 模型结合 MICMAC 分析，得出了各个风险因素之间的关系，总承包商应该重视设计及采购阶段的风险。赵鹏等（2020）就当前 EPC 工程总承包项目中设计与施工体制分离的问题分析了原因，并提出了合理化的建议与对策。陈志鼎等（2015）通过层次分析法对 EPC 工程总承包项目的采购过程风险因素进行了分析，并构建了风险矩阵模型，确定了不同等级下的影响因子。朱圳（2016）对国际 EPC 工程总承包项目整个采购生命周期的不同阶段进行风险因素分析，包括外汇风险、法规风险、材料价格上涨风险、供应商风险及物流风险等，提出了采购及质量保证措施。段世霞等（2019）基于结构方程以承包商的角度建立了包含自然风险、政治风险、市场风险等 8 类风险源的采购风险评价模型。武晓辉（2019）提出了大型海外石油 EPC 工程总承包项目的采购风险解决方案。刘东海等（2012）利用 PERT 三值估计与 Monte-Carlo 的方法，建立了业主资信、工程技术、利率等不确定性影响因素下的承包商成本模型，能够为承包商在施工过程中的成本控制提供依据。闫文周等（2016）利用知识本体的方法在许多工程案例的基础上建立了知识本体模型，结合风险案例库可以对新建工程进行模糊子集贴近度的匹配，然后找出相应风险管理对策。付建斌等（2017）对 3 个境外铁路项目进行成本风险分析，为企业承揽境外铁路 EPC 工程总承包项目提供了成本管理对策。闫汝刚（2020）通过一个工期紧、体量大、自然条件恶劣的文旅 EPC 工程总承包项目，阐述了设计、采购、施工管理等方面的经验。王生等（2020）通过对设计施工联合体融合度不高的问题进行研究，阐述了基于联合体施工的新管理措施。

(三）风险管理标准化发展趋势

1. 国际风险管理标准化现状

风险管理起源于20世纪中叶的美国，到了20世纪70年代风险管理已经在美国、英国、德国、澳大利亚、新西兰和日本广泛传播。国际相关组织、学会或协会的风险管理标准也陆续出台，标准化现状概述如下。

（1）澳大利亚和新西兰风险管理标准

1）主要内容和结构体系

1995年，澳大利亚和新西兰制定了全球范围内的首部国家标准《风险管理标准》（AS/NZS 4360：1995），并于1999年、2004年分别对该标准进行了修订，澳大利亚和新西兰的《风险管理标准》（AS/NZS 4360：2004）将风险管理过程划分为定义风险管理目标和环境、风险评估（识别风险、分析风险、评价风险）、风险处置、风险监测和评估4个部分。该标准的最大优势是在整个风险管理过程中，咨询和沟通贯穿于全程，需要充分发挥团队精神和合力，调动各方面的积极性，从而为风险管理高效成功创造良好的环境。

2）标准适用范围和主要特点

可适用于公共部门、私人或社会企业、团体或个人的任何活动、决策或运行过程，可应用于一个活动、功能、项目、产品或资产的整个生命周期，为各行业各部门的风险管理提供了一个共同的风险管理模式和总体管理框架，被澳大利亚和新西兰的政府和私人企业广泛采纳和使用。该标准最大的特点是强调了风险管理的全面性，从战略、组织、环境等方面考虑风险管理，将风险管理的目标和组织目标、利益相关方的要求整合在一起，并强调将风险管理结合到组织体系、组织文化体系和日常工作上来，而不是将风险管理作为一个独立的部分，公共部门或私人企业应该建立系统的风险管理方针，同时落实风险管理的职责和权限，保证风险管理方针的有效落实。

3）风险管理标准化体系

基于该标准，澳大利亚和新西兰标准委员会制定了一系列的本国标准和联合标准，包括：1999年的《风险融资指南》（SAA HB 141—1999），后由澳大利亚于2004年修订，以及《采用澳大利亚和新西兰风险管理标准（AS/NZS 4360：1999）管理风险的基本介绍》（SAA HB 142—1999）和《澳大利亚和新西兰公共部门风险管理指南》（SAA HB 143—1999）；2000年的《信息安全风险管理指南》（SAA HB 231—2000），后由澳大利亚于2004年修订，以及《应急风险管理应用指南》和《外部采购中应用AS/NZS 4360标准的过程风险管理指南》（SAA HB 240—2000），后由澳大利亚于2004年修订；2004年的《职业健康与安全风险管理指南》（AS HB 205—2004）、《业务持续管理》（AS HB 221—2004）；2005年的《风险管理与控制保证指南》（AS HB 254—2005）；2006年的《环境风险管理：原则和过程》（AS HB 203—2006）等。这些标准构成了相对比较系统的风险管理标准化体系。

（2）英国风险管理标准

1）主要内容和结构体系

1996年，英国出台了第一部风险管理相关标准《风险管理第三部分：技术系统风险分析指南》，该标准旨在反映当时风险管理的优秀经验和应用成果，提供系统化的技术风险分析方法，该标准包括风险分析概念、风险分析过程和风险分析方法 3 个主要内容，并包含了术语定义和风险有效性的审核。风险分析过程分为范围界定、风险策划、危害识别和初步后果评价、风险估计、分析验证、编制风险报告六大部分。在风险分析过程中，应根据最新的条件进行风险分析结果的更新。该标准详细列举了常用的风险分析方法及原理和使用指南，并将风险分析和风险评估、风险管理的关系予以明确。

2）标准适用范围和主要特点

《项目管理　第三部分：与项目风险相关的经营管理指南》（BS 6079-3：2000），为选择和实施风险分析技术提供指导，尤其是针对风险评估技术系统，该标准为遇到风险时的商业活动提供风险识别和控制指南，广泛适用于工业、商业、公共或非官方部门的项目组织运行，主要对象是组织。

该标准的特点是强调风险管理过程的动态性和循环性，特别需要提出的是标准给出了经营管理的具体实施步骤和操作流程，风险管理应贯彻于企业战略实施的始终，应该系统地考虑企业的过去、现在，尤其是将来的所有风险，要求将风险管理的责任落实到企业的每一个环节，使风险管理的职责成为每个员工日常工作的一部分，风险的全过程性原则和动态性原则成为之后编制标准规范的指导思想。

3）风险管理标准化体系

针对风险管理标准化建设，英国先后发布众多风险管理相关标准，包括 2000 年的《项目管理　第三部分：与项目风险相关的经营管理指南》（BS 6079-3：2000）、2002 年的《风险管理：专业人员指南》（BIP 2060：2002）、2003 年的《项目风险管理：过程、技术和领会》（BIP 2024—2003）、2005 年的《风险企业：信誉风险管理的最佳措施》（BIP 2091：2005）、2006 年的《信息安全管理系统：信息安全性风险管理指南》（BS 7799：2006）和 2008 年的《风险管理实施规程》（BS 3110：2008）等。

与此同时，英国的相关组织机构也积极参与制定行业内部的风险管理标准，英国风险管理学会、保险及风险管理人协会和属政府部门的风险管理国家研讨会等机构制定的风险管理标准，如 AIRMIC 标准、ALARM 标准、IRM 标准，均是以 ISO 标准为基础的，在对风险管理的定义中强调将风险管理的职能转换为战略性和营运性目标，并整合到组织体系中，将责任分配给组织内部各级人员，并进行监督、绩效评估和奖惩等。

（3）国际标准化组织（ISO）主要风险管理标准

1）《风险管理　术语　标准用词使用指南》（ISO/IEC Guide 73：2002）

1998 年，国际标准化组织（ISO）和国际电工委员会为了规范风险管理术语的使用，成立了 ISO/TMB 风险管理术语工作组，于 2002 年颁布了《风险管理　术语　标准用词使用指南》（ISO/IEC Guide 73：2002），该标准将风险管理中使用的词汇和语言进行了规范，将风险管理体系定义为风险管理的组织体系，该标准将风险管理划分为风险评价、风险处置、风险接受和风险沟通 4 个职能，并于 2009 年进行了修订。

2）《风险管理　原则与实施指南》（ISO 3100：2009）

2009 年，国际标准化组织（ISO）发布了《风险管理　原则与实施指南》（ISO 3100：

2009），旨在为全球范围内的任何组织提供一个统一的、规范化的风险管理标准，协调现有的和将要制定标准的风险管理的框架体系及风险管理的程序和定义，该标准规定了风险管理的原则、风险管理的框架体系和风险管理的主要流程，其最大的特点是实现了风险管理原则、风险管理框架体系和风险管理流程的有机统一，三者不可分割。2018年，ISO又发布了《风险管理　原则与实施指南》（ISO 3100：2018），这是自2009年发布全球第一版《风险管理原则与实施指南》之后，第一次对其进行更新和升级。

3）《质量管理　项目管理质量指南》（ISO 10006：1997）

国际标准化组织（ISO）以美国项目管理协会（PMI）制定的《项目管理知识体系指南》为框架，制定了《质量管理　项目管理质量指南》（ISO 10006：1997），该标准将与风险有关的过程列为10项项目管理过程之一。其规定与风险有关的过程为风险确定（确定项目的风险）、风险评估（评估风险发生的概率及风险事件对项目的影响）、风险响应（风险响应计划）和风险控制（实施及更新风险计划）。

4）ISO其他风险管理标准

国际标准化组织一直致力于统一和规范全球的风险管理标准，在机械安全、交通、医药、信息技术、能源和环境等方面先后制定了相应的风险管理标准，形成了一系列的风险管理标准化体系。

除上述标准外，还有2003年的《航天系统　风险管理标准》（ISO 17666：2003）、2004年的《信息技术　软件生命周期过程　风险管理》（ISO/IEC 16085：2004）、2005年的《防火工程安全　火灾危险评价指南》（ISO/TS 16732：2005）、2006年的《医疗设备的生物评价风险管理处理指南》（ISO/TS 20993：2006）、2007年的《医疗装置　医疗装置风险管理的应用》（ISO 14971：2007）等。国际标准化组织（ISO）的标准成为各国相关风险管理标准制定的理论基础和参考依据。

（4）国际相关组织主要风险管理标准

2002年，国际隧道协会（ITA）发布了《隧道风险管理指南》；2003年9月，英国隧道协会（BTA）和英国保险人协会联合编制了《英国隧道工程风险管理联合作业守则》。其后，国际隧道工程保险集团（IIG）和慕尼黑再保险公司（MRC）在此基础上，联合编制了《隧道工程风险管理作业守则》，对建设工程风险管理具有一定的指导意义，该标准分别就建设工程各个阶段（如规划阶段、招投标阶段、设计阶段、施工阶段和竣工验收阶段）的风险管理工作程序和工程各方的责任义务进行了界定，并对工程各阶段和风险管理各过程应采取的管理方法、技术和工具进行了详细的介绍。这些相关组织的标准指导和推动了工程风险管理领域的发展。

综上所述，分析国际上不同国家和组织的风险管理标准化体系可以得出以下几点结论。

①虽然不同国家和组织由于自身的特点和要求在风险管理描述或表述上略有不同，但是风险管理的基本要素和主要环节基本类似。主要包括风险管理的基本条件、风险识别、风险评估、风险评价、风险处理、风险监控和风险信息沟通等。

②不同国家和组织的风险管理标准中，几乎都规定了风险管理的组织目标、管理目标、战略目标，将目标定为风险管理的基本要求，甚至有的标准还提到了经营目标、报告目标和

符合法律目标等。

③国外风险管理标准和规范是在不同国家和组织的特定条件下建立的风险管理体系，适用的范围一般较广。但对于工程建设项目而言，除了几个隧道工程风险管理标准外，针对性一般都不是特别强。

2. 我国风险管理标准化现状

我国的风险管理标准规范基本上都是参考了澳大利亚、新西兰和国际标准化组织的风险管理标准并吸取了其中的精髓。其中，保证风险管理计划的有效落实和目标的实现是所有标准规范编制的指导思想；风险管理的主体组织框架基本上考虑了在施工全生命周期内充分发挥各参建方的职责分工作用。其风险管理的经典流程成为我国标准规范编制的基本流程，即风险识别与分析、风险评估与处置、风险跟踪与检测、风险预警与应急等。风险评估的等级划分标准和要求基本参考了国际隧道协会的划分标准，其损失部分考虑了与我国国情的有机结合。

（1）我国风险管理相关规定

2006年6月6日，针对"中航油亏损事件"，国资委出台了《中央企业全面风险管理指引》（简称《指引》）。《指引》对国资企业开展全面风险管理工作，增强企业竞争力，提高投资回报，促进企业持续、健康、稳定发展提出要求。《指引》中对企业风险、全面风险管理的概念，风险管理的步骤，包括风险管理初始信息、风险评估、风险管理策略、风险管理解决方案、风险管理的监督与改进、风险管理组织体系、风险管理信息系统、风险管理文化等，进行了阐述。《指引》的颁布有力推动了我国风险管理事业的进程，标志着我国走上了风险管理的中心舞台。

2007年4月，中国保险监督管理委员会下发《保险公司风险管理指引（试行）》，对风险管理的原则、风险管理组织、风险评估、风险控制、风险管理的监督与改进及风险管理的监管进行了规定。

2009年6月，住房城乡建设部颁布《危险性较大的分部分项工程安全管理办法》，该办法对危险性较大的分部分项工程安全专项施工方案编制做出了明确规定。同时，对危险性较大的分部分项工程范围、超过一定规模的危险性较大的分部分项工程范围做出了附件说明。

"十三五"初期，我国工程总承包的推行进入政策发布高峰期，工程总承包逐步迈入规范化发展的时代。

2016年5月，《住房城乡建设部关于进一步推进工程总承包发展的若干意见》（建市〔2016〕93号）提出20条推进工程总承包发展的意见，正式吹响了工程总承包发展的号角。

2017年2月，国务院办公厅《关于促进建筑业持续健康发展的意见》将加快推行工程总承包作为建筑业高质量发展的改革重点之一。

2017年7月，《住房城乡建设部办公厅关于工程总承包项目和政府采购工程建设项目办理施工许可手续有关事项的通知》（建办市〔2017〕46号）明确规定，工程总承包项目施工许可证及其申请表中增加"工程总承包单位"和"工程总承包项目经理"栏目，根据工程总承包合同及分包合同依法办理施工许可证。

2017年12月，住房城乡建设部《房屋建筑和市政基础设施项目工程总承包管理办法》

（征求意见稿）对工程总承包发包和承包、项目的实施、计价模式、风险划分等内容进行了明确。

2018年2月，《住房城乡建设部关于印发大型工程技术风险控制要点的通知》（建质函〔2018〕28号）印发，其中包括基本规定（包含风险管理范围、风险管理目标、风险管理阶段、风险等级、风险控制职责）和风险控制方法。在风险控制方法中，包含4个程序，即风险识别与分析、风险评估与预控、风险跟踪与监测、风险预警与应急。同时，其将风险控制要点划分为3个阶段，即勘察阶段的风险控制要点、设计阶段的风险控制要点、施工阶段的风险控制要点。并且提供了6个附件，即风险评估报告格式、动态风险跟踪表、风险管理工作月报、风险管理总结报告格式、风险分析方法和风险评估方法。

2018年12月，住房城乡建设部印发《房屋建筑和市政基础设施项目工程总承包计价计量规范》（征求意见稿），以期指导工程总承包的计价计量。

2019年12月，《住房和城乡建设部 国家发展改革委关于印发房屋建筑和市政基础设施项目工程总承包管理办法的通知》（建市规〔2019〕12号）发布，《房屋建筑和市政基础设施项目工程总承包管理办法》共计4章28条，明确了工程总承包发包阶段、资质和资格条件、合同价格形式、开放资质互申、分包方式等内容，标志着工程总承包发展进入新的阶段。

近年来，我国相关行业主管部门对风险管理越来越重视，出台了一些相关的风险管理规定和办法，为我国工程建设风险管理提供了一定的指导和参考，对推进我国风险管理标准化建设起到了一定的作用。

（2）我国风险管理相关标准规范

2009年5月，国家标准化管理委员会和国家质量监督检验检疫总局联合发布了国家标准《风险管理 术语》（GB/T 23694—2009）。2013年12月，对该标准又进行了修订。其主要内容包括：范围；与风险有关的术语；与风险管理有关的术语；与风险管理过程有关的术语（风险管理过程、与沟通和咨询有关的术语、与环境有关的术语、与风险评估有关的术语、与风险识别有关的术语、与风险分析有关的术语等）。

2009年9月，国家标准化管理委员会和国家质量监督检验检疫总局联合发布《风险管理原则与实施指南》（GB/T 24353—2009），该标准参考ISO/DIS 31000《风险管理 原则与实施指南》编制而成，由全国风险管理标准化技术委员会（SAC/TC 310）归口。该标准主要为了满足许多行业风险管理的不同需要，确定一般性的方法，保证风险管理一致且有效实施。该标准为各行业的风险管理提供了原则和实施通用指南，有助于在任何范围、任何环境下以透明和可靠的方式使风险管理起到重要作用。

2011年12月，国家标准化管理委员会和国家质量监督检验检疫总局联合发布《风险管理 风险评估技术》（GB/T 27921—2011）。

行业主管部门也发布了风险管理有关标准规范，主要有以下几个方面内容。

2017年5月，住房城乡建设部和国家质量监督检验检疫总局联合发布《建设项目工程总承包管理规范》（GB/T 50358—2017），旨在提高建设项目工程总承包管理水平，促进建设项目工程总承包管理的规范化，推进建设项目工程总承包管理与国际接轨。

2020年，住房城乡建设部和国家市场监督管理总局联合制定并发布了《建设项目工程总承包合同（示范文本）》（GF—2020—0216），进一步落实《房屋建筑和市政基础设施项目工程总承包管理办法》等相关法律法规，强调发承包双方风险的合理分担和控制，为BIM技术在工程总承包模式下的应用从合同角度提供了依据。

3. 我国风险管理标准化发展趋势

目前，我国一些组织机构照搬国外的风险管理相关标准来进行风险管理，由于适应性问题和国情不同，实施效果并不理想，大型建设工程风险高，中央和地方政府对质量安全的要求非常严格，风险管理市场的迫切需要与我国现阶段没有一套完善的风险管理标准化体系的矛盾严重制约着我国工程建设行业健康、快速的发展，严重影响了我国工程建设企业的国际竞争力。积极的风险管理政策能够有效地使风险管理处于可控状态，有效的质量安全管理是工程建筑节能和环境可持续发展的关键因素。通过系统化、规范化的风险管理标准化体系建设，实现"主动控制、主动管理"建设工程施工风险，以最小的资源投入，达到降低工程风险、避免工程事故、提高工程质量安全水平的目的，最大限度地减少质量安全事故引起的一切损失，包括经济损失、人员伤亡损失、工期延误损失、环境影响损失和社会信誉影响损失等。鉴于此，我国工程建设风险管理标准化的发展趋势包括以下几个方面内容。

（1）我国工程建设风险管理标准化将与时俱进

目前，我国风险管理标准化现状已经无法满足各个方面的需要，存在标准严重滞后于工程实践的现实问题。我国各行业尤其是工程行业已经逐渐认识到工程建设风险评估与管理的重要性，越来越需要推出工程建设各个行业和领域的风险管理标准和规范。鉴于我国大力推进基础设施建设，工程建设风险管理标准化将涉及建筑、交通、水利、化工、石油、电力和航运等多个行业，推出的风险管理标准涉及风险分析与识别技术标准、风险评价技术标准、风险内外部控制技术标准、风险预警和应急控制标准、重大事项的专项风险管理标准、风险沟通标准及风险管理实施后效果评价标准等。与之相应，应陆续推出一系列针对不同行业甚至不同专业的风险管理指南类标准，以指导工程实践。

（2）我国工程建设风险管理标准化将与国际接轨

就国际而言，由于区域性大规模的自然灾害时有发生和恐怖主义的威胁，全球环境在今后很长时期将处于高风险状态，风险无疑是革新的驱动力。由于各地区所面对的威胁不断升级和变化，全球标准和规范的制定将以风险为基准。因此，全球范围内将陆续推出与工程建设相关的风险管理标准和规范，为工程建设风险管理提供标准化依据，并为工程建设其他标准和规范提供基础。

近年来，虽然我国风险管理标准化建设不断深化和完善，但是与全球风险管理的理论和实践相比还存在很大的差距，我国工程建设风险管理标准化研究才刚刚起步，属于创建阶段，对于较为成熟的理论成果和实践经验必然会吸收利用，尤其是那些在国际上比较通用的风险管理标准研究成果。近几年，我国积极参与了多项国际风险管理标准的修订，加强了与澳大利亚、英国、美国等对风险管理标准化比较重视的国家的交流与探讨，积极为国际风险管理标准化出力献策。因此，未来我国风险管理标准化必然与国际先进风险管理标准化体系保持一致，并实现与国际的接轨。

（3）我国工程建设风险管理标准化将向系统化发展

虽然我国目前在风险管理标准化方面落后于发达国家，而且风险管理标准存在着较大的缺口，亟须制定一系列风险管理方面的标准。但是，风险管理标准的制定绝不是"头疼医头，脚疼医脚"，应有目的、有计划、分阶段地实施。应建立我国的风险管理标准化框架体系，在框架体系的指导下有序、系统地推进风险管理标准化工作。

2007年11月30日，我国成立了全国风险管理标准化技术委员会（SAC/TC 310），全面启动我国风险管理标准化工作，但是风险管理标准的制定需要全社会、各领域、所有企业积极参与。企业参与制定风险管理标准能够将企业自身需求和经验反映到标准之中，提高风险管理标准的先进性和适用性。同时，企业会积极地落实相关风险管理标准化体系，形成良性的使用循环，促进风险管理标准化体系的不断完善和风险管理标准水平的不断提升。

风险管理标准化研究是研究分析各种管理体系所共有的结构、原则及要素后的产物。根据标准实施和执行风险管理，能促进企业前瞻性管理，增强识别风险和处置风险的意识，提升对机会和威胁的判断能力，为企业提供决策依据，并可有效地分配和利用资源，改善和提升运作效果和效率，预防事故发生，减小损失。简而言之，进行风险管理标准化推进工作，使得风险管理工作得以规范、有效、标准、系统地进行，可提升企业的组织管理水平和竞争力，实现企业持续、健康且稳定的发展。

第二章　EPC 工程总承包项目风险识别

风险识别即感知风险，了解工程项目中客观存在的各种风险，是风险管控工作的基础。只有识别出风险，才能进一步在此基础上进行分析、评价，寻找可能导致风险事件发生的条件因素，为拟定风险处理方案、进行风险管控决策服务。由于项目风险存在于整个建设过程的各个环节之中，既有内部的风险也有外部的风险，既有静态的风险也有动态的风险，因此风险识别必须运用规范化的科学技术和方法，只有这样才能准确地发现并掌控项目潜在的风险源。

第一节　风险识别基本内容

一、风险识别的定义

风险识别可定义为系统、持续地鉴别、归类和分析建设项目中潜在风险的活动过程。在 EPC 工程总承包项目中，承包商应对可能遇到的各种风险源或风险因素进行识别、判断和分析，以便对工程项目所存在的风险进行评估、处理和控制。承包商要想有效地控制风险，首先要判断在 EPC 工程总承包项目中存在什么风险，其次是找出导致风险发生的根源或因素。如果不能识别出项目潜在的风险或不能全部识别出潜在的风险，风险管控就不能做到有的放矢。因而，风险识别是风险管控的前提条件和基础。只有有效地全部识别出项目风险，才能在后续风险管控工作中对症下药，有针对性地进行风险评价、制定应对风险的措施并监控，从而有效进行风险管控。

二、风险识别的特点

（一）主观性

风险识别是由人来完成的，由于人存在专业知识水平、实践经验等方面的差异，即使对同一风险因素识别结果也会有所不同。风险本身是客观存在的，但风险识别则是主观的。因此，在进行风险识别时，风险管控者要尽量克服人的主观性对识别结果的影响。

（二）复杂性

EPC工程总承包项目涉及的潜在风险源和风险因素很多，而且它们之间关系繁杂、相互影响，这使得风险识别工作变得极其复杂。因此，EPC工程总承包项目风险管控者需要具有准确的判断能力，要有真实且详尽的依据，尤其是要掌握翔实的资料和数据。

（三）不确定性

不确定性是主观性和复杂性相互作用的结果。在实践中，有时风险识别的结果与实际不符会造成工程项目的损失，这是风险识别失误导致的风险决策失误造成的。因此，风险识别本身存在着不确定性。

三、风险识别的原则

（一）就事论事原则

由于风险种类不同，故不同风险具有不同特点。工程项目风险也是如此，即使同一个建设工程项目，如果选择的建设地点不同，其所面临的风险也不相同；同一地区项目性质不同，所遇到的风险也会不同。因此，风险识别应坚持就事论事的原则，既要学习其他工程项目有关的风险管控经验，又要从本工程项目实际出发对风险加以识别，注意工程项目的个性。

（二）简单易行原则

风险识别应遵循简单易行的原则，避免识别程序过于复杂，以致影响后续风险管控工作，给工程项目带来不必要的费用增加。历史文献法、专家调查法等都是较为简单易行的识别方法。

（三）整体与分解原则

整体是指应对工程项目整个过程（即工程项目的各个阶段）存在的所有风险进行识别，通过各种途径对整体风险进行分解，逐步细化，以获得对工程项目风险广泛且全面的认识，从而获得整个工程项目的风险清单。分解是指在风险清单所列的众多风险中，根据工程项目经验、分析和调查结果确定哪些风险对工程项目影响较大，将其作为风险评价和风险决策的对象。

（四）严格界定风险内涵原则

对于风险的内涵要严格界定，风险之间内涵不能相互包容和混淆，要做到界限清晰，不能出现重复或交叉。

（五）风险因素相关性原则

在工程项目实践中，各种风险往往是相互联系的，如存在主次关系、因果关系、互斥关系、正相关关系或负相关关系等，风险识别中应以考虑风险彼此之间的相关性为原则，为后续开展的风险评价和风险决策提供基础。

（六）慎重性原则

对遇到的所有问题都应坚持慎重性原则，要考虑其是否具有不确定性，不要轻易否定和排除某些风险，要通过认真分析进行确认或排除；否则往往会造成风险的遗漏。对于一时不能确认或排除的风险，要做进一步分析研究；对于排除与确认概率等同的风险，应确认为风险。

（七）动态化原则

风险因素在工程项目的实施过程中经常发生变化，会不断产生新的风险因素。因此，风险识别不是进行一次就能够完成的，应采用动态化识别的方式。

（八）试验论证原则

对于某些按常规方式难以判断其是否存在，也难以确定其对工程项目的影响程度的风险，尤其是技术方面的风险，如新技术、新工艺、新材料的应用，必要时可以通过试验来论证，如抗震试验、风洞试验等，这样做可以提高风险识别的准确性，但需要一定的费用。

第二节　风险分类与识别程序

一、风险主要分类

（一）政治风险

政治风险属于境外 EPC 工程总承包项目可能遇到的风险之一。所谓政治风险，是指工程项目所在国政治环境发生变化、政局不稳定、政策法规发生变化给投资企业带来经济损失的可能性。广义的政治风险一般包括以下几个方面内容。

1. 战争动乱风险

通常包括工程项目参与任何战争（无论宣布与否），或者工程项目所在国发生内乱、暴动等。政治风险可能会使工程项目被终止或毁约，或者建设现场遭到破坏，从而使承包商或业主遭到损失。例如，日本某化工企业在伊朗投资化工厂项目，但因为爆发战争而遭到严重损失。

2. 国有化、征收、征用、没收等风险

这类风险是指工程项目所在国采用国有化及其他歧视性的政策，使业主或子项目承包商丧失其通过投资获得的权益和收入（如控制权、收益权、所有权、处置权）的风险。

3. 法律、政策变化带来的风险

工程项目所在国的法律、政策发生变化，可能导致承包商承担额外责任，造成较大的履约风险。例如，在主要政党轮流执政，缺乏政策连贯性的国家，新政府上台后，对上届政府签订的各种合同进行刁难，甚至单方终止上届政府签订的已经生效并正在执行的合同或协议，使在该国投资的企业或工程项目承包企业遭受重大损失。

4. 汇兑限制风险

这类风险是指工程项目所在国采取汇兑限制措施，使投资企业无法将投资收益兑换为自由兑换货币或将自由兑换货币汇出工程项目所在国的风险。

5. 对外关系反常风险

例如，南非排外骚乱造成当地外国企业经济损失惨重。

6. 专制行为风险

工程项目东道国权力部门腐败、拒付债务、国际信誉差等都会给工程项目承包企业带来风险。

（二）社会风险

社会风险是一种导致社会冲突，危及社会稳定和社会秩序的可能性，更直接地说，社会风险意味着爆发社会危机的可能性。一旦这种可能性变成了现实，社会风险就转变成了社会危机，对社会稳定和社会秩序都会造成灾难性的影响，从而影响到工程项目的顺利实施。社会风险包括个人或单位的行为（如过失行为、不当行为及故意行为）对社会造成损失的风险。例如，工程项目所在国的反对派暴动、罢工、游行、集会、敌视行为、排外情绪、宗教冲突等都可能造成社会不稳定和秩序混乱，从而对工程项目产生不利影响。

（三）经济风险

经济风险是指在经济领域潜在或出现的各种可能导致企业经营遭受损失的风险。主要表现在以下几个方面。

1. 汇率浮动

业主对承包商的付款有相当一大部分是采用工程项目所在国的货币，同时承包商对外购买材料、设备必须使用某一种货币，这些情况下都会面临国际市场汇率变化风险。

2. 通货膨胀

通货膨胀会造成工程项目造价提高。EPC工程总承包合同一般是固定总价合同，通货膨胀使总承包商承担额外支付风险。

3. 衡平法所有权

境外总承包商必须了解和熟悉不同国家的衡平法原则，即保护其所有权的规定。例如，在承包工程方面有些国家规定，外国企业的投标价格必须低于当地企业投标价格的一定比例才能够将工程项目给予外国企业承包，或者规定外国企业必须和当地企业联合才能投标。

（四）自然风险

自然风险是针对具体工程项目而言比较大的风险，具体是指工程项目所在国的地理环境（现场环境、交通状况等）、气候条件（暴雨、水灾、冻灾等）、地质条件及水电资源条件等导致的工程项目风险。具体表现在以下几个方面。

1. 地理环境

地理环境即工程项目所在地的地理位置，可能在平整的场地上，也可能在杂草丛生的荒地上，还可能在热带雨林中，或在四周环海的孤岛上。与国内三通一平的工程项目截然不同，在国外为了实施工程项目可能要先伐树、清淤、修路、架桥，甚至先修码头。因此，在决定承包一个工程项目前，必须先进行现场考察，如果是道路工程，沿道路全线都必须考察，只有经过充分的考察才能尽可能避免潜在的风险发生。

2. 气候条件

不同的国家或地区气候条件有着显著差异。例如，在俄罗斯、蒙古国等国家冬季严寒，一年中大概有半年时间很难施工；而在中东国家，由于夏季炎热，需要在混凝土中加冰降温；地处中非热带雨林带上的刚果（布）全年有2/3的时间在下雨；而在拉丁美洲岛国巴哈马施工必须采取防飓风措施等。因此，不同的气候条件要求采取不同的应对措施。

3. 地质条件

地质条件风险是必须高度关注的风险之一。有的工程项目是软土地基，基层为流动的游泥层，处理不好会造成整个工程项目的沉降；有的工程项目地下有溶洞或大的裂隙，而如果溶洞或裂隙又临海，则降水和地基处理都会面临较大困难；有的工程项目地下岩石为6类以上岩层，这种项目最好不要采取开挖方案，费时费力。地基处理是承包工程中对工期和成本影响较大的一项，很多严重拖期和成本超支的工程项目都是没有充分预见到地质条件风险。

4. 水电资源条件

国内工程项目不用考虑水电资源条件，而对于国际工程项目则必须格外关注水电资源条件。一些国家使用的电压和频率与国内不同，因此使用国内的施工机械就必须先转换电压和频率。此外，许多工程项目所在地不通市政水电，或者市政水电非常不稳定，经常停水、停电，这样就必须考虑自备发电机来供电。水源可采用打井取水的方式来获取，如果打井取的水是咸水则需配备水车到指定地点拉水。在工程项目建设中，自然风险是一种常见的风险。EPC工程总承包项目工期长，遭遇各种自然风险的概率极大。

（五）道德风险

道德风险是指与总承包商存在关系的相关方道德缺失、违法乱纪，导致总承包商遭受经济损失的风险。在EPC工程总承包项目建设中，总承包商面临的道德风险主要表现在以下几个方面。

1. 业主不付款或拖延付款

在财力枯竭的情况下，某些国家对政府的工程项目选择废弃合同并宣布拒付债务的情况时有发生。一些 EPC 工程总承包项目的业主可以采取多种方法来故意推迟已完工工程的付款。拖延支付或扣留最后一笔工程质量保证金，也是在工程项目中经常遇到的事情。

2. 分包商故意违约

有的分包商在工程项目分包阶段故意报出低价，一旦被授标，则利用各种可能的手段寻求涨价，甚至以工程质量或工期作为要挟承包商的手段。承包商一旦处理不当，就会面临工程质量不合格或工期拖延导致的对业主承担违约责任或支付额外费用的风险。

3. 总承包商参与工程项目的各级管理人员存在不诚实或违法行为

这些道德风险必然会对工程项目的质量、进度、成本等造成不良影响，使总承包商面临支付额外费用或承担违约责任的风险。

（六）技术风险

技术风险是指在工程项目建设中总承包商在技术领域的能力不足所导致的风险，尤其是伴随着工程科学技术的发展，因采用某项技术的经验不足而产生的影响工程项目目标实现的风险。其内容主要包括以下几个方面。

1. 技术力量欠缺

缺乏所承揽工程项目所需的技术力量，专业人才储备不足，导致工程项目技术力量薄弱。

2. 采用四新技术

由于新技术、新设备、新材料或新工艺不成熟，在采用过程中面临着风险。

3. 设计失误

例如，工程勘察设计过程中，勘察存在偏差，设计所使用的工程标准和规范出现差错，导致勘察设计风险等。

（七）管理风险

管理风险是指由于承包商缺乏管理人才和经验，或在主观上重视不够、心理准备不足，因而在执行管理过程中出现疏忽大意、失误、过失或不够谨慎的行为导致的承包商风险。其内容主要包括以下几个方面。

1. 决策风险

标讯失误或信息失真风险、中介与代理风险、围标或买标风险、报价失误风险。

2. 缔约风险

合同条款不平等、定义不准确、合同的约因及其允诺约定不清或条款遗漏等。

3. 履约风险

不善于利用主合同条件进行索赔，防范反索赔；对分包商管理失误、管理力度不够；材料、设备管理不力，采购不能满足工程进度、质量要求，影响总工期进度；工程质量有缺陷；进度延误；施工安全缺失等。

4. 责任风险

责任风险主要是指：职业责任风险。例如，设计单位选择不当，造成设计不达标，设计深度不够，不能满足业主要求，导致多次设计变更。法律责任风险。承包商可能因为各种原因需要承担民事责任，甚至是刑事责任。他人的归咎责任即替代责任风险。承包商对以其名义活动或服务的人的行为必须承担责任。认识责任风险。承包商对其雇员，尤其是关键人员潜在的损失承担责任。

（八）组织风险

组织风险是指组织结构、工作流程、任务分工和管理职能分工、组织之间的协调、人际关系处理等方面不科学，对工程项目的进度、质量、安全造成负面影响的风险。同时也包括承包商管理人员和一般技术工人的知识、经验和能力，施工机械操作人员的知识、经验和能力，损失控制人员和安全管理人员的知识、经验和能力，设计人员和监理工程师的能力等对工程项目所产生的风险。

二、风险识别程序

风险识别是工程项目风险管控中相对复杂的过程，不仅包括对风险的辨识，还包括风险分解、风险描述、确定风险清单和编制风险报告等。风险识别是一项经常性的工作，风险不是识别一次就完了，由于风险具有隐蔽性和变化性，有些风险可能在某段时间内并不具备构成要素，但随着工程项目的进展，可能演变成风险因素。因此，风险识别应当在工程项目的全过程中定期进行。风险识别程序如图 2-1 所示。

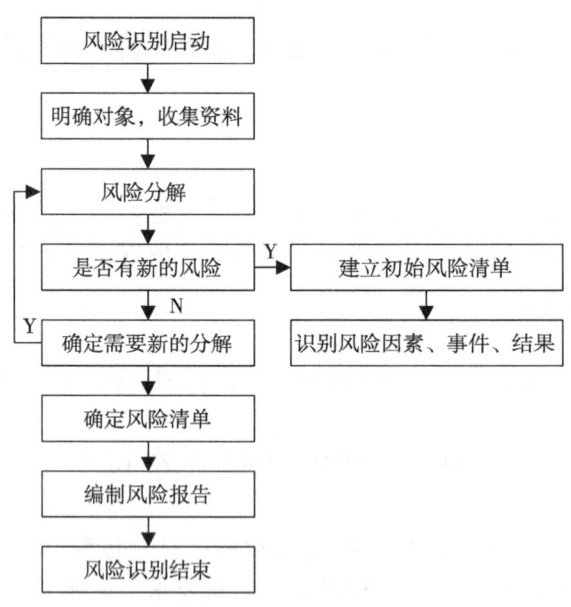

图 2-1　风险识别程序

由图 2-1 可知，风险识别主要有以下几项工作。

（一）风险识别启动

一般来讲，对于 EPC 工程总承包项目的准备阶段，项目管理团队的设计、采购和施工部门应积极参与，分别建立各阶段的风险识别体系。其目的是找出各个环节的各类风险，以及风险源和风险产生的原因。在项目经理的领导下，项目风险管控小组要对设计、采购、施工和试车等各个环节的风险源及风险产生原因进行识别。

（二）明确对象，收集资料

明确风险识别的对象范围，收集国内外相关法规和标准，了解同类工程项目风险发生的历史情况，以及风险识别对象所处的地理环境、气候条件和社会环境状况。

（三）风险分解

风险分解是根据工程项目风险的相互关系，将其分为若干个子系统，分解的程度足以使人们比较清楚、容易地识别出工程项目风险，使风险的识别更全面、更系统和更准确。风险分解有以下几种方法。

1. 时间分解

它是按照工程项目实施的时间顺序及工程项目实施的各个阶段进行分解的，可分解为投标阶段、可行性研究阶段、勘察设计阶段、设备和材料采购阶段、施工安装阶段及竣工验收试车阶段等。

2. 因素性质分解

它是按照工程项目风险因素的性质进行分解的，可将工程项目整体风险分解为政治风险、经济风险、社会风险、自然风险、技术风险、管理风险和组织风险等。

3. 目标分解

它是按照工程项目目标系统的结构进行分解的。目标是风险作用的结果。由于下层系统的情况和问题存在不确定性，而目标的建立是基于对当时情况的了解和对将来情况的预测，因此会有许多未知风险。按照目标分解，工程项目风险可分解为投资风险、工期风险、费用风险、质量风险和安全风险等。

4. 结构分解

它是按照工程项目组成内容进行分解的，以单项工程、单位工程或项目结构图上项目单元作为分析对象（即各个层次的项目单元，直到工作包），分析在实施及运行过程中可能遇到的技术问题，人工、材料、机械、费用消耗的增加，在实施过程中可能的各种障碍、异常情况。

（四）确定风险清单

风险识别的目的是确定项目的风险清单，利用实地调查法核对基于专家调查建立的初始清单，进而确定最终的风险清单。EPC 工程总承包项目的实施是一个极其复杂的过程，在风险管控过程中采取单一的识别方法是不够的，也是不科学的，在风险识别过程中一般都应综合采用两种或多种识别方法，而且多种方法中必须包括实地调查法，并根据工程项目实施的具体情况，持续不断地识别可能出现的新风险。

针对风险清单中所有的风险因素，分析各个因素可能导致的风险事件及事件发生后可能造成的后果，并加以具体描述。

（五）编制风险报告

将上述各个风险因素及分析情况编制成报告，包括风险编号、风险类型、风险描述、风险情况、识别结果，以及制表日期、制表人和责任人等。

第三节 风险识别基本方法

一、系统分解法

系统分解法是工程项目风险识别最基本、最常用的结构化识别方法之一，它是利用系统分解的原理，将一个复杂的系统分解为若干个较为简单并容易识别的子系统或系统要素，从而识别出子系统或系统要素的风险。例如，工作分解结构（WBS）法、风险分解结构（RBS）法和目标分解结构（OBS）法等都属于系统分解法的范畴。借助这种系统分解方式，风险识别人员可以了解和分析项目风险所处的具体项目环节、项目各个环节之间存在的风险，以及项目风险的起因和影响。具体来讲，系统分解法就是根据工程项目实施过程或管理过程，对可能出现的风险进行系统罗列，再结合工程项目的具体情况来识别风险的分析方法。

这种方法可将时间维、因素维、目标维的单项或多项结合使用。由于建设工程项目实施的各个阶段是确定的，因而关键在于对各阶段风险因素或风险事件的识别。图2-2展示了国际EPC工程总承包项目风险三维系统分解。

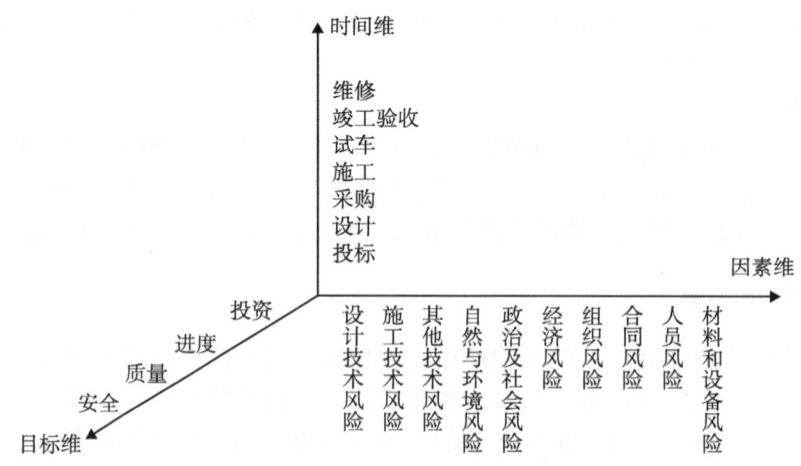

图2-2 国际EPC工程总承包项目风险三维系统分解

二、工作分解结构法

工作分解结构法实际上是基于系统分解原理的一种方法,就是将承包商所承包范围内的全部工程任务,按照层次从项目总体开始一直分解到工作包。工程是由众多项目单元组成的,它们之间相互联系、相互影响、相互依赖,共同构成了工程系统。这些项目单元的工期、质量、成本的综合叠加决定了工程项目的最终工期、质量和成本。同样,项目单元各自所存在的风险综合地构成了整个工程项目的风险。采用工作分解结构法对项目进行风险识别,就是将整个工程系统按照结构分解为基本单元,风险管控者分别对每个项目单元所存在的风险进行识别,然后综合分析其对整个工程项目目标所产生的影响。工作分解结构法是现代项目管理的一种有效方法,也是项目风险识别的一种常用方法。

三、流程图法

流程图法实际上也是系统分解法的一种类型,它是按照风险三维系统分解中的时间维对项目活动进行具体分解以识别风险的方法。所谓流程图法,是指风险管控者将整个项目施工或经营活动按步骤或阶段顺序,系统化、顺序化地制成业务流程图,绘制的业务流程图可以将对项目各种施工和经营活动有影响的关键点清晰地表现出来,根据这些项目关键点的实际情况和相关历史资料,对每个流程环节进行分析并识别是否存在潜在的风险,从而发现项目实施过程所面临的风险,并将各种潜在的风险因素或风险事件在流程图上标示出来,这样可以明确反映出项目的基本风险状况,从而给决策者一个清晰的总体印象。例如,按照时间顺序可以将工程项目分为设计阶段、采购阶段、施工阶段和试车阶段,从而分析并识别各阶段潜在的风险。

因此,流程图法是对承包企业施工或经营活动中的风险及其成因进行定性分析的一种重要方法。

流程图法具有直观、时间逻辑强、便于表达活动过程的优点。其表达方式灵活,便于识别各环节存在的风险。缺点是要想绘制和运用流程图必须熟悉了解工程建设活动,这就要求相应工作人员具有较高的专业素质。

四、工作与风险分解法

工作与风险分解(WBS-RBS)法是风险识别和分析中广泛使用的一种综合而有效的方法。其中,WBS(Work Breakdown Structure)是工程项目管理中比较熟悉的工作分解结构,可以形成工作分解树;而 RBS(Risk Breakdown Structure)则是参考了 WBS 原理构建而成的与之结构相似、以项目目标为导向的风险分解结构(按照风险三维系统分解中的因素维分解),可以形成风险分解树。通过两者交叉构成 WBS-RBS 矩阵,从而实现对项目风险及其转化条件的分析和判断。由于该方法秉承了 WBS 深入项目周期各个环节的优点,又能够对内外环境风险进行综合分析,因此得到广泛的应用。实际上,工作与风险分解法是系统分解法下的工作分解结构法与风险分解结构法的结合，就具体识别工具而言是专家调查法和情景分析法相融合的一种综合风险识别方法。

与其他风险识别方法相比，工作与风险分解法符合系统性原则，具有优越性。在利用工作与风险分解法进行风险识别时，首先要将各项作业的施工工艺和工程结构上的关系逐级进行分解，形成作业分解树，这样风险源可以逐级地呈现在作业分解树上，从而避免遗漏某些重要的风险源。运用工作与风险分解法进行风险识别的同时要将风险源进行系统分解，这样也能够有效地避免某些重大风险的遗漏。此外，该方法符合风险识别的权衡原则，在作业分解形成决策作业树的过程中，可以估计出各层级作业的相对重要程度（相对权重），从而有所侧重地识别风险。同时，工作与风险分解法使得定性分析过程更加细化，更加接近量化分析的模式。WBS-RBS矩阵纵向（或横向）的工作分解树和横向（或纵向）的风险分解树，经过分解将工作和风险的初始状态进一步细化，在一定程度上规避了其他风险识别方法笼统地凭借主观判断识别风险的弊端。工作与风险分解法既能把握工程项目的全局，又能深入项目施工的具体细节。

五、故障树分析法

故障树分析法是分析问题时广泛使用的一种具体方法，或称为风险识别的工具。它是从初始事件出发，分析初始事件所导致的各种事故序列组，用节点来表示系统中初始事件所导致的事故序列的树状图形分析方法。也就是说，利用图解的形式将大的故障分解成若干小的故障，或对各种引起故障的原因进行分解，由于分解后的图形呈树枝状，因而称为故障树分析法。

在工程项目风险识别时，故障树分析法是一种十分有效的方法，它可以将承包商面临的主要风险分解成若干细小的风险，又可将风险的原因层层分解，排除主观臆断，从而准确地找到对工程项目真正产生影响的风险及原因。

此种方法常常与专家调查法相结合，在工程项目中得以广泛使用。这种方法的优点是既可用于定性的风险识别，又可用于定量的风险评价，是承包商识别承包工程项目风险的常用方法。缺点是比较复杂，调查者需要具有较高的素质并掌握一定的运用技术。

六、情景分析法

情景分析法又称前景描述法，是美国科研人员于1972年提出的，是一种适用于对风险因素较多的项目进行风险识别的系统方法。使用时，通常假定关键影响因素可能发生变化，从而构造出多种情景，提出多种可能的结果，以便采取措施防患于未然。当需要提醒决策者注意某种措施或政策可能引起的风险或危机性的后果、建议需要进行监视的风险范围、研究某些关键因素对未来过程的影响、提醒人们注意某种技术的发展会带来哪些风险时，该方法就显得特别有用。

目前，该方法在工程项目风险识别中主要用于投资风险识别，特别是用于BOT投资项目的风险识别，已有不少成功的案例。例如，雷军华等用此方法对尼泊尔某灌溉工程的承包风险进行了识别；英国学者 Roger Flanagan 在其著作中对此方法也进行了介绍。该方法需要大量数据，但数据收集存在一定的困难。

七、风险核对表法

风险核对表法是指识别者根据自己以往类似项目或从其他渠道积累的历史信息与知识，编制风险核对表。也就是说，根据经验，这个项目可能会有哪些风险，什么事情会导致这个风险发生，将这些全部列出来，即形成风险核对表。在对新项目进行风险识别时，根据该项目实际情况，以总结出的风险核对表为依据——核对，从中发现潜在风险。风险核对表法简单且容易操作，省时省力，但受可比性的限制，完全相同的项目是不存在的，故在风险识别中容易漏项。

八、专家调查法

专家调查法是指主要利用工程领域专家的丰富经验和专业理论基础，通过交流与分析找出项目实施过程中各种潜在风险的方法。专家调查法可分为头脑风暴法和德尔菲法。

（一）头脑风暴法

头脑风暴法它属于面对面直接访谈法的一个类别，是一种激发创造性、产生新思想的方法。用头脑风暴法组织群体讨论时，要集中有关专家召开专题会议，组织者要事先确定会议议题、选择参会人员、进行会前准备、明确人员的分工等。会议开始后，主持者要以明确的方式向所有参会人员阐明问题，说明会议的规则，尽力创造融洽、轻松的会议氛围。主持者一般不发表意见，以免影响会议的自由氛围。同时，应注意规定纪律及把握会议的时间，在规定的时间内收集参会人员对问题的看法。由专家们"自由"提出尽可能多的方案。

（二）德尔菲法

德尔菲法属于书面背靠背访谈法的一个类别。具体做法是：①项目风险小组选定专家，并且与他们建立直接的函询联系。专家的数量要适当；务必确保与专家的联络通畅，这需要沟通技巧；专家的选择要保证适当的差异性。②项目风险小组收集专家的意见，加以整理后再匿名反馈给各位专家，再次征询意见。③反复经过 4~5 轮，当专家的意见趋向一致时，整理结果。

专家调查法简单易行，不受时间和空间的限制，不需要任何复杂的设备，在短期内便可获得大量的风险信息。但该方法结果的可靠性受到专家的经历、素质和水平的影响。

九、文献分析法

文献的现代定义是"已发表过的或虽未发表但已被整理、报道的那些记录知识的一切载体"。"一切载体"不仅包括图书、期刊、学位论文、科技报告、档案等常见的纸面印刷品，也包括有实物形态的各种材料。

文献分析法是指收集、分析和研究已有的类似工程项目相关的文献资料，从二手资料中提炼对识别风险有用的信息。它是一种最为基础、运用最广泛的风险识别方法。该方法具有操作性强、效率高且客观性强的特点。由于该方法是一种间接的识别方法，因此还具有方便快捷且调查分析的费用较低的特点。文献分析法是工程项目风险识别中常用且有效的方法，但也存在风险管控者需要了解的一些与本项目类似的资料很难收集，而且往往越有价值的资料越难收集的不足。

十、实地调查法

实地调查法是指风险管控者用客观的态度和科学的方法，到工程项目所在地走访调研、考察访谈、实地体会，从而获得第一手风险资料的有效方法。

实地调查法有现场观察法和现场询问法两种。

（一）现场观察法

现场观察法是指调查者到工程项目所在地区或工程项目所在现场，亲身观察环境因素以获取调查资料的方法。

（二）现场询问法

现场询问法是指到现场当面向被调查者提出询问，以获得所需的调查资料的方法。这是一种最常用的实地调查法。实地调查不仅要收集到所期望的资料，而且要在调查中给调查对象留下良好的印象，树立公司的良好形象，可能时应将被调查者作为潜在用户加以说服。由于工程项目具有一次性的特点，不同的工程项目由于地理位置不同、结构不同，特点也各有不同，因此工程项目实施过程中风险也不尽相同。

在工程项目实施过程中对风险因素花费人力、物力和财力进行实地调查是必要的，这既是一项非常重要的工作，也是风险识别的重要方法。实地调查法可以获得第一手资料，结果真实、客观、准确性强。该方法的调查结果取决于被调查者本身的素质，同时，该方法也受地域限制。

第二章　EPC 工程总承包项目风险识别

第四节　风险识别方法实践

工作与风险分解法是应用广泛且较为实用的风险识别方法，是系统分解法、情景分析法和专家调查法的有机结合。在这里列举一个工作与风险分解法在投标决策中的应用案例。

一、案例摘要

工作与风险分解法应用较为广泛，不但可用于对工程项目全生命周期进行全面的风险识别，对于工程建设各个阶段的风险识别也可以使用。本案例介绍如何采用工作与风险分解法在工程项目投标决策阶段进行风险识别。

二、案例背景

我国某铁路公司对两个 EPC 铁路项目（S 铁路项目和 A 铁路项目，项目概况在此处略）进行跟踪。鉴于公司工程项目较多，无法兼顾，为了维护在当地工程市场的关系，公司决定参加两个项目的投标，但只能侧重于其中一个有利的项目，对另一个项目则以弃标处理。因此，公司结合风险分解结构法，在投标前对上述两个项目进行风险对比。

三、风险识别

（一）建立 WBS-RBS 矩阵

由于两个项目都是铁路项目，性质类似，因此两个项目都可以使用相同的 WBS-RBS 矩阵进行分析。首先，将项目总体分为项目投标、人员和物资准备、现场施工及工程结算 4 个主要阶段，建立 WBS（图 2-3）；其次，根据项目实施过程中可能出现的风险，建立 RBS（图 2-4）；最后，构建铁路项目 WBS-RBS 矩阵。

（二）聘请专家依据 WBS-RBS 矩阵进行风险识别

聘请多位相关专家分别对这两个项目进行反复咨询和反馈，综合判断矩阵元素是否存在风险。如果矩阵元素的风险不存在，或者其影响很小，则取值为"0"，相反，则取值为"1"。最终，获得 S 铁路项目风险识别结果和 A 铁路项目风险识别结果。

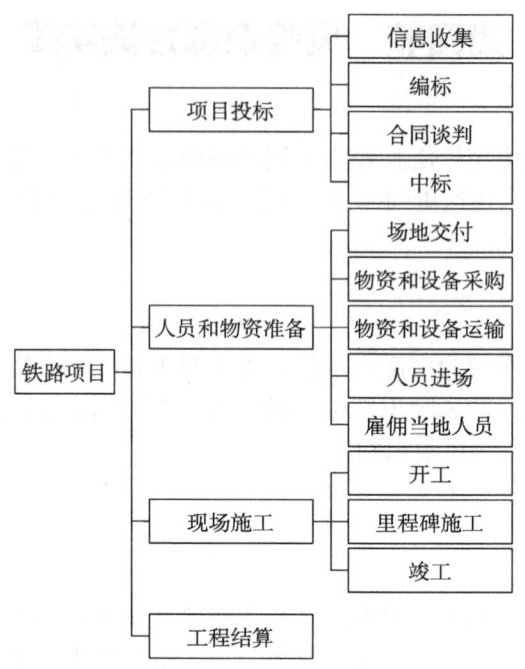

图 2-3 铁路项目工作分解结构（WBS）

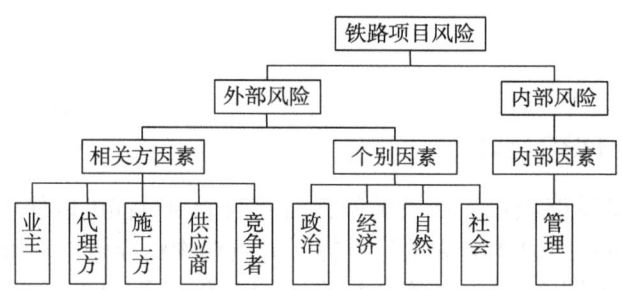

图 2-4 铁路项目风险分解结构（RBS）

四、风险识别结论

通过分别对这两个项目进行系统的风险识别，全面地掌握了这两个项目的风险因素，在此基础上对所识别出的风险做了进一步深入的评价，最后评价结论为 S 铁路项目风险度为 3.712，A 铁路项目风险度为 4.352，故公司决定对 S 铁路项目进行投标。

第三章 EPC 工程总承包项目风险评价

风险识别的目的是找出可能影响工程项目目标实现的风险，识别的成果是风险清单，对于风险清单中的各种风险因素，还需要对其进行评价，分析其对实现项目目标影响度的大小，以明确风险管控的主要因素，哪些是重点风险，哪些是次要风险，以便有重点地对风险制订应对计划，从而实施有效的风险控制。因此，风险评价是风险管控的重要环节。

第一节 风险评价基本内容

一、风险评价的概念

风险评价是指项目风险管控人员在项目风险识别的基础上，通过建立项目风险的系统评价模型，对项目风险因素进行综合分析和权衡，并依据风险对项目目标的影响程度进行风险分级排序，把项目所有阶段的整体风险水平，各种风险之间的相互影响、相互作用及对项目的总体影响，项目主体对风险的承受能力等进行综合分析与评估的过程。

二、风险评价的目的

（一）确定各个风险的大小

对工程项目中各类风险进行评价，根据它们对项目目标的影响程度（包括风险出现的概率和后果），确定出各种风险的大小和影响程度，为风险控制提供依据。

（二）确定风险事件之间的内在联系

工程项目中各种各样的风险事件表面上看来是互不相干的，但当进行详细分析后会发现，多种事件可能是由同一个风险源所引起。风险评价就是要从项目整体出发，弄清各种风险事件之间确切的因果关系，只有这样才能制订出系统的风险管控计划。

（三）明确风险之间相互转化的条件

综合考虑各种风险之间相互转化的条件，研究如何才能化威胁为机会，明确项目风险的客观基础。例如，承包商对工程项目实施 EPC 工程总承包模式，这个模式和传统施工总承包模式相比存在更多的不确定性，具有较大的风险；但如果总承包商把握机会，将部分不熟悉的子项目分包给有经验的专业施工队伍，就可以将风险转移，并获得较大的利润。但应注意的是，原认为是"机会"的风险，在某些条件下也可能会转化为"威胁"。

（四）量化风险发生概率和后果

进一步量化已识别风险的发生概率和后果，减少风险发生的不确定性。通过风险评价，当发现原评价和现状存在较大差异时，可根据工程项目进展情况，重新量化风险发生的概率和可能的后果，纠正评价偏差，缩小评价与实际的差距。

三、风险评价的作用

通过风险评价，可以更准确地认识风险，确定风险因素、风险事件发生的概率大小和概率分布，以及风险事件发生后对工程目标影响的严重程度或损失严重程度。同时，可以保证目标规划的合理性和计划的可行性。在工程目标规划的内容中，工程数据库对目标规划的作用很大。但是，工程数据库中通常没有具体反映工程风险的信息，充其量只有关于重大工程风险的简单说明。也就是说，工程数据库不能反映各种风险各自作用的结果。由于工程风险的个别性，只有对特定工程的风险进行评价，才能正确反映各种风险对工程目标的不同影响，才能使目标规划的结果更合理、更可靠，使在此基础上制订的计划具有可行性。

通过风险评价，可以合理选择风险对策，形成最佳风险应对策略组合。不同应对策略的适用对象各不相同，风险应对策略的适用性需要从代价和效果两个方面考虑。风险应对的效果表现在降低风险发生概率和降低损失严重程度。

实施风险对策一般都要付出一定的代价，如采取损失控制措施的措施费、购买工程险时的保险费。这些代价一般都可以准确度量。而风险评价的结果是各种风险的发生概率及损失严重程度。因此，在选择风险应对策略时，应将不同风险应对策略的适用性与不同风险的后果结合起来考虑，对不同的风险选择不同的风险应对策略，从而形成最佳的风险应对策略组合。

第二节 风险评价指标体系构建原则

科学构建风险评价指标体系，有利于对风险进行准确分析和评价，其操作简单，可提高风险分析和评价的有效性和实用性，这是风险评价环节的关键一步。一般来讲，构建风险评价指标体系的原则包括以下几个。

一、科学性原则

科学性是风险评价指标体系构建的基础，包括3个方面内容：一是指标体系的构建要符合工程项目的客观特征和实际情况；二是要选择适当的指标，确定指标量度和权重，收集数据，界定合适的计算方法，而这些都建立在相关的统计资料和学术理论的基础之上；三是国外工程项目要选择项目所在国颁布的有关标准指标，这样的指标体系才能保证风险评价客观性与真实性的有机结合。

二、可操作性原则

EPC工程总承包项目风险评价指标体系必须具备一定的可操作性，确保指标对项目需要收集的资料具有可操作性。同时，指标体系也必须具有可行性。因此，在构建风险评价指标体系时，选择的指标往往都具有很强的代表性，而且计算方法也易于掌握，尤其要注意指标体系是一个简单、平衡的统一整体。

三、系统性原则

确定EPC工程总承包项目风险评价指标时，既要注意指标之间的协调，也要注意评价内容之间的协调。一般来讲，EPC工程总承包项目风险评价指标体系是一套评价风险的综合体系。因此，必须全面考虑能够影响项目目标实现的各个方面风险因素，做到关键性指标之间的衔接，并在风险评价时赋予这些因素适当的权重。

四、成本效益原则

一般来讲，在构建风险评价指标体系时，即使某一指标有一定的用途，但获取这一指标时收集有关数据所花费的成本较大，与使用期的收益不对称，或者这一指标不能够适应整个综合评价模式，就应该舍弃这一指标，转而选择其他替代指标。

五、定性与定量相结合原则

定性指标可以反映工程项目整体风险大概的状态，定量指标则是以统计数据为依据的。通过以定性分析为基础进行数据的量化处理方式，能够准确地揭示风险的真实状态。对于那些缺乏数据支持的指标，可以通过专家评分法来近似量化，以实现定性指标转化为定量指标的目的。

第三节 风险评价常见方法

一、专家评分法

专家评分法又称专家调查打分法，是一种工程项目的定性风险评价方法。

（一）专家评分法基本原理

在 EPC 工程总承包项目中，大量的风险难以通过收集历史资料或文献用精确的数字来描述。因此，这给风险评价工作带来一定的困难。例如，某个风险到底对工程项目目标实现有多大的影响，并没有严格的数据资料来参考评判。针对这类风险，利用专家知识和掌握的经验对需要评价的风险进行打分，然后对分数进行统计处理，依据所得结果来衡量风险对目标影响的大小，该方法具有简便易行的优点，是风险评价中较为常见的一种方法。

专家评分法就是邀请几位专家，利用专家的经验等隐性知识，直观判断项目每一单个风险发生的概率，并对该风险发生后可能对目标造成的损失影响打分。

（二）专家评分法操作步骤

①制定评分标准。首先，评价组织邀请专家对评价指标制定评分标准。指标分为两种：一种是风险发生概率；另一种是风险对目标造成的损失程度。

风险发生概率的评分规定：$0 < P_i < 1$。风险对目标造成的损失程度 W 的评分规定：对于危害程度低的、危害程度一般的、危害程度高的和危害程度很高的 4 个等级，分别赋予相应数值。一般赋予 0～10 相应的权重值，其中 0 代表没有风险，10 代表风险最大。

②利用专家经验和知识对该项目风险进行概率与危害程度评分。

③求出各个风险的风险度，风险度 = 风险概率 × 风险危害程度，即 $R=P \times W$。

④计算出各个风险指标的平均风险度。

⑤项目风险评价者对专家给出的数据进行集中度和离散度检验，一般采用中位数和四分位差相结合的方法对调查结果的数据进行集中度和离散度分析。

⑥依据各个风险的平均风险度大小进行排序，并将项目的整体风险水平同项目整体评价基准进行比较，对项目整体风险做出判断。

（三）对专家评分法的评价

专家评分法是一种定性评价方法，该方法主要是找出各种潜在的风险并对其后果做出定性的评价。该方法对那些在较短的时间内很难用统计的方法、试验分析方法或因果关系论证得到结果的情况特别适用。在 EPC 工程总承包项目风险评价中，该方法简便易行，效果较好，经常被使用。

专家评分法也存在不足之处，评价结果主要取决于专家评分的客观性和评分标准的合理性，不同的专家对同一风险会有不同的评价结果。因为专家的水平各异，对项目的具体情况了解不同，所以对同一风险就会有不同的取值，有时彼此相差很大，平均后的结果可能并不能够反映真实的风险水平。

为了克服这一缺陷，对专家评分法可以做一些改进。具体来讲，为进一步规范这种方法，提高评价的准确性，可根据专家对国内外工程项目承包的经验、对投标项目所在地区及项目情况的了解程度、知识领域等对专家评分的权威性确定一个权重值。权威性的取值建议为 0.5～1.0，1.0 代表具有最高水平的专家，其他专家的取值相应减少。最后的风险度计算为：每位专家评定的风险度乘以各自的权威性权重值，所得之积合计后，再除以全部专家权威性权重值之和。

专家评分法适用于工程项目决策前期，这个时期往往缺乏具体的数据资料，主要依靠专家经验和决策者的推测，得出的结论并不是风险方面的具体数值，而是一种大致的程度值，故只能作为进一步评价的基础。

二、层次分析法

美国运筹学学者 T.L.Saaty 于 20 世纪 70 年代初提出了著名的层次分析法（AHP）。层次分析法是将与决策有关的元素分解成目标、准则和方案等层次，在此基础上进行定性和定量分析的决策方法。该方法具有系统、灵活且简洁的优点，适用于多指标、多方案的综合比较。

（一）层次分析法基本原理

层次分析法的基本原理是把复杂的风险问题分解为各个组成因素，再将这些因素按支配关系分组形成有序的阶梯层次结构，通过两两比较的方式确定层次中众多因素的相对重要性，然后根据分析者自身的经验进行综合分析和判断，最后确定众多因素相对重要性的总排序。

（二）层次分析法操作步骤

①确定评价的目标和各个评价指标。首先，确定评价的目标和各个评价指标，然后根据目标、所列风险评价指标（风险因素）建立风险评价层次结构模型（图 3-1）。

②因素两两比较评分，构造判断矩阵。风险评价层次结构模型确定后，请项目风险管控专家对众多风险因素进行两两比较评分，从而判断下层因素就上层某一因素而言的相对重要性。

③进行判断矩阵排序，并进行一致性检验。

④为获得层次中每一个风险因素的相对权重，必须进行各层次的综合计算，然后对相对权重进行总排序。

⑤计算综合总评分。获得各风险因素的评分后，计算加权平均值，即得综合总评分。综合总评分最高者即为最大的风险。

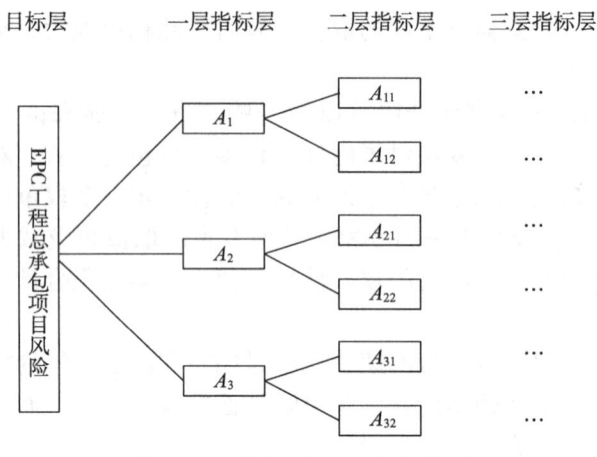

图 3-1　风险评价层次结构模型

（三）对层次分析法的评价

层次分析法为多目标风险评价提供了科学且可行的思路。这是因为层次分析法应用专家经验和知识设置指标体系，用一致性检验判断专家意见的一致性，有效地将定性分析与定量分析结合在一起，不仅弥补了专家调查法的不足，还从数学分析的角度给出了各个风险因素比较的数量关系。

层次分析法的特点是注重系统特征的权重细化分析。它运用两两比较法，对各相关的特征进行评分，得到若干个两两比较判断矩阵，最后再进行各层次综合计算得到总排序，即获得每一指标对总目标的相对权重。层次分析法适用于项目招投标前的考察调研，能够综合测评该项目的风险大小，使风险管控者能在投标前对拟建项目的风险情况有一个全面的认识，判断出项目的风险程度，为报价多少做铺垫，以决定是否投标。

尽管层次分析法可用于工程项目风险评价，但是专家系统的权衡分析往往是一个主观的、模糊处理的过程，层次分析法缺乏这种处理能力。同时，在用层次分析法对工程项目风险进行判断的过程中会出现极端的特征值，不利于最后结果的准确性。而且，此方法受到计算规则的限制，不易于在复杂项目中应用。

三、等风险图法

EPC 工程总承包项目中影响各环节的因素众多，利用等风险图法对多风险因素进行评价，找出关键因素并加以控制，是一种非常有效的定量风险评价方法。

（一）等风险图法基本原理

等风险图法包括两个因素：失败的概率和失败的后果。这种方法将已被识别出的风险分为低、中和高 3 类。其中，低风险对项目目标仅有微小的不利影响，发生概率也较小（一般概率小于 0.3）；中风险发生概率较大（一般概率为 0.3～0.7），并会影响项目目标的实现；而高风险发生概率很大（一般概率大于 0.7），对项目目标会产生很大的不利影响。等风险图法是应用风险系数来评价项目风险水平。

以 R 代表风险（失败）系数，即 $0<R<1$。P_f 表示项目失败的概率，P_s 表示项目成功的概率，失败的概率与成功的概率之和等于 1，即有 $P_f=1-P_s$。C_f 表示项目失败后果的非效用值，C_s 表示项目成功的效用值。根据效用理论，非效用值与效用值之和等于 1，即 $C_f+C_s=1$（$0<C_f<1$，$0<C_s<1$），项目风险（失败）系数等于 1 减去成功系数（项目成功的概率与成功的效用值之积），即：

$$R=1-P_sC_s=1-(1-P_f)(1-C_f)=P_f+C_f-P_fC_f。 \qquad (3-1)$$

首先，根据上述公式画出等风险图，纵坐标反映失败的概率，横坐标反映失败后果的非效用值。然后，通过专家对项目失败概率和失败后果非效用值进行评定，计算出该项目的风险系数，将该系数与等风险图相比较，以判断该项目的风险水平。

（二）等风险图法操作步骤

①画等风险图。先让 R 取 0～1 的一个数，如 0.10，接着让 P_f 在 0～1 取任何一个数，根据 $R=P_f+C_f-P_fC_f$，计算得出一个 C_f 值。P_f 在 0～1 再取任何一个数，又可得到一个 C_f 值，这样下去可以得到多个组合点，然后把不同的组合点画在以 C_f 为横坐标、P_f 为纵坐标的图上，把各点连接起来就可以得到一条曲线。曲线连出后，让 R 换取一个数，如 0.20，再让 P_f 在 0～1 取不同的数，相应进行计算，得出 C_f 值，然后再把不同的组合点画在以 C_f 为横坐标、P_f 为纵坐标的图上，把各点连接起来又可以得到另一条曲线。如此下去，R 再分别取 0.30、0.40、0.50、0.60、0.70、0.80、0.95、0.98 这 8 个数，根据前面叙述的方法即可以得到 10 条曲线（图 3-2）。有了等风险图，就可以把具体的风险系数拿来与之对照。

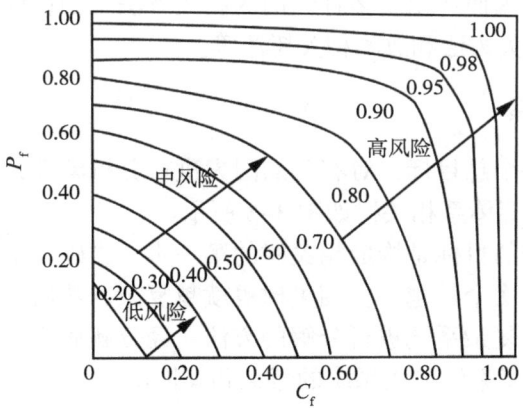

图 3-2　等风险图

②项目风险系数计算。由于是对整个项目的风险进行评价，因此评价中项目风险的 P_f、C_f 应取其平均值，即 $P_f=(P_{f1}+P_{f2}+P_{f3}+\cdots+P_{fn})/n$，其中，$P_{f1}$、$P_{f2}$、$P_{f3}$、$\cdots$、$P_{fn}$ 分别表示各个风险发生的概率，n 表示风险个数。

又有 $C_f=(C_{f1}+C_{f2}+C_{f3}+\cdots+C_{fn})/n$，其中，$C_{f1}$、$C_{f2}$、$C_{f3}$、$\cdots$、$C_{fn}$ 分别表示各个风险后果的非效用值，n 表示风险的后果个数。

项目的风险系数按前述公式进行计算。

③项目风险水平的判断。用计算出来的风险系数与等风险图进行对照，判断该项目的风险水平。

（三）对等风险图法的评价

等风险图法应用方便，结果较准确，是一种较为新型的风险评价方法。但是其结果只是对整个项目风险高低的判断，如需进一步探求风险原因，则该结果显得过于简单，缺乏有效的经验证明和数据支持。

四、相关树法

（一）相关树法基本原理

相关树法是 20 世纪 60 年代初，在 Qiukeman 等提出的决策树基础上，加入矩阵理论发展而来的一种量化评价方法。相关树法是一种典型的规范性评价方法，它提供了未来目标与现时决策相关联的途径。相关树法是根据技术系统的子系统或各级子系统发展趋势的综合来评价技术系统的发展。其原理是如果整体系统需要达到某一目标（特性参数），则必定要求各子系统或各级子系统都要达到相应的目标。也就是说，整体系统发展目标的实现要由各子系统或各级子系统的技术发展目标的实现来决定。对于具体的相关树法，由于其应用的角度或解决问题的性质存在差异，因而产生了多种专门的相关方法，如目标相关树法、结构相关树法、功能相关树法、远景相关树法和故障相关树法等。

（二）相关树法操作步骤

①建立相关树。确定一个总目标，对有关的因素进行分析整理，按树形分支将各因素连接起来，形成树状。风险目标体系相关树如图 3-3 所示。

运用此法时，确定简洁的目标是构成相关树的第一步。当确定了目标之后，应确定等级层次的个数。目标越大，层次个数越多，相关树也就越复杂。然后，可以依次画出相关树。实质上，相关树法是对一个复杂系统进行分解的方法。经分解后每个个体应是有机的，并可用相关树来确定每个局部对子系统或大系统的意义和其地位。

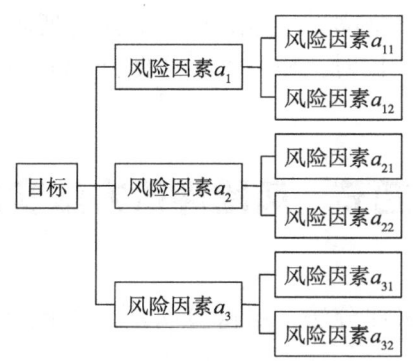

图 3-3 风险目标体系相关树

②建立评价准则，确定准则权重。准则是对风险因素进行评价的依据。准则权重则是根据准则的重要性赋予的数值，一般由风险评价人员来完成。

③构建相关树矩阵。设项目风险评价准则共有 n 个（b_1、b_2、…、b_j、…、b_n），风险目标体系相关树第 k 层的风险因素共有 m 个（j_1、j_2、j_3、…、j_m）。

确定这些风险因素在 b_j 准则下的权重为 q_j（$j=1$、2、3、…、n），则形成相关树法的矩阵。

④专家对各个风险因素在各准则下的影响进行打分（权重）。风险因素在不同准则下的重要性是不同的，因此依靠专家对各个风险因素在不同准则下的影响逐一进行打分，做出评价。

矩阵中的要素 S_i^j 表示专家对第 i 个风险因素在准则 j 下的影响给出的评价权重。应注意的是，在专家打分时应使各个因素在准则 j 下的打分数值之和为 1，即同一准则下同层级各个因素的权重总和为 1。

⑤计算每一风险因素对准则的相关数。所谓相关数，是反映风险因素对项目整体准则的相关程度的数值。其值是每一行的风险因素分值与其对应的准则权重乘积之和。由于风险因素不同，对整体准则的影响不同，计算的相关数也不同。根据此相关数，可评价某一风险因素在整体项目中所处的地位。应注意的是，每一风险因素相关数的总和为 1。

⑥计算树顶相关数。树顶相关数又称为综合相关数，是指该因素相关数与有直接关系的上面因素的相关数连乘。树顶相关数可以反映该风险因素对实现总体目标的重要程度。依据各个风险因素的树顶相关数进行排序对各个风险因素做出评价。

（三）对相关树法的评价

相关树法适用于那些按因果关系、复杂程度和从属关系分解的评价系统。在整个评价过程中，每划分一个分支、一个系统，实际上就是为了实现某种目标或解决某一问题，即对未来的预测对象可能出现的某种发展趋势做出预测。相关树法的核心问题是分析等级结构，每一级分支的交点称为顶点，每一个顶点至少要分出两个分支，可以一直划分下去，数量根据需要不受限制。

相关树法具有许多的优点。例如,直观性强,表达清晰而简洁;容易发现遗漏的因素;树枝越全面,分析结果越客观。同时,相关树法也便于分析和讨论。

第四节　风险评价方法实践

下面就上节所介绍的专家评分法、层次分析法、等风险图法和相关树法的应用各举一例。

一、专家评分法的应用

(一) 案例摘要

以某高速公路为例,运用专家评分法对识别出的风险进行评价,并通过中位数和四分位差相结合的方法对评价结果进行集中度和离散度的分析,为决策者提供参考依据。

(二) 案例背景

EPC 高速公路工程某合同段的路线穿越地带为北温带大陆性季风气候,较干燥,四季分明,日光充足,降水集中,冬季结冰深度为 1.0～1.2 m。该路段基土石方量大,为 1 255 172 m^3,大部分为石方,防护工程沿线分布,工程量为 91 580 m。本段包含管涵 24 道,直径 1.5 m;大桥 1998.88 m/12 座(含分离式桥 3 座)、中桥 12 座。沿线为重丘区,山坡冲沟密集。道路等级低,多为越岭线,交通情况差,运料、预制和架梁存在一定困难,承包商面临众多工程风险。

(三) 风险识别

经风险识别,主要有以下 4 种风险。

1. 费用风险

受社会大环境影响,人工、材料价格出现了较大的上涨趋势,由于设计时间较早,施工现场的自然条件有所改变,承包商面临成本增加的风险。

2. 工期风险

合同工期为 18 个月,跨两个冬季,当地 11 月到次年的 4 月初不能施工,实际工期偏紧;交通不便,三通一平准备不好,水源匮乏,承包商工作效率降低。

3. 安全风险

公路工程包括空中作业和危险地带作业,面临安全风险。

4. 环境风险

项目所在地日温差大,春季风沙大,沿线山坡冲沟密集,绿色植被少,雨季易发生泥石流等灾害。

（四）风险评价

1. 邀请专家进行评价

专家评分法主要是邀请专家找出各种潜在的风险，并对风险后果做出定性的评价，该方法适用于决策前期，评分的结果在于专家打分的客观性和评分标准的合理性。

本案例项目组邀请具有丰富经验、水平不相上下的专家，对每个风险的发生概率和风险危害程度，从成本、质量、工期、安全几个方面来进行打分，并计算出风险度。专家根据历史数据资料和掌握的信息，结合本项目特点，确定各个风险对目标影响的程度。

对每项风险发生后对成本、质量、工期和安全的危害程度做出规定，分为低（0.2）、适度（0.4）、高（0.6）和很高（1.0）。在风险管控者主持下，经过讨论、评估，形成比较统一的意见后，结合风险管控指标权重，由专家独立为风险的影响程度（权重）进行打分。

2. 求出各个风险的风险度

对专家给出的数据进行处理，求出风险度 R，风险度 = 风险概率 × 风险危害程度，即 $R=P \times W$。

3. 计算出平均风险度

在专家给出的风险发生概率和风险危害程度的基础上，得出各个风险的平均风险度。

4. 对专家给出的数据进行集中度和离散度检验

采用中位数和四分位差相结合的方法，对调查结果的数据进行集中度和离散度分析。

（五）评价结论

本案例 4 项风险因素最大风险度和为 40，实际风险度和为 $R=7.5+5.1+2.7+1.0=16.3$，整体风险水平 = 实际风险度 / 最大风险度 =16.3/40 ≈ 0.41。与类似项目整体风险水平平均基准（0.55）相比，该项目整体风险水平可以接受。从合计的风险度可以看出，费用风险为主要风险，平均风险度为 52.5；其次是工期风险，平均风险度为 35.6，位居第二；接着是安全风险，平均风险度为 19.0；最后是环境风险，平均风险度为 6.7。

二、层次分析法的应用

（一）案例摘要

本案例项目运用层次分析法对已识别出的风险进行评价，找出重要风险因素并进行有效控制，最终实现对项目的有效管理。

（二）案例背景

某重点工程项目具有以下几个方面特点。

①特殊地域施工，材料采购、运输及管理难度大。

②施工现场位于坡地,施工现场狭窄。
③工程基础位于承载力大于 1200 kPa 的中风化岩层上,且基岩的高程变化复杂,故有大量的石方需要开凿,施工难度大。
④该项目大部分地下室外墙边线紧贴红线,需跨越红线施工。
⑤工程设计与施工单位众多,组织难度较大。

(三)风险评价

1. 建立风险评价层次结构模型

风险评价层次结构模型是通过专家调查法,收集风险因素资料,经过风险识别,将风险因素归纳并整理后所建立的。

2. 利用评分方法得到两两比较矩阵

风险评价层次结构模型确定后,利用评分方法得到两两比较判断矩阵。

3. 采用层次分析法确定权重集

①求判断矩阵 A 每行所有元素的几何平均值 $\overline{W}_i$。

$$\overline{W}_i = (1.9786, 0.8909, 1.6984, 1.4422, 0.6177, 0.3749)^T$$

②将 W 归一化。

$$\overline{W}_i = (0.2825, 0.1272, 0.2425, 0.2060, 0.0882, 0.0535)^T$$

③计算判断矩阵的最大特征值 $\lambda_{\max}$。

$$A_W = (1.7238, 0.7954, 1.4643, 1.3085, 0.5369, 0.3258)$$

$$\lambda_{\max} = 1.7238/(6 \times 0.2825) + 0.7954/(6 \times 0.1272) + 1.4643/(6 \times 0.2425) +$$
$$1.3085/(6 \times 0.2060) + 0.5369/(6 \times 0.0882) + 0.3258/(6 \times 0.0535) \approx 6.1528$$

④计算 CR,进行一致性检验。

$$CI = (\lambda_{\max} - a)/(n-1) = (6.1528 - 6)/(6-1) \approx 0.036$$

$CR = CI/RI = 0.0306/1.26 \approx 0.0242 < 0.1$,满足一致性检验要求。

同理,可计算出判断矩阵 A_1、A_2、A_3、A_4、A_5、A_6 的相关参数(计算过程从略)。

⑤按照 A_i 权重进行排序。
⑥按累计权重对风险因素进行分类管控。

(四)评价结论

在项目风险管控中,可将风险因素按累计权重分为 A、B 和 C 这 3 类。其中,累计权重在 0~0.80 的划归为 A 类,进行重点控制;累计权重在 0.80~0.95 的划归为 B 类,进行一般管理;累计权重在 0.95 以上的划归为 C 类,进行一般监测。根据风险评价指标权重排序,对风险因素进行分类管理。

针对零配件短缺、不配套问题带来的停工待料风险,多次召开专题会议,协调图纸设计方、供货单位和安装单位之间的技术问题,做到各单位之间分工明确,责任到位,还制定了专门的应急预案。

针对组织内部信息沟通效率低的问题,在项目实施的最初阶段,就将其作为重点,制定了信息管理实施细则,建立了安全有效的信息管理系统,打通了信息管理的渠道。总之,通过系统运用风险管控的相关技术,本项目的进行完全在掌控中。

层次分析法最大的优点是可以给出各种风险因素的相对权重,帮助风险管控者从纷繁复杂的风险因素中找出主要风险因素,从而有重点地进行风险防范,最终实现对项目的有效管理。

三、等风险图法的应用

(一)案例摘要

本案例介绍了工程项目风险评价的基本情况,阐述了等风险图法的原理,利用等风险图法对某一住宅建筑投资项目进行了整体分析和评价。

(二)案例背景

某住宅建筑投资项目是否能够按时建成和回收投资受许多不确定风险的影响,经分析主要识别出的风险有费用风险、工期风险、质量风险、组织风险和技术风险。这些风险一旦发生将带来较为严重的后果,从而导致总投资超支、进度拖延和质量缺陷。

(三)风险评价

1. 绘制等风险图

按照前述等风险图的绘制步骤,结合项目识别风险实际,绘制成项目等风险图(图3-4)。

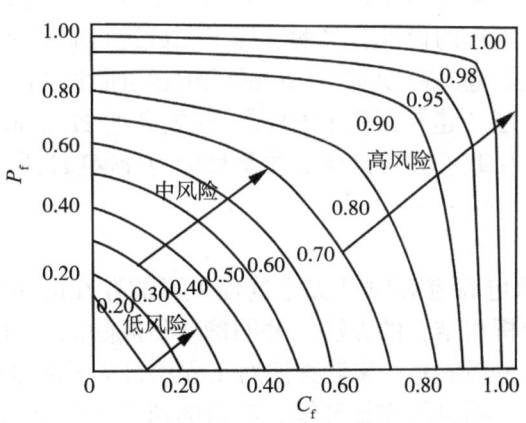

图3-4 项目等风险图

2. 专家问卷调查结果统计

邀请有关专家对主要风险进行调查，专家结合自身经验和专业知识对风险各抒己见并打分。

（1）主要风险发生的概率

专家对主要风险发生概率进行打分，并统计结果。

（2）风险造成的后果

专家对风险造成的后果进行打分，并统计结果。

3. 计算项目风险系数

计算项目风险系数 R，即：

$$R = P_f + C_f - P_f C_f = 0.408 + 0.330 - 0.408 \times 0.330 \approx 0.603$$

（四）评价结论

将风险系数（0.603）对照等风险图可知，0.603 为中风险。因此，该工程项目为中风险项目。

四、相关树法的应用

（一）案例摘要

相关树法是风险评价中常用的一种方法，本案例运用相关树法对某综合配套工程风险进行综合评价，介绍了相关树法的具体步骤，最终通过相关数，对风险进行了排序，确定出各个风险的大小，为风险管控提供了决策依据。

（二）案例背景

某一期综合配套工程（体育场、游泳馆）采用 EPC 工程总承包模式，合同规定的工作范围包括体育场工程和游泳馆工程的设计、采购、施工和试运行服务全过程。其中，体育场建筑面积 34 662 m^2，地上 4 层，建筑高度 49.8 m；游泳馆建筑面积 14 995 m^2，其中地上 3 层，建筑面积 13 035 m^2，地下 1 层，建筑面积 1960 m^2，建筑高度 22.15 m。本 EPC 工程总承包项目合同总价为 40 700 万元，由政府投资兴建。质量目标为确保项目所在地的国优奖。

（三）风险识别

在项目策划阶段，总承包商应对项目实施过程中可能存在的风险进行深入的调查与分析，采用定性分析与定量分析相结合的方法，并明确项目风险的应对措施，设立风险管控专项基金。在项目实施初期，主要依靠专家调查法对工程项目的风险进行识别，依据 EPC 工程总承包项目的常见风险种类、项目的实施环境、项目的招标文件及总承包商类似工程的历史资料，对项目的风险进行识别。经过风险识别，本项目在实施过程中主要存在 4 类风险：自然风险、经济风险、技术风险和管理风险。其中，自然风险包括气候环境；经济风险包括通货膨胀和材料涨价；技术风险包括专项工艺、技术变更及类似工程经验不足；管理风险包括分包管理、工期管理、供应商管理、安全管理和质量管理。

（四）风险评价

1. 建立相关树

依据上述风险识别结果，建立本项目的风险评价指标体系相关树（图3-5）。

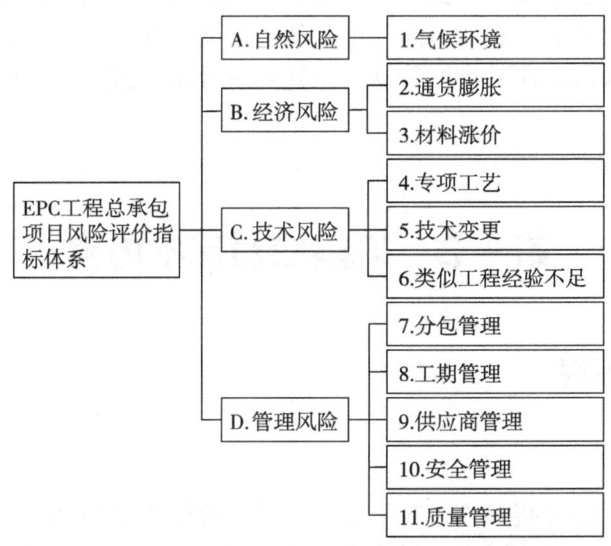

图3-5　EPC工程总承包项目风险评价指标体系相关树

根据项目的实际情况，以业主满意度、承包商利益和社会影响作为评价准则，应用相关树法对上述各个风险因素进行分析评价。

2. 相关数计算

（1）确定一级风险因素对准则的重要性。对一级风险因素（即自然风险、经济风险、技术风险和管理风险）对业主满意度、承包商利益和社会影响的重要性进行调查，并计算相关数。

（2）确定二级风险因素对准则的重要性。对二级风险因素对业主满意度、承包商利益和社会影响的重要性进行调查，并计算相关数。

（3）确定综合相关数。将一级、二级相关数计算结果汇总并计算综合相关数。

将一级各个风险因素的相关数与二级风险因素的相关数相乘，即为各二级风险因素的综合相关数。

（五）评价结论

按照综合相关数从大到小的次序排列风险因素，依排序将各风险因素列为高风险因素、中风险因素、低风险因素。

第四章　EPC 工程总承包项目风险应对

风险应对是风险管控的又一关键环节，是指在风险识别和风险评价的基础上，根据风险性质、决策主体对风险的偏好和对风险的承受能力而制订相应的应对计划，同时采取回避、预防、转移或自留风险等相应的控制行动，以达到有效减少或防止风险发生、降低经济损失的目的。

第一节　风险应对基本内容

一、风险应对原则

（一）适配原则

风险应对的适配原则是指风险应对必须与风险重要性相适应和匹配。因此，风险应对要与不同项目所产生的不同风险因素、风险发生的概率和影响程度相适配。这就要求承包商针对具体项目中不同的风险成因、不同的风险程度及自身的实力选择不同的风险应对策略。例如，某项目工期较短，因而产生工期拖延是项目重要的风险来源，则在项目的整个管理过程中应采取积极的进度风险预防策略，如果选择其他应对策略，则是不适配的。工期延误风险的预防措施可以对制约工期的各种因素进行管理，制定项目实施方案，以避免工期延误风险的发生。在合同签订时，尽量减少承包商承担拖期违约责任的限度，以减轻一旦发生拖期时的违约责任，同时确定公司在此项目的目标。

（二）成本效益原则

在项目管理中，成本效益理念非常重要。所谓成本效益理念，就是开展一项活动要从"投入"与"产出"的对比分析来看待投入（成本）的必要性和合理性。考察成本高低的标准是产出（收入）与投入（成本）之比，该比值越大，则说明成本效益越高，相对成本越低。考察成本应不应当发生的标准是产出（收入）是否大于为此发生的投入（成本），如果产出大于成本，则该项成本是有效益的，应该发生；否则，成本就不应该发生。风险应对也是如此，风险应对需要花费一定的人力、物力和财力，风险应对方案实施后需要达到预期控制、减轻风险的目的，减少风险发生的损失，是风险应对的重要原则。成本效益原则，既要考虑风险应对所投入的成本，也要考虑成本投入后所产生的风险应对实际效果。如果应对成本小于能够挽回的损失值，则是值得的；否则，其应对计划和措施是不适合的。

二、风险应对依据

工程项目风险应对应有科学的依据，其主要依据有以下几个方面内容。

（一）风险管控文件

风险管控文件是指项目承包商制定的应对项目风险的管控相关规定。风险管控文件包括风险的定义、方法（风险识别和风险评价方法、风险措施、风险监控等）、风险管控角色与岗位职责，以及进行项目风险管控需要的时间和预算。此外，还包括低、中、高风险的极限，这种极限帮助风险管控者深入了解哪些是需要采取应对措施的风险与采取措施的具体方法，以及用于应对风险的人员分配、进度计划和预算等。总之，承包商的风险管控文件是指导风险应对的纲领性文件，必须以此为风险应对的依据和基础，合理地使用各种风险应对措施、管理方法、技术和手段，对项目的风险实施有效的控制，妥善地处理风险事件造成的不利后果，以最小的成本保证项目总体目标的实现。

（二）风险识别清单与风险评价报告

除上述风险管控文件外，风险应对还需要以下资料：风险识别清单与风险评价报告。风险识别清单是最初在风险识别过程中形成的识别成果，即风险来源及风险转化的条件等。风险识别清单是风险应对的基础性依据。风险评价报告是在风险识别的基础上，对各个风险进行定性和定量分析之后，形成的项目风险评价成果，内容包括：按照风险发生的可能性、风险对项目目标的影响程度及轻重缓急程度，对所有风险进行的分级排序；划分风险的相对等级或优先级风险的评价结果；需要补充分析和应对的风险清单；风险分析结果中风险发展的趋势；风险发生的根本原因；对分类分组的风险及优先级风险的评价清单等。风险评价报告也是风险应对的基础和重要依据。

三、风险应对计划

风险应对计划是针对项目风险开发和制定的风险应对方案，目的是提高实现项目目标的机会。风险应对计划的主要内容包括以下几个方面。

①需要应对的风险清单。风险清单最初在风险识别过程中形成，在风险定性和定量分析中得到更新。应对计划的风险清单包括已识别的风险、风险的描述、受影响的项目领域（如工作分解结构元素）、原因（如风险分解结构元素），以及它们可能怎样影响项目目标。风险清单要符合优先级排序，并和所制定的应对策略的详细程度一致。高、中级风险通常会被更仔细地处理。判断为低优先级的风险会被列入观察清单，以便进行定期监测。

②形成一致意见的应对措施。在风险应对计划制订过程中，要选择好适当的应对策略，就策略形成一致意见。同时，还要预计在已经采取了对策之后仍将残留的风险，以及那些主

动接受的风险；预计实施一项风险应对措施可能直接产生的继发风险；根据项目的定量分析和组织的风险极限预计不可预见事件。

③确定所选应对策略采取的具体行动方案和采取的措施。

④明确落实应对计划的风险管控责任人和分配给他们的责任。

⑤明确风险发生的征兆和预警信号。

⑥制订所选应对策略需要的预算和进度计划。

⑦设计好要准备的符合有关当事人风险承受度的用在不可预见事件上的预留时间和费用。

⑧对应急方案和要求实施方案的引发因素形成共识。

⑨需要使用的退出计划，它作为对某个已经发生，并且原来的应对策略已被证明不当的风险的一种反应。

⑩对于特定的风险，如果它们可能发生，为了规定各方的责任，可以准备保险、服务或其他相应事项的合同。

⑪风险应对计划中应提出风险防范和监控的建议。

第二节　风险应对常见策略

一、风险回避策略

（一）风险回避策略的概念

风险回避也称风险规避，是指在完成项目风险识别与评价后，承包商对于某些风险，考虑影响预定目标达成的诸多风险因素，结合决策者自身的风险偏好和风险承受能力，从而做出的终止、放弃或调整、改变某种决策的方案，避免可能产生的潜在损失的处置方式。

（二）风险回避策略的原则

通常，当遇到下列情形时，承包商应考虑采取风险回避策略。

①当风险发生概率很大，而且一旦风险发生产生的损失幅度也很大，且对该风险有深刻的认识时，这种策略才有意义。

②当风险发生的概率并不大，但风险发生后产生的损失是灾难性的、无法弥补的，对企业将造成致命打击时，可采取回避策略。

③当采取其他风险策略时的成本和预期的效益不理想，而又没有其他有效的策略来降低风险时，可以采用回避风险的策略。

④不是所有风险都可以采用回避策略，地震、洪水、台风等自然灾害是无法回避的。

⑤由于风险回避在特定范围和角度才能奏效，因此回避了该风险，也有可能出现另一种

新的风险。

⑥在主观风险与客观风险并存的情况下，以回避客观风险为主。在存在技术风险、施工风险和市场风险时，一般以回避市场风险为主。

（三）风险回避策略的具体方法

风险回避策略的具体方法有以下几种。

1. 项目回避

项目回避，即放弃或终止某项活动。例如，在 EPC 工程总承包项目实施前，承包商经过反复论证，发现该项目存在巨大风险，如果承担这一风险，将来可能带来很大的经济损失，虽然对该项目跟踪了很久、投入了很多，但为了避免可能承担很大的损失，承包商可以对该项目采取放弃的策略。

2. 方案回避

方案回避，即改变具有风险的技术方案，达到回避风险的目的，消除原技术方案风险的威胁。例如，回避某种不成熟的工艺而改为较成熟的工艺；初冬时期为避免混凝土受冻，不用矿渣水泥而改用硅酸盐水泥等。

3. 方向回避

方向回避，即退出某一高风险领域，改为在风险相对较小、发展空间较大的领域实施投资和经营。

（四）风险回避策略的优缺点

风险回避策略具有以下优点：风险回避的处置方法简单易行，全面彻底，能将风险发生的概率降低到零。

风险回避策略是一种最彻底、最为消极的风险应对策略，尤其是放弃整体工程项目时，此时虽然没有了风险损失，但也放弃了获得收益的机会。同时，风险回避具有以下局限性：①风险回避会失去创新和收益的机会，机会成本大。②风险回避容易带来其他风险。例如，选择常规施工方案，可能导致施工成本居高不下或工期并不能压缩等风险。③风险回避有时是不现实的。例如，明知某项目风险大，但考虑到市场占有率或寄希望于后续项目不得不继续实施。

二、风险预防策略

（一）风险预防策略的概念

风险预防也称风险减轻，是指在损失发生前为了消除或减少可能引发损失的各种因素而采取预防措施，以减小损失发生的概率及损失程度的一种风险应对策略。

(二)风险预防策略的手段

1. 有形手段

此方法以工程技术为主要手段,通过对物质因素的处理来达到损失控制的目的。常用风险预防措施包括以下 6 项。

①防止风险因素出现。在项目开始之前采取一定的措施消除物质性风险威胁。例如,为了防止滑坡威胁,可采取植树栽草、设置挡土墙和排水网渠等措施,在事故易发地段,可采取标记、标识,人行天桥标志等措施。

②减少已存在的风险因素。例如,施工现场用电量增多,电容器容量有风险,可采取置换大容量变压器措施;起重机使用频繁,有风险隐患存在,事故风险增大,可加强对起重机的维修和保养。

③改变风险因素的基本性质。

④改善风险因素的时间或空间分布。将风险因素同人、财、物在时间和空间上进行隔离。例如,严格按照施工计划实施,对各工序科学安排,避免出现过多的交叉作业或延长施工时间,做到风险因素与时间的隔离。又如,将工地易燃、易爆危险物品远离施工人群,放置到安全的地方,做到风险因素与空间的隔离。

⑤加强风险单位的防护能力,对重大技术要认真评价风险,尽量使用成熟技术,不要为了降低成本而采用投机性设计或者不成熟的技术。

⑥避免使用总承包商所不熟悉的分包商、供应商或制造商等。

2. 无形手段

(1) 教育法

要减轻与不当行为有关的风险,就必须对有关人员进行风险和风险管控教育,内容包括有关规划、管理、安全与其他方面的法律、法规、章程和标准、规范等。风险和风险管控教育的目的就是使有关人员充分认识项目所面临的各种风险,了解和掌握控制这些风险的方法,使其认识到个人的任何疏忽或错误行为都可能给项目带来巨大损失。

(2) 程序法

程序法是指项目一切人员都要以制度化的方式从事工程项目活动,项目管理单位所制定的各项管理方案、方针和监督检查制度一般都能反映项目活动的客观规律。实践表明,不按照程序办事,就可能会犯错误,造成损失和浪费。

(三)风险预防策略的应用

风险预防策略是一种积极的风险应对策略,应用较为广泛。例如,由于跨地区的 EPC 工程总承包项目较为复杂,承包商对当地具体情况的了解和认识往往缺乏全面性和深入性,所以在投标决策时把握不准,在制定施工方案时,由于条件的缺失,往往不能进行方案的优化,如果按照报价方案执行,将会使承包商承担巨大的风险,在这种情况下,承包商就要想办法与业主协商,修改报价,提出最优施工方案,向业主提供充分的材料证明,说明优化后的方案对项目本身成功的重要性,争取业主的支持,这方面成功的例子有很多。又如，遇到不良地质条件时，为预防发生基坑塌陷，可采取一些积极的技术措施，如防止基坑土方坍塌的安全措施、基坑开挖降水措施、防止基坑坍塌和毗邻建筑物地基稳定支护措施等，采取这些技术措施后可以有效防止基坑土方坍塌的风险发生。

（四）风险预防策略的优缺点

风险预防策略是一种主动的、积极的策略，经常被使用，采取该策略可以使风险减轻、缓解甚至消除。当项目风险发生概率较大，但发生后造成的损失程度较小时，往往选择该种应对策略。与风险回避策略相比，该策略的实施需要耗费一定的资金，涉及预防成本与潜在损失比较的问题，如果预防成本小于承担这种风险的潜在损失，则可以对风险实施预防策略，消除风险因素，降低风险概率，或减少风险损失。反之，如果预防成本大于承担这种风险的潜在损失，则放弃预防策略，可通过其他策略对风险实施有效的控制。

三、风险转移策略

（一）风险转移策略的概念

风险转移又称风险分担，是指当有些风险无法回避必须直接面对，而以自身的承受能力又无法有效地承担时可以选择的一种十分有效的应对策略。风险转移是指通过某种方式将某些风险的后果连同风险应对的权利和责任转移给他人，但是风险本身并没有减少，只是风险承担者发生了变化。在项目实施过程中，可能遇到的风险因素众多，承包商不可能全部自己面对。因此，适当、合理的风险转移是合法、正当的，是一种高水平管理的体现。但必须注意的是，转移的本身并不能消除风险，只是将风险管控的责任和可能从该风险管控中获得的利益移交给了他人，项目管理者不再直接面对被转移的风险。

（二）风险转移策略的原则

实施风险转移策略要遵循3个原则：一是风险转移要有利于降低工程造价和合同履约；二是谁能更有效地防止和控制某一风险或减少该风险造成的损失，就由谁来承担；三是风险转移应有助于调动承担方的积极性，使其认真做好风险管控工作，从而降低成本，节约投资。

转移风险并不能减轻风险的危害程度，它只是将风险转移给另一方来承担，他人肯定还会受到风险的威胁和承担风险的责任。各方的优劣势不同，对风险的承受能力不同，在某些情况下，风险转移者和接收风险者可能双赢。而在某些环境下，转移风险也可能造成风险的显著增加，这是因为接收风险的一方可能没有清楚地意识到他们所面临的风险。

（三）风险转移策略的途径

根据风险管控的基本理论，项目的风险应由有关各方分担，而风险分担的原则是任何一种风险都应由最适宜承担该风险或最有能力进行损失控制的一方来承担。符合这一原则的风险转移是合理的，可以取得双赢或多赢的结果。例如，项目决策风险应由业主承担，设计风险应由设计方承担，而施工技术风险应由承包商承担等；否则，风险转移就可能付出较高的代价。在项目实施过程中，可能遇到的风险因素众多，风险转移的方法也很多，主要包括非保险转移和保险转移两大类。

1. 非保险转移

非保险转移又称合同转移，这种风险转移一般是通过签订合同的方式将项目风险转移给非保险人的对方当事人。项目风险最常见的非保险转移有以下几种情况。

（1）业主将合同责任和风险转移给对方当事人

在这种情况下，被转移者多数是承包商。例如，在合同条款中规定，业主对场地条件不承担责任；又如，采用固定总价合同将涨价风险转移给承包商等。

（2）将风险转移给其他合作方

例如，EPC工程总承包商利用专业分包合同或者采购分包合同将自身承担的风险转移，这样可将风险可能导致的损失转移。

（3）选择联合体合作伙伴

对于总体工程的某些分部工程，总承包商或由于自身业务范围的局限性或由于技术特长的不全面而认为风险较高时，可以选择联合体投标形式，结成合作伙伴。联合体的目的不仅在于增强投标竞争能力、减少联合体各方支付巨额履约保证金负担，而且在于分散投标风险，弥补主承包商技术力量的相对不足，对于履约过程中可能出现的风险还可以实施分散。一旦出现风险将由联合体共同承担。

（4）将风险转移给第三方担保人

合同当事人的一方要求另一方为其履约行为提供第三方担保。担保方所承担的风险仅限于合同责任，即委托方不履行或不适当履行合同及违约所产生的责任。具体而言，工程担保是指担保人（一般为银行、担保公司、保险公司、其他金融机构、商业团体或个人）响应工程合同一方（申请人）的要求向另一方（债权人）做出的书面承诺。工程担保是工程风险转移的又一重要手段，它能有效地保障工程建设的顺利进行。许多国家都要求进行工程担保，在各种工程标准合同中也含有关于工程担保的条款。

在工业发达国家和地区，常见的工程担保有以下几种。

①投标担保。投标担保是指由担保人为投标人向招标人提供的保证投标人按照招标文件的规定参加招标活动的担保。投标担保可采用银行保函、专业担保公司保证或保证金担保等方式，具体方式由招标人在招标文件中规定。投标担保的主要目的是保护招标人不因中标人不签约而蒙受经济损失。投标担保要确保投标人在投标有效期内不撤回投标书，以及投标人在中标后与业主签订合同并提供业主所要求的履约担保、预付款担保等。投标担保的另一个作用是在一定程度上可以起到筛选投标人的作用。

②履约担保。履约担保是为保障承包商履行承包合同所做出的一种承诺。一旦承包商未能履行合同义务，则由担保人给予赔付，或者承担工程实施义务，而另觅经业主同意的其他承包商负责继续履行承包合同义务。这是最重要的，也是担保金额最大的一种工程担保。

③预付款担保。预付款担保是指要求承包商提供的保证工程预付款用于该工程项目，不

准承包商挪作他用及卷款潜逃的担保。

④业主付款担保。业主付款担保是指为保证业主履行合同约定的工程款支付义务，由担保人为业主向承包商提供的担保。业主在签订工程建设合同的同时，应当向承包商提交工程款付款担保。

⑤维修担保。维修担保是指为保障维修期内出现质量缺陷时，承包商能够负责维修而提供的担保，维修担保可以单列，也可以包含在履约担保内，有些工程会扣留合同价款的5%作为维修保证金。

与其他的风险应对策略相比，非保险转移的优点主要体现在：一是可以转移某些不可保的潜在损失，如物价上涨、法规变化和设计变更等引起的投资增加。二是被转移者往往能较好地进行损失控制。例如，承包商相对于业主能更好地把握施工技术风险，专业分包商相对于总承包商能更好地完成专业性强的工程内容。

但是，非保险转移的媒介是合同，这就可能会因双方当事人对合同条款的理解发生分歧而发生转移失效。另外，在某些情况下，也可能会因被转移者无力承担实际发生的重大损失而仍然由风险转移者承担损失。例如，EPC工程总承包项目采用固定总价合同，如果承包商报价中所考虑的涨价风险费很低，而实际的通货膨胀率很高，从而导致承包商亏损破产，那么最终只得由业主自己来承担涨价造成的损失。

2. 保险转移

保险转移是指通过订立保险合同，将风险转移给保险公司（保险人）。承包商在面临风险时，可以向保险人缴纳一定的保险费，将风险转移。一旦预期风险发生并且造成了损失，则保险人必须在合同规定的责任范围之内进行经济赔偿。由于保险存在着许多优点，所以通过保险来转移风险是最常见的风险管控方式。需要指出的是，并不是所有的风险都能够通过保险来转移，但保险标的必须是可保风险，必须符合一定的条件。

在工业发达国家和地区，强制性的工程保险主要有以下几种：建筑工程一切险（附加第三者责任险）、安装工程一切险（附加第三者责任险）、社会保险（如人身意外险、业主责任险和其他国家法令规定的强制保险）、机动车辆险、10年责任险、5年责任险，以及专业责任险等。其中，建筑工程一切险和安装工程一切险是对工程项目在实施期间的所有风险提供全面的保险，即对施工期间工程本身、工程设备和施工机具及其他物质所遭受的损失予以赔偿，也对施工给第三者造成的人身伤亡和物质损失承担赔偿责任。EPC工程总承包项目的一切险由业主批准，投保人多数为承包商，业主承担保险费用。建筑工程师和结构工程师等设计、咨询专业人员均要购买专业责任险，这样他们的设计失误或工作疏忽给业主或承包商造成的损失，将由保险公司赔偿。国际上工程项目涉及的自愿保险有以下几种：国际货物运输险、境内货物运输险、财产险、责任险、政治风险保险和汇率保险等。

在决定采用保险转移这一风险应对策略后，需要考虑以下与保险有关的几个具体问题：一是保险的安排方式；二是选择保险类别和保险人，一般是多家比选后确定，也可委托保险经纪人或保险咨询公司代为选择；三是可能要进行保险合同谈判，这项工作最好委托保险经纪人或保险咨询公司完成，但免赔的数额或比例要由投保人确定。

需要说明的是，保险并不能转移工程项目的所有风险。一方面是因为存在不可保风险；

另一方面则是因为有些风险不宜提供保险。因此，对于工程项目风险，应将保险转移与风险回避、损失控制和风险自留结合起来综合运用。

工程担保和工程保险都是一种补偿机制，其中担保主要是对人为责任的补偿，而保险则是对非人为或非故意人为责任的补偿。

（四）风险转移策略的优缺点

风险转移策略是一种主动的、防御性的风险应对策略，也是风险承担者常用的一种风险应对策略，采取该策略可以将某些风险的后果连同风险应对的权利和责任转移给他人，但风险并没有减少，只是承担者发生了变化。当项目风险发生概率较小，但发生后造成的损失程度较大，而承包商又没有风险承担能力时，往往选择此种应对策略较为合适。与风险预防策略相比，该策略的实施同样需要耗费一定的资金，作为向保险人缴纳的保险费用。

四、风险自留策略

风险自留也称风险自担或风险承担，是指承包商自己非理性或理性地主动承担风险，即指一个企业以其内部的资源来弥补风险所造成的损失的一种风险处置方式。保险、担保和风险自留是承包商在发生风险损失后采取的两种主要的应对方式，都是重要的风险管控手段。目前，风险自留在发达国家的大型承包企业中较为盛行。

风险自留是将项目风险保留在风险管控主体内部，通过采取内部控制措施等来化解风险或者对这些保留下来的项目风险不采取任何措施。

风险自留与其他风险应对策略的根本区别在于，它不改变项目风险的客观性质，既不改变项目风险的发生概率，也不改变项目风险潜在损失的严重性。风险自留可以是主动的（有计划的），也可以是被动的（无计划的）。

（一）被动的风险自留

被动的风险自留有以下几种情况。

①在风险识别阶段，风险因素没有被发现。

②由于承包商未足额投保，风险损失补偿不足，剩余风险自留。

③保险公司或者第三方未能按照合同的约定来补偿损失，如由于偿付能力不足等。

④原本想以非保险的方式将风险转移至第三方，但发生的损失却不包括在合同条款中，产生风险遗漏。

⑤某种风险发生的概率极小而被承包商所忽视。

在上述这些情况下，一旦损失发生，承包商必须以其内部的资源（自有资金或借入资金）来加以补偿。如果无法筹集到足够的资金，则只能使项目利润大打折扣，甚至造成亏损以至停工。因此，准确地讲，被动的风险自留是一种"无奈"的风险处置方式。

（二）主动的风险自留

一般所讲的风险自留主要是指主动的风险自留。主动的风险自留也称自保。自保是一种重要的风险处置方式。它是风险管控者已经察觉到风险的存在，并已经估计到了该风险造成的期望损失，决定以其内部的资源（自有资金或借入资金）来对损失加以弥补的措施。从项目财务角度分析，在主动的风险自留中对损失的财务操作处理有多种方法，有的会立即将其从现金流量中扣除，有的则将损失在较长的一段时间内进行分摊，以减轻对单个财务年度的冲击。从整体上来讲，主要的处理方式有以下几种。

（1）将损失计入当前发生的费用

企业这样做是一种有意识的决策，一般适用于企业中发生频率高但损失程度小的风险，它构成了企业经常发生而又无法避免的费用，如机动车的修理费、发生偷盗造成的损失等。

（2）建立内部风险基金

这是一项专门设立的基金，它的目的是在损失发生之后，能够提供足够的流动资金以抵补损失，主要有以下两种方式。

①以年为单位，每年以营业费用的形式建立基金，发生损失后以该基金抵补。它与以当前费用扣除损失的方式较为相似，也适用于发生频率高、损失金额少的风险。

②将损失在一个以上的会计年度进行分摊。它适用于发生频率低、损失金额多的风险。

（三）风险自留策略的优缺点

若从降低成本、节约工程费用的角度来分析，风险自留策略是一种积极的风险应对策略，但是运用时承包商则可能面临着某种程度的风险及损失后果，甚至在某些极端情况下，风险自留可能使工程项目承担费用增大的风险，以及危及工程项目主体的生存和发展。所以，掌握完备的风险信息是采取风险自留策略的前提。

此外，风险自留策略一般不可单独使用，而应与其他风险应对策略结合使用。在实行风险自留策略时，应保证对于重大或较大的建设工程风险已经进行了工程保险或实施了损失控制对策。

第三节　风险应对策略选择

一、风险应对策略选择范围

风险应对策略的适用范围比较如表 4-1 所示。风险应对策略选择如图 4-1 所示。

表 4-1 风险应对策略的适用范围比较

应对策略	适用范围
风险回避	风险发生的可能性较大，一旦发生后果很严重，无法减轻、缓解风险，无法转移风险，承包商也不能接受弊端
风险预防	风险发生概率较大，但风险损失较小，或者一般风险是可以通过采取防范措施得到抑制、减少或消除的，风险防范措施的成本比其他措施成本要低
风险转移	风险发生的概率较小，但风险发生后造成的损失比较严重，项目部很难对其实施有效控制
风险自留	当采取其他风险应对策略的成本超过风险本身带来的损失时，因主观或客观原因没有对风险进行事前预防工作，一般损失数额不大，不影响大局

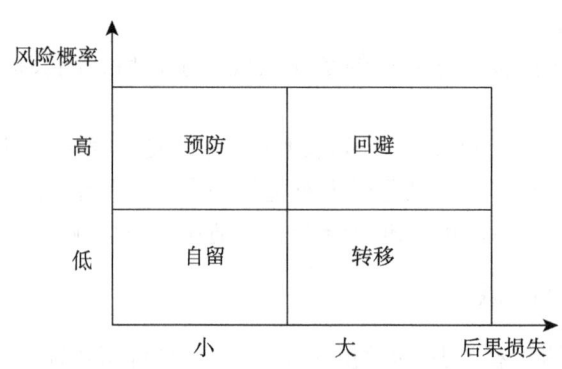

图 4-1 风险应对策略选择

当然，风险应对策略的选择并不是一个绝对的概念。风险和收益往往存在着对应关系，风险越大，通常收益越高。如果一味地去回避高风险，则有可能放弃获得高收益的机会。具体采用什么样的风险应对策略，要根据项目所在的环境和不同的目标要求，以及项目相关方对风险的承受度来决定。

二、风险应对策略选择程序

风险应对策略选择需要按照一定的程序进行，大致包括在风险应对原则（适配原则、成本效益原则）的基础上，选择风险应对策略，然后对应对方案进行评价，评价风险应对方案对风险产生的效果。风险应对方案应根据效果评价结果进行调整，如果预测控制效果不佳，则可以采取多种应对策略，以提高应对能力。风险应对策略选择程序如图 4-2 所示。

第四章　EPC工程总承包项目风险应对

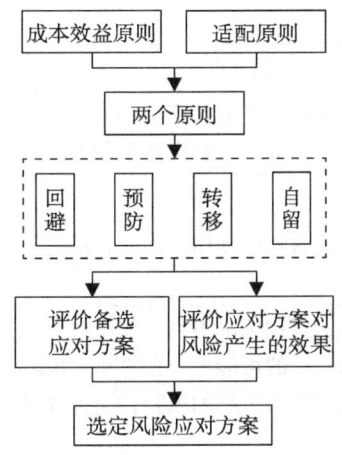

图 4-2　风险应对策略选择程序

三、常见风险应对策略的选择

在 EPC 工程总承包项目中，风险贯穿于整个工程建设的各个环节之中，可将风险分为以下 7 类：自然环境风险、政治法律风险、财务经济风险、组织风险、技术风险、管理风险和社会风险。承包商在遇到上述风险时，建议采用表 4-2 中的风险应对策略。

表 4-2　建设工程项目风险应对策略应用

风险分类	风险因素	风险应对策略
自然环境风险	地震、洪水、台风等；火灾、对永久结构损坏等	风险转移
	自然气候变化；不明地质条件；不明水文；环境对工程影响等	风险自留、风险预防
政治法律风险	政府产业政策；环境政策；项目审核中的不确定性；权力机构的腐败；政策的开放性；对当地法律不熟悉	风险自留、风险预防
	战争；内乱	风险转移
	禁运等	风险预防
财务经济风险	标价过低；汇率变动；价格、税改、工资的变化等	风险自留
	项目资金无保证	风险回避
	汇率变动等	风险转移
	标价过低；资金筹措方式等	风险预防
	金融危机；通货膨胀等	非保险风险转移
	业主审批拖延；业主推迟付款；市场动荡；费用超支；不善理财；合同条款不完善等	风险预防

续表

风险分类	风险因素	风险应对策略
组织风险	业主与总承包商的协调、总承包商与分包商的协调、总承包商内部各部门的协调、分包商之间的协调等；后勤支持不利等	风险自留、风险预防
技术风险	重大施工技术的不确定性等	风险回避
	设备选型不配套；安装失误；材料的使用、损耗和供应问题；工期拖延等	风险自留
	设计内容缺陷、错误、遗漏；选用标准不当；安全系数不合格；地质数据不可靠或不足；未考虑施工的可能性；预算技术风险、决策技术风险、评价技术风险、新施工方案带来的风险；设备故障；语言翻译引起的风险等	风险转移
管理风险	领导素质、管理组织、管理措施、计划、制度、合同管理等引发的安全或质量事故风险等	风险转移、风险预防
社会风险	宗教势力强；社会治安差；社会道德败坏；文化素质低；环境保护意识弱；民族和宗教纠纷；市场秩序混乱等	风险自留、风险预防、风险转移

第四节 风险应对策略实践

本节对前述风险回避、风险预防、风险转移或风险自留等应对策略的应用加以举例说明。

一、风险回避策略应用

（一）技术风险回避策略应用

某工程项目计划在河谷建设厂房，当听说河谷经常遭受洪水的威胁，业主合同条件十分苛刻，而保险公司又不愿为其承担保险责任，且别无应对策略时，承包商只好放弃该厂房项目的投标。虽然承包商在该项目投标阶段耗费了很多资金，但该厂房项目在建设过程中有极大的概率遭受洪水冲毁，而业主对此又不愿意承担风险责任，这必将给承包商造成重大损失，与其这样，不如及早放弃。这种办法是比较常见的。

（二）投标风险回避策略应用

某总承包商对S铁路项目与A铁路项目的招标同时进行跟踪，为保证集中财力、人力和物力，总承包商打算在两项项目中选择一项进行投标，回避更大的风险，确保企业赢得合理利润。因此，风险管控者对两项铁路项目进行了调研和风险分析，分析结果显示，A铁路项目存在的风险较大。最终，对 A 铁路项目采取风险回避策略，放弃投标该铁路项目，以避免企业遭受更大的风险损失。

二、风险预防策略应用

（一）技术风险预防策略应用

某桥梁工程项目需要使用一种混凝土的连续浇筑技术，该技术能大量节约资金和时间，其主要的风险是主要部件的连续浇筑过程不能被中断，任何中断都需要拆毁重新浇筑。经过风险分析，可能的风险主要集中在混凝土搅拌站的交付上，混凝土搅拌运输车可能会延误，从而导致浇筑过程中断。这种风险可以通过以下方法降低，即在桥梁项目 20 km 内的不同高速公路旁准备两个额外的可拆卸的混凝土搅拌站，以备在主要工厂供给中断时使用，这两个可拆卸的混凝土搅拌站备有整个桥梁构件所需要的原材料，而且每次进行连续浇筑时都能在附近装备额外的混凝土搅拌运输车，一旦供应中断，能及时准备供给，预防了风险的发生。

（二）物价、外汇风险预防策略应用

某承包商参与南亚某国一个工程 2 个合同段的竞标，由于竞争激烈，中标标底可能会很低。招标书中规定合同额分别为 400 万美元和 188.6 万美元。针对物价变化，采用可调价合同形式，调整的币种为当地币和外币两个部分，调整的比例与合同规定比例相一致，即当地币占有效进度款的 34%，外币占有效进度款的 66%。调整的范围：当地币部分采用项目所在国的物价消费指数和油料物价指数；外币部分包括外籍劳工工资，以及进口水泥、钢筋和钢丝材料费。该项目合同工期为 29 个月。在国际工程承包结算实践中，对工期在 1 年以上的项目，由于施工周期长，工程投资大，项目所在国物价波动对工程结算产生很大的影响。因此，承包商选择采取风险预防策略，具体如下。

承包商为防止物价、汇率风险，首先深入研究合同条款，及时识别风险因素，特别是深刻理解合同特殊条款中的具体条件。其次，利用价格调整公式测算，认真进行风险分析。分析价格调整公式的合理性，预测物价指数和汇率的变化趋势，确定上述因素的变化对承包商是否有利，目的是通过对价格调整公式的风险分析，使承包商免遭物价变化带来的损失。对于不合理的价格调整公式，除在价标编制时进行防范外，在合同谈判时应据理争取修改。最后，在风险分析的基础上，对各种因素可能引起的风险进行预测，最终拟选择中国大陆的物价指数和汇率，由于人民币自 1998 年以来一直处于升值趋势，所以外币部分的调整也一定是调增的，这样不但能有效地控制风险，而且还对承包商的索赔增值有益。

三、风险转移策略应用

（一）经济风险转移策略应用

一家总承包商以低价标获取某地的一项大型公路项目。由于该承包商在当地没有基地，

所有物资及人员都必须进行调拨。这种情况下，如果坚持独家实施该项目，势必亏损严重。该承包商经过分析比较，决定将项目的大部分分包给另一家在当地已有施工设备和人员的公司，只留下很小的一部分任务由自己完成，从而转移了风险。这时原有风险对于承接分包任务的分包商则不再是风险了，因为其具有足够的条件承接这项任务。

（二）技术风险转移策略应用

某特大型水电站为碾压混凝土重力坝，施工时采取导流洞导流，开挖引水隧道建设引水发电系统，厂房全部为地下厂房，隧洞开挖量极大，地质复杂，且工期较长，存在风险。为转移风险，总承包商与业主商定，按照工程标段分别投保，主要分为前期道路、变电所及送出工程、砂石料系统、供水系统、导流工程、地下厂房、大坝和机电设备安装等项目分别安排保险。同时，对于业主采购的塔带机等设备单独投保机器损坏险，对于业主人员单独投保业主责任险，整个项目总保险费支出为2770余万元。

四、风险自留策略应用

大型承包企业组织庞大、结构复杂、风险迥异，并且小事故频繁，进行风险转移或风险事件发生后责任的划分需要花费相当多的人力、物力及时间，这必然降低了经营管理效率。因此，选择一定责任限额内的风险自留不失为一种最佳选择。

大型承包企业自留风险在国外是一种流行的做法。由于大型企业资本雄厚，信用程度高，融资手段强，当遭遇一定范围内的损失时，通过内部的资金融通，就可以补偿，并恢复生产。但是应该说明的是，大型承包企业自留风险往往也是被动的无奈选择，企业应该有充分的准备来应对风险自留可能产生的后果。此外，风险自留对于一些风险并不适用。

（一）自然风险自留策略的被迫选择

风险自留往往是在一定条件下的被迫选择。例如，在我国台湾地区前两年连续发生多次大地震，再次证明了台湾处于强烈地震带，国际上许多保险公司不愿意为台湾的经济企业提供地震保险，即使有些保险公司愿意这样做，也会收取极高的保费并同时设置相当高的免赔额。由于损失控制成本过高，而损失控制的潜在收益不确定，因此很多企业只能选择采取自留地震风险的方案。

（二）安全风险自留策略的错误选择

某施工工地易燃易爆油料库遭受雷击爆炸起火，大火持续燃烧了5个小时，为抢险灭火，投入大量公安消防干警、消防车等，使用灭火干粉和灭火剂若干吨。油料库爆炸致使在建建筑物受到巨大损失，据统计，事故本身的直接经济损失达亿元级，其周围地区遭受的各种经济损失约5000万元。对于该易燃易爆油料库存在的不安全因素，有关部门早已有所发现。有关专家一再指出，该易燃易爆油料库在安排布局上不合理：一是库内易燃易爆物之间的距离太近；二是有的易燃易爆油料库和周围单位、民房仅隔一条马路；三是易燃易爆油料库和工地的距离太近。这些都不符合风险隔离的原则，火灾发生概率十分高。但是，面对如此严重的风险状况，该油料库管理者却采取了风险自留的错误决策。出事之前，保险公司曾经反复动员，使油料库勉强参加了保险。一年保险期满之后，该承包商为了节省保险费而没有续保，选择了风险自留的方式。没有想到，刚刚脱保几天就发生了爆炸起火事件。由于保险合同已经终止，因此几亿元的损失完全由企业自己负担。

承包商在处理各种风险时，可以采取多种应对策略，也可以采取风险自留的方式。风险自留是承包商自我承受风险损害后果的一种方法。风险自留可以是被动的，也可以是主动的。通常风险自留策略是在风险所致损失频率和幅度低、损失短期内可预测及最大损失对企业或单位财务稳定不影响时采用。但在本项目中，易燃易爆油料库面临的安全风险很大，承包商没有对其后果做任何预测，盲目地采取了风险自留的方式，结果酿成大祸。当风险事件发生使企业面临灭顶之灾时，已无回天之力。因此，承包商采取风险自留的方法前，应该要准确地预测自己在某一时期内会遭受的损失，这对一般单位和企业来说，是难以做到的。还必须指出的是，风险自留并没有把风险转移出去，无计划的风险自留偶尔可能是处理某种特定风险的方法，但绝不是处理风险的合理方法。

第五章　EPC工程总承包项目风险监控

任何项目的风险都有一个发生和发展的过程，通过风险应对策略的实施，有些风险将发生变化，可能得到有效控制，也可能控制效果不明显，需要进一步采取控制措施，有时在项目进程中还会出现新的风险，及时掌握项目风险及其变化情况，及时修正并调整项目风险管控计划，是提高风险控制效果的一项重要工作。

第一节　风险监控基本内容

一、风险监控的内涵

（一）风险监控的定义

风险监控就是在整个工程项目过程中，通过对项目风险规划、识别和应对全过程的监视与控制，从而保证风险管控达到预期目标。具体来讲，风险监控是指追踪已识别和观察清单中的风险，识别、分析和规划新生风险，重新分析现有风险，监测应急触发条件和残余风险，审查风险应对策略的实施，并评价其效力的过程。

风险监控包括两层含义，即风险监督和风险控制。其中，风险监督有监视、监测和监察之意，即对工程项目的整个过程或某一特定环节的风险进行监视、督促和管理，使其结果达到预定的目标。风险控制是为了最大限度地降低风险事件发生的概率和减少损失幅度而采取的风险控制策略与技术，其能改变项目组织所承受的风险程度，减少已存在的风险因素，从而防止风险事件的发生。

（二）风险监控的作用

风险监督与控制是建立在项目风险的阶段性、渐进性和可控性基础之上的一种项目风险管控工作，是风险管控中不可缺少的环节，其作用表现在以下几个方面。

1. 有助于适应项目风险情况的变化

由项目风险的定义可知，风险的存在是众多不确定因素造成的，即人们并不知道将来工程项目建设的风险发展情况，随着风险的发展和变化，反映工程环境和工程实施情况的信息会越来越多，原有不确定的因素也越来越清晰，原来处理的风险会随之发生变化，原来对风险的识别与判断是否客观需要依据新的信息重新做出评价，使人们对项目风险的认识更加符合客观规律。

2. 有助于检验已采取的风险处置措施

通过对风险的监控，可以对已经采取的风险应对措施的有效性做出判断。如果发现采取的措施是正确的，则需要坚持；如果措施效果有限或是错误的，则需要进一步调整。人们对项目风险的监控过程就是一个不断认识项目风险和不断修正项目风险监控决策与行为的过程。这一过程是一个通过人们的行为使项目风险逐步从不可控转向可控的过程。

3. 有助于适应新的风险并根据需要进行控制

一般来讲，任何一个风险应对策略不可能完全使项目风险消失，风险管控者对原有风险采取应对措施后，会留下残余风险。与此同时，人们的认知是有限的，风险是发展变化的，随着人们认识水平的提高和风险环境、施工进度的变化，会出现其他新的风险，这些残余风险和发现的新风险在监控阶段需要进行评价和制定应对方案，研究是否对其实施应对措施。

（三）风险监控的特点

EPC 工程总承包模式的风险监控与其他传统承包模式相比，具有以下几个方面特点。

1. 监控范围的广泛性

EPC 工程总承包模式中，承包商的工作包括设计、施工、采购和试运行等各个阶段的工作。因此，对 EPC 工程总承包项目的风险监控，具有监控范围广、监控周期长的特点。不但需要对施工风险实施监控，还需要对设计、采购和试运行阶段的风险进行监控，如果承包商对项目有部分投资，还需要对投资风险进行监控，监控过程较长，需要承包商充分发挥监理单位和项目管理人员的专业水平。

2. 监控对象的多样性

除上述各阶段的风险外，EPC 工程总承包模式存在众多接口风险，如专业与专业之间的技术接口、组织与组织之间的接口等。如果这些接口处理不好，将对工程项目工期、质量、成本和安全产生重大影响。因此，EPC 工程总承包模式与一般承包模式相比，接口风险监控更为重要。

3. 监控体系的完备性

由于 EPC 工程总承包项目采取固定价格模式，而且项目建设周期较长，承包商面临着众多的工程风险，这就需要承包商根据业主的招标文件要求，预测风险管控的工作重点，为实施有效的风险监控提供依据。同时，做好充分的风险防控准备工作，需要建立比传统的承包模式更加完善的监控体系，实行从设计到施工、从设备采购招标到建造、从验工计价到付款的全过程和全方位的监控，确保工程质量满足合同要求。

二、风险监控的目标

风险监控的目标表现在以下几个方面。

（一）及时地跟踪和度量已识别的风险状态

项目风险监控的首要目标是通过开展持续的项目风险识别和度量，把握原来已识别出的风险动向，分析项目的假设是否仍然成立？原有风险状态是否已经改变及其发展趋势如何？是否遵循了适当的方针与程序？对费用、进度应急储备进行修改，并试图追溯多种风险在整个项目中的真正"起源"。

（二）及早识别和度量项目的新风险

工程项目风险具有潜伏性、多变性，在施工过程中，不断会有新的风险出现，通过风险监控努力及早发现项目所存在的各种新的风险及新风险的各种特性，并制定新风险应对预案。新风险识别和度量是风险监控的第二个目标。

（三）避免项目风险事件的发生

项目风险监控的第三个目标是对识别出的项目风险积极采取各种风险应对措施，努力避免项目风险事件的发生，从而确保项目不会遭受不必要的损失。

（四）积极消除项目风险事件的消极后果

项目风险并不都是可以避免的，有许多项目风险会由于各种原因而最终发生，这种情况下的项目风险监控目标是要积极采取行动，努力消减这些风险事件的消极后果。

（五）充分吸取项目风险管控经验与教训

项目风险监控的第五个目标是对于各种已经发生并形成最终结果的项目风险，一定要从中吸取经验与教训，从而避免在今后发生同样的项目风险事件。

三、风险监控的依据

（一）项目风险管控计划

项目风险监控活动都是依据这一计划开展的，但是在发现新风险后需要立即更新项目风险管控计划。因此，项目风险监控工作都是依据不断更新的项目风险管控计划开展的。

（二）实际项目风险发展变化情况

有些项目风险最终变成现实而发生，有些项目风险并没有发生。这些项目风险实际情况的发展变化也是项目风险监控工作的重要依据之一。

（三）批准的变更请求

批准的变更请求包括工作方法、合同条件、范围、进度计划的修订。批准的变更请求可引起已识别风险和新风险的变化，需要对这些风险进行分析、评价并将其列入风险清单，登记造册，明确对风险应对计划及风险管控的影响，所有变更都要正式予以记录。批准的变更请求还包括不宜处理或实施商讨但未形成书面记录的变更。

（四）工作绩效信息

工作绩效信息是从各控制过程中收集并结合相关项目背景和跨领域关系，进行整合分析而得到的绩效数据。其包括项目可交付成果的状态、进度情况、已发生的项目成本、请求变更的执行状况和预测的完工估算等。它是工作绩效数据和基准计划的对比结果，也可以理解为偏差结果，是对工作绩效数据进行处理（主要是与基准计划对比）后的结果。由于它是风险监控过程的输出，因此成为风险监控的重要依据。

（五）绩效报告

绩效报告是整个项目实施过程中按照一定的报告期给出有关各方面的工作进展情况的报告。绩效报告不是项目活动的报告，而是项目进展情况和结果的汇总报告。它是为制定决策、提出问题、采取行动或引起关注而汇编工作绩效信息所形成的实物或电子项目文件，如状况报告、备忘录、论证报告、电子报表、推荐意见或情况更新等。它是全面反映项目情况的证实文件。通过绩效报告可以提供项目工作绩效信息，其是风险管控过程某一项或全面风险监控的重要依据。

四、风险监控的流程

（一）建立项目风险事件监控体制

这是指制定整个项目风险监控的方针、程序和管理体制，包括项目风险责任制、项目风险报告制、项目风险监控决策制和项目风险监控沟通程序等。

（二）确定需要监控的具体项目风险

这是指按照项目风险后果严重程度、概率大小及组织风险监控资源等情况确定出对哪些项目风险进行监控、对哪些项目风险容忍并放弃对它们的监控。

（三）确定项目风险的监控责任

对于所有需要监控的项目风险都必须落实具体负责的人员，并要规定他们所负的具体责任。每项项目风险监控工作都不能分担，而且要由合适人员专门负责。

（四）确定项目风险监控的行动时间

这是项目风险监控时间的计划和安排，规定出解决项目风险问题的时间表和时间限制等。项目风险的损失多数是错过监控时机造成的，所以项目风险监控时间计划非常重要。

（五）制定各个具体项目风险的监控方案

首先要找出能够监控项目风险的各种备选方案，然后对方案进行必要的可行性分析和评价，以验证各项风险监控备选方案的效果，最终选定要采用的风险监控方案，并编制项目风险监控方案文件。

（六）实施各个具体项目风险的监控方案

必须根据项目风险的实际发展与变化，不断地修订项目风险监控方案。对于某些具体的项目风险而言，项目风险监控方案的修订与实施几乎是同时进行的。对于确定的风险监控方案，可开展项目风险监控活动。

（七）跟踪各个具体项目风险的监控结果

其目的是收集项目风险监控工作的结果信息并给予反馈，以指导项目风险监控工作。通过跟踪给出项目风险监控信息，从而根据信息改进项目风险监控工作，直到风险监控完结为止。

（八）判断项目风险是否已消除

如果认定某项目风险已经解除，则该项目风险监控工作完成，若判定某项目风险仍未解除，则需要重新识别和度量项目风险，然后开展下一步的项目风险监控工作。

五、风险监控的结果

通过对EPC工程总承包项目的风险监控，能够收集和分析相关的风险信息，对相关责任单位提出相应的建议，促使相关责任单位根据风险情况，采取相应的应对措施。同时，也能为风险管控部门人员积累丰富的监控经验、为监控工作的进一步完善打下坚实基础。风险监控结果包括以下几个方面内容。

①制订权变措施计划。权变措施是为了应对那些出现的先前又未识别或接受的风险而采取的未经计划的应对行动。

②提出纠正措施。纠正措施包括风险应急计划或风险权变措施。

③项目计划变更申请。如果经常执行应急计划或权变措施，则需要对项目计划进行变更以应对项目风险。

④风险应对计划实施更新。风险可能发生，也可能不发生，确实发生的风险必须进行评价，原有风险排序也必须进行再评价，以便使新的和重要的风险能够得到适当的控制。

⑤丰富风险数据库。风险监控可以进一步丰富风险数据库。使用这一数据库，可以帮助项目风险管控人员随着时间的推移而形成一个"风险教训库"。

⑥风险识别检查表更新。根据风险监控工作中取得的经验，对风险检查表进行更新，这种更新的检查表将会对未来项目的风险管控提供帮助。

第二节 风险预警系统分析

一、风险预警管理

风险监控的意义在于实现项目风险的有效管理，消除或控制项目风险的发生，或者避免造成不利后果。因此，建立有效的风险预警系统，对于风险的有效监控具有重要作用和意义。

风险预警管理是指对项目管理过程中有可能出现的风险，采取超前或预先防范的管理方式，一旦在监控过程中发现有发生风险的征兆，及时采取校正行动并发出预警信号，以最大限度地控制不利后果的发生。因此，项目风险管控的良好开端是建立一个有效的监控或预警系统，及时察觉计划的偏离，以高效地实施项目风险管控。风险监控的关键在于培养敏锐的风险意识，建立科学的风险预警系统，从"救火式"风险监控向"消防式"风险监控发展，从注重"风险防范"向"风险事前控制"发展。

二、定期风险审核

风险审核制度是风险监控的一种传统审核方法，也是首选方法。该方法可用于工程项目建设从项目建议书开始到项目结束的全过程。

项目建议书、产品和服务的技术标准要求、招标投标文件、设计文件、实施计划、必要的试验都需要进行以下几个方面的审核。

①核查出错误、疏漏、不准确、前后矛盾、不一致之处。审核还会发现以前或他人未注意到的或未想到的问题。

②审核多在项目进展到一定阶段时，而不是在项目告一段落后进行。审核一般以会议形式进行，在会议上提出的问题要具体，邀请多方面专家来商讨，但参加者不要审核自己负责的那部分工作。

③审核结束后要把发现的问题及时反馈给原来负责的人员，让他们马上采取行动加以解决。问题解决后要签字验收。审核是为了将各个方面反馈的意见立即通知有关人员，一般以完成的工作成果为对象，包括项目的设计文件、实施计划、试验计划、施建的工程、运到现场的材料和设备等。

三、风险指标分析

风险指标分析包括技术指标分析和商务指标分析两个方面。

（一）技术指标分析

技术指标是指有关EPC工程总承包项目经营活动，以及建筑、材料、设备的质量、安全、性能的一系列规程、规范和标准。例如，建筑设计主要的技术指标有建筑面积、建筑工程等级、设计使用年限、建筑层数、建筑高度、耐火等级、人防工程防护等级、屋面防水等级、地下室防水等级和抗震设防烈度等。消防工程的技术指标主要有建筑防火材料、构件和消防设备、产品的规格、型号、性能等。施工活动主要技术指标有施工组织设计、四新技术的应用、安全文明方面和施工技术方面的保障等。项目技术指标分析就是比较原定技术指标与实际技术指标之间的差异。例如，工程组织活动是否符合有关规程？材料和设备是否符合有关技术标准等？通过技术指标分析发现未能达到性能要求，或缺陷数大大超过预期等，则说明工程在某一环节存在风险。

（二）商务指标分析

商务指标分析是指对除技术指标以外的指标（如进度、费用、工期等）进行分析，通过商务指标分析可以监控工程项目存在的风险状况。挣得值分析法是在工程项目实施中使用较多的一种方法，是对项目进度和费用进行综合监控的一种有效方法。核心是将项目在任一时间的计划指标、完成状况和资源耗费综合度量，从而能准确描述项目的进展状态，将计划的工作指标与实际已完成的工作指标进行比较，确定是否符合计划的费用和进度指标。如果偏差较大，则需要进一步进行项目的风险识别、评估和量化。

第三节　风险监控具体方法

一、直方图法

直方图是事件发生的频率与相对应的数据点关系的一种图形表示，是频率分布的图形表示。风险直方图法是利用图的形式，清楚地表达风险排列变化的情况及风险等级的变化，这些风险都是项目实施过程中由不确定风险事件和风险条件诱发而来的。风险直方图法可用来跟踪已触发的风险控制情况，是风险监控的有效方法。此方法适用于对已识别风险的跟踪记录（即使等级很高的风险也可以用类似的方法）。

直方图法是依据数据绘制项目特性的概率分布图来观察风险状态的常用方法，其形象、直观，但结构比较粗略且需要收集大量数据。

二、表格表示法

表格表示法是运用表格形式来监控采取应对措施后工程项目风险变化情况的方法。对于在项目进程中需要管理者特别关注的关键性区域风险因素的监控，可以采用表格表示法。在使用这种方法时，表格的编制应根据风险评估的结果，一般应使表格中的风险监控因素尽量少，并重点列出那些对项目影响较大的风险。

首先，需要列出当月优先考虑的风险，每个风险都要注明当月优先顺序号、上月优先顺序号，以及在这张表格上出现了多长时间（周），如果出现了新风险，在表格中应增加这些新风险的内容。如果有数目可观的新风险且影响很大，需要列入表格中，则说明初始风险评估不准，项目风险比最初预估要大，也可能说明该风险正处于失去控制的边缘。如果某些风险长期停留在表格之中，则说明可能需要对该风险或其他处理方法进行重新评估，并需要采取进一步措施。在项目日常的进程中，风险管控者应该积极发现显露出的一些风险迹象，并将信息收集起来，这对风险管控是很有利的。

表格表示法简单、便捷、明了，是一种常用的风险监控方法，主要用于项目的关键部位。

三、因果分析图法

因果分析图是表示特性与要因关系的一种图，它把对某项、某类项目风险特性具有影响的各种主要因素加以归类和分解，并在图上用箭头表示相互关系，因此又称为特性要因图、树枝图或鱼刺图等。

因果分析图所指的后果是需要改进的特性及这种后果的影响因素，主要用于揭示影响及其原因之间的联系，逐层深入排查可能原因，以便追根溯源，确认项目风险的根本原因，然后确定其中最主要原因，从而进行有的放矢的处置和管理。因果分析图法是一种常用的项目风险控制分析方法。

因果分析图的结构由特性、要因和枝干3个部分组成，具体如下。

①特性是期望对其改善或进行控制的某些项目属性，如进度、费用等。

②要因是对特性施加影响的主要因素，要因一般是导致特性异常的几个主要来源。

③枝干是因果分析图中的联系环节。

把全部要因同特性联系起来的是主干，把个别因素同主干联系起来的是大枝，把逐层细分的因素（细分到可以采取具体措施的程度为止）同各个因素联系起来的是中枝、小枝和细枝。

因果分析图法具有操作简单、逻辑性强且分析全面等特点，通过因果分析图能够发现问题所在，因而在风险监控分析中得到广泛应用。绘制因果分析图时应注意以下两个方面的问题：一是绘制因果分析图时，要集思广益，绘制者要熟悉所分析领域的专家，以及专业技术人员和现场一线人员，如工人、班组长、质量检查员，了解施工现场实际条件和操作的具体情况，要以各种形式广泛收集信息、听取意见，相互启发、相互补充，使因果分析更加符合实际；二是要制定控制对策，绘制因果分析图不是目的，而是根据图中所发现的主要风险因素，制定控制并改进的应对措施，引起重视，限期解决问题。一般应按照风险监控流程，针对问题编制应对计划，以便实施。

四、挣得值分析法

挣得值分析法属于商务指标分析中的应用方法,又称赢得值分析法或偏差分析法,是对项目进度和费用进行风险监控的一种常用方法。其价值在于将项目的进度和费用综合度量,从而能准确描述项目的进展状态。挣得值分析法的另一个重要特点是可以预测项目可能发生的工期滞后量和费用超支量,从而及时采取纠正措施,该方法十分适用于工程项目的成本、进度集成控制,主要包括随施工过程循环交替进行的监测和处理两个环节,为项目风险管控提供了有效手段。在美国项目管理协会(PMI)编制的《项目管理知识体系指南(PMBOK 指南)》中对该方法有详细的描述。挣得值分析法项目风险监控原理如图 5-1 所示。

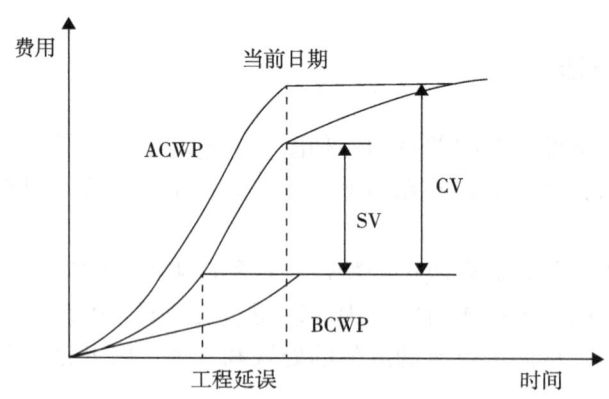

图 5-1 挣得值分析法项目风险监控原理

挣得值分析法是一种测量项目预算实施情况的分析方法,该方法将实际上已经完成的项目工作和计划的项目工作进行比较,确定项目在费用支出和时间进度方面是否符合原定计划的要求,从而对费用和进度实施有效的监控。挣得值分析法应主要掌握 3 个基本参数、4 个偏差参数和 2 个绩效指标参数。

(一)基本参数

① BCWS,即计划价值或计划工作的预算费用,我国习惯上称为计划投资额,计算公式为:BCWS= 计划完成工程量 × 计划单价。

② BCWP,即已完工程挣得价值,或称已完工作的预算费用,我国习惯上称为实现投资额,计算公式为:BCWP= 实际完成工程量 × 计划单价。

③ ACWP,即已完工程实际成本,我国习惯上称为实际投资额,计算公式为:ACWP= 实际完成工程量 × 实际单价。

挣得值分析法主要通过上述 3 个参数来反映项目的实施状态,并以此进行分析和比较,从而判断项目的实际情况与计划安排的偏差。

（二）偏差参数

①成本偏差（CV）。CV= 挣得价值 – 实际成本 =BCWP–ACWP。若 BCWP–ACWP $>$ 0，则表示项目费用未超支，尚有结余；若 BCWP–ACWP $<$ 0，则表示项目费用超支。

②进度偏差（SV）。SV= 挣得价值 – 计划价值 =BCWP–BCWS。若 BCWP–BCWS $>$ 0，则表示项目进度提前；若 BCWP–BCWS $<$ 0，则表示项目进度拖延。

③成本偏差率（CVP）。CVP=（成本偏差/挣得价值）×100%=（CV/BCWP）×100%=[（BCWP–ACWP）/BCWP]×100%。若 CVP $<$ 0，则表示成本超支百分数；若 CVP $>$ 0，则表示成本没有超支百分数。反映实际成本与计划成本的偏离程度。

④进度偏差率（SVP）。SVP=（进度偏差/挣得价值）×100% =（SV/BCWP）×100%=[（BCWP–BCWS）/BCWP]×100%。若 SVP $<$ 0，则表示进度延迟百分数；若 SVP $>$ 0，则表示进度提前百分数。反映实际进度与计划进度的偏离程度。

（三）绩效指标参数

①成本绩效指标（CPI）。CPI=BCWP/ACWP。若 CPI $>$ 1，则表示成本节余；若 CPI $<$ 1，则表示成本超支。该值越大越好。

②进度绩效指标（SPI）。SPI=BCWP/BCWS。若 SPI $>$ 1，则表示进度提前；若 SPI $<$ 1，则表示进度延误。该值越大越好。

通过4个偏差参数和2个绩效指标参数的对比，可以对工程的进度和成本做出明确的估计和衡量，这有利于对项目风险进行监控，也可以清楚地反映出项目管理和工程技术水平的高低。

挣得值分析法是一种重要的风险监控方法，运用它有助于监控风险的进展变化，为决策者提供依据。挣得值分析法作为一种有效的风险监控方法，避免了过去单一指标值反映项目进展情况的弊端和不足，以3个参数为基础，全面反映进度和成本的总体状况，便于风险管控者了解和掌握。通过定量分析判断项目成本和进度控制是否理想，从而发现问题，及时纠偏。

但该方法也有其局限性：一是它强调追踪实际执行情况相比较；二是强调计算中完成百分比数据的重要性，很多项目（如IT项目）没有良好的计划信息，所以实际执行与原计划的差异可能产生信息不准确；三是强调数据收集的有效性。在分析整个项目实际成本控制结果的基础上，利用挣得值分析法预测未来成本变化趋势和最终结果，对于成本监控和进度监控都是非常有价值的。但是，这种监控方法需要有一定的数据积累，一般只有在项目已完成工作量超过项目计划总工作量的15%时，监控成本未来发展趋势才有作用和意义，这就要求管理者必须保存实施过程中关于成本和进度这两个方面的数据。

五、综合控制系统分析法

EPC工程总承包项目面临的风险种类繁多,各种风险之间的相互关系错综复杂,必须应用综合控制系统分析法,对项目的三大指标(成本、质量和进度)进行综合控制分析。综合控制系统分析法是在利用挣得值分析法进行成本和进度分析的基础上,引入一个中间度量,即已获价值质量(QBCWP)。已获价值质量(QBCWP)=BCWP×Q_e,其中质量水平指数 Q_e=(实际质量水平/计划质量水平)×100%(图5-2)。

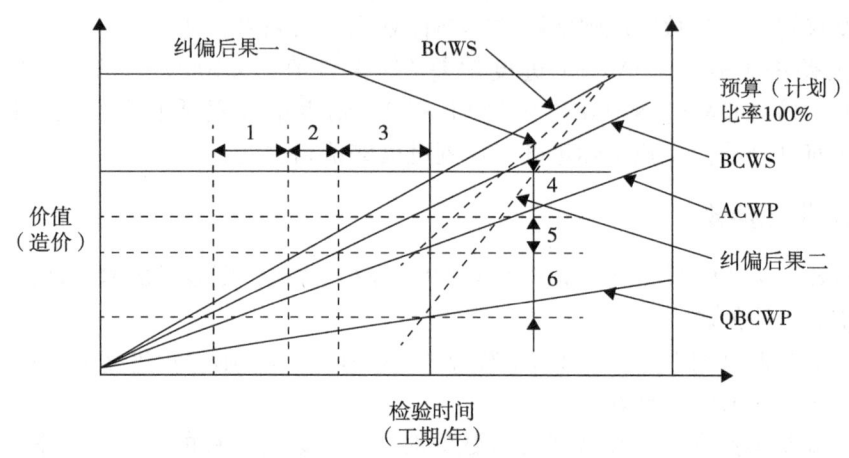

图5-2 成本、质量和进度综合控制系统分析

成本、质量和进度综合控制系统分析法引入已获价值质量的概念后,可以分析项目的成本、质量和进度的计划完成情况,能够预计项目的现状对未来发展的影响(包括项目进度变动对成本的影响,项目质量变动对进度和成本的影响,项目质量资源消耗量与价格变动对进度和成本的影响,项目进度、成本、质量变动趋势与结果的预测,以及项目按期完成需采取的纠偏措施),全面提高项目综合效益,系统控制相关的风险,使工程项目风险管控取得较好的效果。

综合控制系统分析法主要是在挣得值分析法的基础上形成的一种综合分析监控方法,其分析特性全面、综合,但绘图较为复杂。

六、帕累托法

帕累托法又称排列图法或比例图分析法,由意大利经济学家V.Pareto提出。

帕累托法主要用于确定处理问题的顺序,其科学基础是所谓的"80/20法则",即为80%的问题找出关键的影响因素。

在工程项目风险监控中,帕累托法可以减少对项目有重大影响的风险,如用于分析确定进度延误、费用超支、性能降低等问题的关键性因素,而及时明确解决问题的途径和措施。

帕累托法一般将影响因素分为3类：A类大约包含20%的因素，它导致了75%～80%的问题，称为主要因素或关键因素；B类大约包含了20%的因素，但它导致了15%～20%的问题，称为次要因素；其余的因素组成C类因素，称为一般因素，这就是所谓的ABC分析法。

图5-3为帕累托图。帕累托图由两个纵坐标、一个横坐标、几个直方柱和一条折线组成。其中，左纵坐标表示频数（件数、次数等）；右纵坐标表示频率（用百分比表示）；横坐标表示影响质量的各种因素，按影响程度的大小从左到右依次排列；折线表示各因素的累计百分数，由左向右逐步上升。

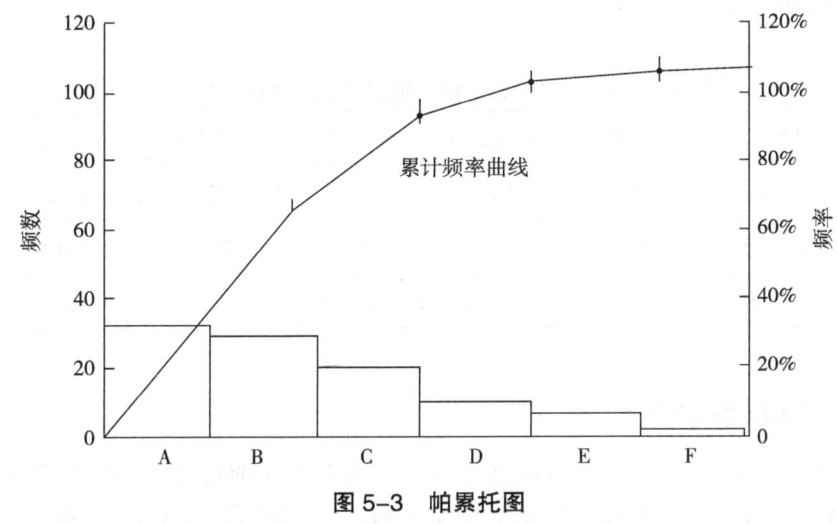

图5-3 帕累托图

帕累托图显示了每个项目风险类别的发生频率，便于了解最为频繁的风险和确定各个项目风险的后果，有助于项目监控决策人了解风险的相对重要性。同时，由于帕累托图的可视化特性，一些项目风险控制变得非常直观和易于理解，有利于确定关键性影响因素，抓住主要矛盾，重点地采取有针对性的应对措施。因此，帕累托法是一种常用的风险监控方法。

第四节 风险监控方法实践

一、挣得值分析法在成本进度监控中的应用

（一）案例摘要

以某综合大楼为例，针对工程项目的运行情况，运用挣得值分析法对其成本、进度进行监控分析，得出分析结论，为风险管控者提供成本、进度控制的决策依据。

（二）案例背景

某EPC开发区综合办公大楼项目，建筑总面积为18 340.57 m²，其中地下建筑面积为16 400.77 m²，基底面积为1990 m²。建筑层数为地下1层、地上8层，建筑总高度为37.5 m。该工程项目为二类高层民用建筑，耐火等级一级，屋面防水等级二级，建筑主体设计使用年限为50年，抗震设防烈度7度。该工程项目计划工期为13个月，项目总投资为4000万元。

（三）成本与进度情况

该工程项目于2011年6月动工，根据截至2012年4月20日该项目部分工程量的完成情况得出施工挣得值分析（表5-1）。

表5-1 某EPC工程总承包项目施工挣得值分析 单位：万元

要素	计划值	挣得值	实际成本	成本偏差	进度偏差	成本指数	进度指数
地基基础	135.00	121.80	119.88	1.92	−13.20	1.02	0.90
1~3层主体	537.60	589.60	664.32	−74.72	52.00	0.89	1.09
4~8层框架	892.80	851.20	818.40	32.80	−41.60	1.04	0.95

（四）进度与成本绩效分析

对本案例工程进度绩效和成本绩效进行分析。本案例在项目执行前制订了成本基准计划（PV），项目执行过程中记录和计算了实际成本（AC）和挣得值（EV）。在每个绩效报告期到达时，就可进行绩效分析。下面以地基工程的计算为例。

根据公式：成本偏差（CV）=挣得值（EV）–实际成本（AC）。

进度偏差（SV）=挣得值（EV）–计划值（PV）。

计算得到截至2008年4月20日的成本、进度偏差为：

CV=121.80–119.88=1.92（CV＞0，成本绩效好）；

SV=121.80–135.00=–13.20（SV＜0，进度绩效差）。

转换为成本、进度绩效指数，即：

CPI=EV/AC=121.80/119.88≈1.02（CPI＞1，成本绩效好）；

SPI=EV/PV=121.80/135.00≈0.90（SPI＜1，进度绩效差）。

根据公式算得，全部工作完工需要的费用和工期分别是：

完工总费用=总预算费用/CPI=4000/1.02≈3921.57（万元）；

完工总工期=总预算工期/SPI=13/0.90≈14.44（个月）。

从进度偏差上来看，1~3层主体工程SV＞0（SPI＞1），实际完成工作量超过计划预算值，施工进度提前；而地基工程、4~8层框架工程SV＜0（SPI＜1），实际完成工作量小于计划预算值，施工进度有所滞后，其中4~8层框架工程滞后比较严重。

从成本偏差上来看,地基工程、4～8层框架工程CV＞0(CPI＞1),完成某工作量时实际消耗低于计划值,节约了成本;而1～3层的主体工程CV＜0(CPI＜1),完成某工作量时实际消耗高于计划值,出现费用超支。

(五)监控结论

综合考虑进度绩效和成本绩效可以看出,虽然地基工程和4～8层框架工程施工进度未达到预期目标,但预定的成本也没有被过度开销。因此,只要加强后续管理,有望争取更好的绩效。而1～3层主体工程的进度比预定的进度快,成本开支比预期多,因此需要格外引起项目经理的重视,必须加强风险管控,才有可能在后续的作业中取得更好的项目绩效。

通过对地基工程进行挣得值分析,可以预测项目完工总费用为3921.57万元＜4000万元,而项目完工总工期为14.44个月＞13个月,虽然项目节省了成本,但是无法在规定的时间内完成。因此,需要格外引起承包商的重视,在保证工程质量和成本的条件下,采取措施加快工程进度。

采用挣得值分析法进行成本、质量和进度的联合监控,在实践应用中被证明是成功的。它使项目管理工作目标清晰、过程控制高效有序、成果客观真实。

二、因果分析图法在设计质量监控中的应用

(一)案例摘要

以某设计院承包的大型EPC烟厂联合工房为例,针对概算超出实际成本的情况,运用因果分析图法对问题进行监控分析,说明因果分析图法在设计质量监控中的应用。

(二)案例背景

某设计院为大型EPC工程总承包项目的承包企业,经其对设计质量问题统计后发现,项目初步设计中出现的质量问题比较多,具体表现为投资概算超出实际成本。该总承包商的专业成本设计人员在收集当地相关材料定额后,依据各专业已完工的施工图,利用成本设计软件,做完该工程联合工房的概算。但总承包商对其设计部门做出的概算有所怀疑,认为对联合工房所做出的施工概算较高,一年后建成,经竣工结算发现,所做的概算严重超出实际建成成本,超出将近30%。以设计部门所做的该大型烟厂联合工房概算超出实际建成成本为例,说明因果分析图法在查找设计质量问题方面的应用。

(三)绘制因果分析图

绘制概算超出实际成本的因果分析图。因果分析图的绘制步骤与图5-4中箭头方向正好相反,是从"结果"开始将原因逐步分解的,具体步骤如下。

①明确问题目标即结果。该项目监控分析的问题是"概算超出实际成本",绘图时首先从左到右画出一条水平主干线,箭头指向一个矩形框,框内注明分析的问题,也就是监控的目标即结果。

②分析产生结果的原因。一般来讲,引起超成本问题的原因有5个,即人、机械、材料、方法和环境。另外,还可以按照生产过程进行分析。

③将每种大原因进一步分解为中原因、小原因,直至分解的原因可以采取具体措施加以解决为止。

④检查所有原因是否齐全,可以对初步分解广泛征求意见并做必要的补充和修改。

⑤选择其中对研究目标影响较大的关键因素,做出"△"标记以便重点采取措施。

概算超出实际成本的因果分析图如图5-4所示。

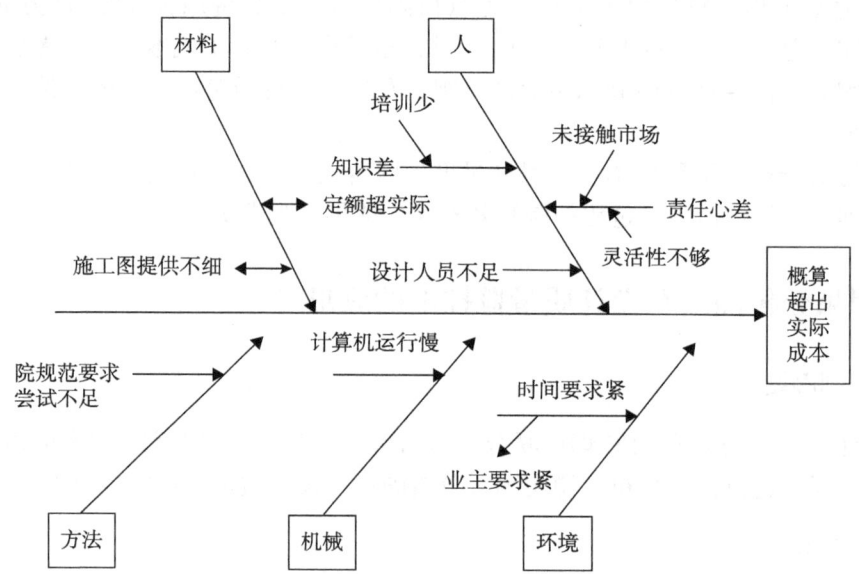

图5-4 概算超出实际成本的因果分析图

（四）注意的事项

①绘制因果分析图时,需要以各种形式,广泛收集各相关方和人员的意见,集思广益,相互启发,相互补充,使因果分析更符合实际,并对重点因素加"△"标记。

②绘制因果分析图并不是目的,而是要概括图中反映的主要原因,制定改进措施和对策,限期解决问题,保证产品质量,具体实施时可以编制一个对策计划表。

（五）监控结论

通过概算超出实际成本的因果分析图可知:责任心差、定额超出实际、设计院规范要求深度不足、计算机运行速度慢是概算超出实际成本的主要原因。因此,在这一问题上应具体采取如下控制措施：①增强设计人员的责任心，严格要求；②研究市场实际定额，具体专研工程的实际成本价格；③灵活对待定额和规范；④更新计算机，以保证设计速度。

三、帕累托法在造价监控中的应用

（一）案例摘要

以某高速公路工程项目为例，介绍帕累托图的制作方法，通过对帕累托图的分析，找出在实施工程过程中影响目标实现的主要因素。

（二）案例背景

某丘陵地区高速公路工程项目全长 7.6 km，其工程主要内容构成为：土石方工程造价（包括填挖方和改沟、改河、改道的造价）为 1910 万元；桥涵工程（包括洞口和洞口接沟）总造价为 2456 万元；边坡与防护工程造价为 701 万元；挡墙与排水工程造价为 311 万元；其他工程造价为 156 万元。

下面通过帕累托图找出实施工程过程中影响目标实现的主要因素。

（三）绘制帕累托图

①按造价多少绘制项目构成要素表，并计算各项目的百分比及累计百分比。
②按照数据，绘制帕累托图（图 5-5）。

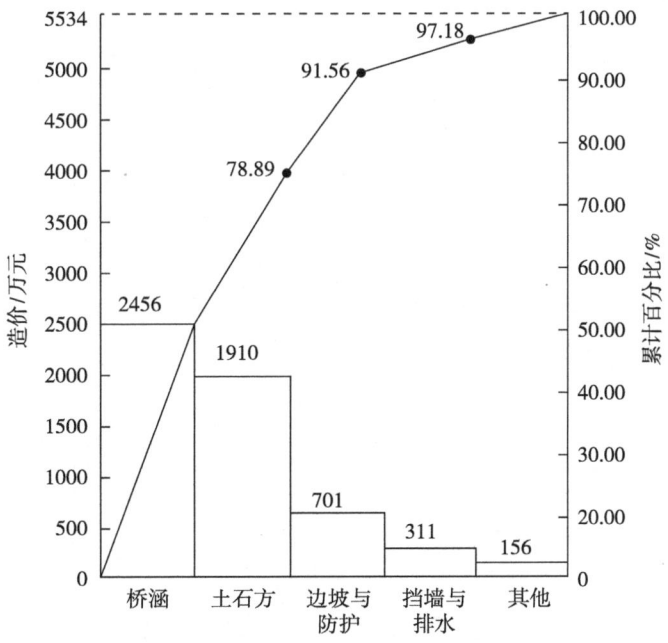

图 5-5　根据构成要素绘制的帕累托图

（四）监控结论

根据图 5-5，可以得到如下分析结果。

①桥涵工程和土石方工程造价占总造价的百分比分别为 44.38% 和 34.51%，两项在总造价中的累计百分比为 78.89%，属于 A 类因素，是本项目主要风险控制因素，应该对其进行重点管理。

②边坡与防护工程造价占项目总造价的百分比为 12.67%，该项目与前两项在总造价中的累计百分比为 91.56%。虽然该项目与前两项的累计百分比超过了 90%，但由于该项目在总造价中的占比较大，其实施的顺利与否对整个工程项目的完成仍然有较大的影响，因此应将其划为 B 类因素，进行次重点管理，在施工管理中应给予相应重视。

③挡墙与排水工程及其他工程的总造价为 467 万元，占项目总造价的百分比不足 10%，对整个工程的实施影响较小，重要性较低，属于 C 类一般因素，在项目管理中不需要投入大量管理资源，只给予应有的重视即可。

通过对本案例进行帕累托法分析，找出了影响目标实现的主要因素，为风险管控提供了依据。

第六章　EPC 工程总承包项目阶段风险管控

EPC 工程总承包项目风险存在于项目各个阶段，因此风险管控贯穿于项目建设过程始终。由于不同阶段的不确定因素产生的可能性和风险种类不同，风险发生的频率各异，所产生的风险后果对实现项目目标的影响程度也不尽相同，这就要求管理者对 EPC 工程总承包项目各阶段风险的产生和发展有清晰的认知，从而采取不同的措施控制风险。研究 EPC 工程总承包项目各阶段的风险特征、风险内容及应对策略，对提高整个项目的风险管控效率具有重要意义。

第一节　签约前的风险管控

一、签约前风险管控的意义

EPC 工程总承包项目在实施过程中，涉及的项目相关方是积极参与项目或其利益可能受项目实施或完成积极或消极影响的个人或组织，社会关系网错综复杂，工程的内外部环境不确定性因素较多，而且 EPC 工程总承包项目自身的建设周期长、投资金额大，从而使 EPC 工程总承包项目包含了多种多样的风险因素。

针对风险管控，最有效也是最直接的方法便是在风险发生前通过正确、有效的风险分析与判断，从而制订正确的风险管控与应对计划，有效阻止不利风险的发生或降低风险的影响。如果前期没有对风险进行有效的预防，一旦风险发生再采取补救措施，则可能难以消除风险所产生的巨大破坏作用。

项目在整个生命周期的各个阶段，对于成本与人力资源的投入呈现出不同的水平，项目生命周期中典型的成本与人力投入水平（图 6-1）所示。

从图 6-1 可以看出，在项目建设初始阶段成本与人力资源的投入水平非常低，而随着时间的不断推移，项目的成本与人力资源投入不断增加，在项目的执行阶段投入水平达到最高。因此，在项目的前期阶段做好项目的风险分析与应对可以有效防止后期成本大量投入后，承包商因风险遭受人、财和物的损失。EPC 工程总承包项目也具备这样的特点。同时，EPC 工程总承包项目也会被其所在地区的外界因素影响，受到当地的经济、法律、税收等多个方面因素的共同影响与制约，国际 EPC 工程总承包项目还要考虑到外汇因素的影响，这就需要总承包商在项目前期，特别是市场开发与投标阶段做好充分的分析和研究，发现各种影响项目的风险因素，并制定相应的风险管控方案。

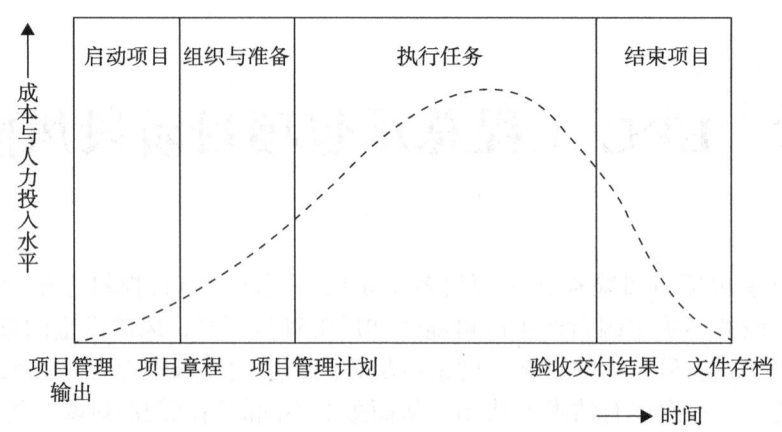

图 6-1　项目生命周期中典型的成本与人力投入水平

二、签约前主要风险分析

（一）实际需求与功能要求不准确带来的风险

在 EPC 工程总承包项目招标阶段，业主往往只提供项目的预期目标和功能要求，甚至有些业主只提供基本设计构想，如果在上述方面出现漏项、错误及不合理的功能要求和变更，都将对后期项目实施的工期与费用产生风险。

（二）市场进入策略失误带来的风险

对于 EPC 工程总承包项目而已，不同的国家、地区都有其特定的市场环境与工程背景，有些公司在不了解项目所在地区的政治环境、法律法规、风土人情和地理环境等的情况下就仓促投标，从而埋下了巨大的风险隐患。

（三）未经深入研究投标报价带来的风险

由于 EPC 工程总承包项目投资金额大，少则几亿元，多则几百亿元，所以总承包商应充分分析招标文件和隐性风险条款，充分做好投标前的勘察与资料调查研究工作，同时结合自身的综合能力，决定是否参与投标，如果发现还存在大量的不确定风险，应终止投标。

（四）业主合同条款制定不公带来的风险

业主为了转移风险，通常会对标准合同文本内容进行删减，将原来本属于业主的风险转移给承包商来承担，这无疑大大增加了承包商的责任负担，其结果就会失去合同本身的公平与诚信。

（五）EPC 工程总承包项目自身特点带来的风险

由于 EPC 工程总承包项目建设周期长，在整个建设过程中各种不确定的事件与风险层出不穷，风险形式也表现不一，如工程拖期、业主违约、分包商违约、法律变化、汇率变化和通货膨胀等。

三、签约前风险应对要点

（一）风险控制原则

风险应对控制是在对风险进行识别分析和评价的基础上，依据风险各自不同的特点，选择不同的应对控制措施。在对项目签约前的风险进行控制时，我们要遵循以下几个方面的原则。

1. 责任权利的平衡

虽然发生风险是不可避免的，但是发生风险后的收益应该要与风险对等。例如，在 EPC 工程总承包模式下，总承包商承担了大部分风险，而对于分包商的管理，总承包商就可以收取相应的管理费，因为在 EPC 工程总承包模式下，总承包商要对分包商进行管理和协调。

2. 风险分配原则

可以将风险转移给应对风险能力比较强的一方，因为应对风险能力强的一方会制定有效的控制措施，从而将风险转化成相应的收益。

3. EPC 工程总承包模式下风险难以预测

EPC 工程总承包模式下的风险往往与传统模式不同，风险远远大于其他模式。总承包商会因为抵抗外力等因素而提高造价，如果业主不同意提高价格，通常会影响总承包商的合同履行积极性，因此会衍生出不必要的麻烦。

4. 符合工程惯例

工程惯例是经验法的一种可取资料，工程惯例是指针对原来已经发生过的工程，管理者总结得出的符合实际、能够应用于实践的经验。工程惯例类似于一种工程事实，能够被大多数人认同并应用。假设在 EPC 工程总承包项目执行过程中意见不相同，我们可以采用工程惯例来达成共识从而解决矛盾。

（二）风险控制措施

1. 正确安排企业组织战略定位，构建组织风险防控体系

组织战略定位是企业从组织全局对所涉及的所有项目进行的行业、区域的布局与发展规划。确定企业长期发展和盈利的核心项目，并对其进行有效整合和实施项目组合管理。所谓项目组合管理，是指在可利用的资源和企业战略计划的指导下，进行多个项目或项目群投资的选择和支持。项目组合管理就是通过项目评价选择、多项目组合优化，确保项目符合企业的战略目标，从而实现企业收益最大化。为了达到组织层级的"项目组合管理"的目标，建议工程建设企业从如下几个方面加强自身能力建设。

（1）组织项目管理能力评估与持续改进

组织战略目标成果是通过对企业所有项目的有效管理，即项目组合管理、项目集管理（项目集管理是指经过协调管理以便获取单独管理这些项目时无法取得的收益和控制一组相关联的项目）和单项目管理，以完成项目的实际效果综合体现组织项目管理能力与水平，也被称为组织级项目管理。组织级项目管理能力的不断提升保证了企业长期正确的投资组合管理，通过合理、有效的项目之间资源的分配、协调与控制，来保证组织的战略目标的实现。组织级项目管理能力的持续改进应与战略业务规划、业务开发、系统工程、项目管理、信息技术或人力资源管理等领域相结合，以保证组织级项目管理能力提升的全面性与协调性。

（2）优化组织结构，分享项目经验、成果与方法

在以买方市场为主导的工程建设行业，业主或投资人都希望以更短的时间和更少的投入，按照既定的质量要求尽快获取项目的产出成果，从而为自身带来后期的经营收益。与此同时，承包商也需要在既定的项目工期、预算成本目标下，安全、可靠地完成项目并取得预定的项目收益。随着EPC工程总承包项目不断向大型化与技术密集型方向发展，企业现有的组织结构需要进行不断的变革以适应项目复杂化的发展要求。

组织结构的合理配置与优化对企业最直接的影响便是将各个独立的项目（无论是成功还是失败的项目）通过组织结构的设计统一到组织层面，通过组织的系统集成，将各个项目成功的经验与失败教训汇总到组织过程资产中，为其他项目和企业以后的项目提供必要的标准、工具与方法。

作为工程建设企业，哪类组织结构比较适合其项目管理实际情况呢？美国俄亥俄州Baldwin-wallace学院系统管理教授Harold《项目管理：计划、进度和控制的系统方法（第10版）》中提出："矩阵型组织试图把职能型组织和项目型组织的优点结合起来，这种组织结构形式很适合于项目驱动型企业，如建筑企业。"而美国项目管理协会PMI也推荐项目导向型的组织采用矩阵型组织结构（图6-2）。

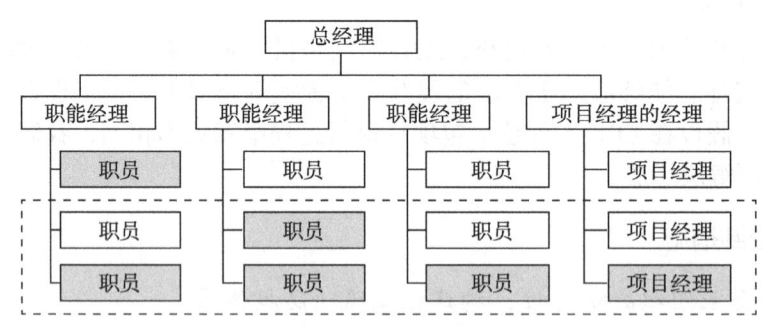

图6-2 矩阵型组织结构

（注：灰框表示参与项目的职员）

2.EPC工程总承包项目市场开发阶段风险应对

EPC工程总承包项目市场开发阶段作为项目开发的初始阶段，通过正确的组织经营战略

与开发策略,形成区域市场竞争优势,以点带面,带动后续项目和周边项目的开发广度与深度。EPC 工程总承包项目由于工程造价金额大、建设周期长,与传统的施工承包、设计分包和设备供货等方式相比具有更多的风险因素,充分的市场调研与分析可以使承包商避免盲目投标、低价中标而为后期的项目实施带来巨大的风险。因此,EPC 工程总承包项目的总承包商对风险的有效控制工作要点如下。

(1)加强项目开发复合型人才培养

对 EPC 工程总承包项目前期的市场开发并非只是简单地注重项目信息的获取,仅局限于围绕与项目信息相关的背景资料的收集、分析与研究,特别是对于刚刚开拓一个新市场的承包商来说,为了尽快打开市场,容易在项目信息分析与渠道上过于狭窄,急于投标与中标,而忽视了对与项目间接相关的因素与限制条件的调查与分析。

因此,为了有效地开展 EPC 工程总承包项目的前期市场调查与研究,市场人员应该是具备商务、法律、外语、合同知识及熟悉项目管理过程的综合型人才。特别是 EPC 工程总承包项目的市场开拓人员更应该从企业组织层面加强对复合型人才的招聘、培养与储备。

(2)制定 EPC 工程总承包项目经营战略,提升项目收益

EPC 工程总承包项目的成功实施与顺利完成,是组织综合实力的整体表现,这不但对企业在 EPC 工程总承包项目中自身的管理能力、经验及技术、标准方面提出要求,同时还需要其具备组织融资和抗风险能力。

3.EPC 工程总承包项目投标阶段风险应对

EPC 工程总承包项目投标阶段作为项目合同签约前的关键阶段,重要性不言而喻,需要分析与研究的信息众多,如果在此阶段总承包商信息分析的广度与深度不够,则必将埋下风险隐患,为后期项目实施带来巨大的损失。因此,做好 EPC 工程总承包项目投标阶段风险因素分析工作至关重要。

(1)投标可行性分析

投标可行性分析是分析、判断是否最终投标的决策过程,需综合考虑各种内外部因素,权衡企业的各种优劣势及机会与威胁,可以采用 SWOT 分析法对比分析各种影响因素,正确权衡利弊关系,做出投标与否的决定。EPC 工程总承包项目投标可行性分析的考虑因素具体表现在以下几个方面。

1)业主背景信息调查与研究

通过自身市场调查和选择当地专业机构对业主的背景情况进行收集与分析,包括对业主的资质、资金实力、信誉及影响力等方面的信息进行全面的研究,最后做好汇总工作。如果发现业主的资信不好,应该做好项目是否投标的决策。

2)项目竞争对手信息分析与研究

掌握参与本次投标的其他公司情况,有助于投标人在进行投标时编制投标文件,在报价和策略上提前做好准备工作,分析投标人自身在管理、技术和资金等方面的优劣势,有利于投标报价的正确性和准确性。

3)组织自身能力与条件分析

投标人自身条件分析是在保证 EPC 工程总承包项目实施能够达到该项目的各种标准和

性能的要求下,实现投标人的项目收益目标的条件分析。因此,投标人应该从自身的管理能力、技术标准熟悉程度、资金实力、融资能力及项目实施经验等方面综合考虑与对比分析。

4)项目收益分析

由于 EPC 工程总承包项目自身特点,工程历时长,内外部影响因素众多,需要综合考虑项目自身的标准、要求和实施难度,同时要结合项目所在地区的政治和经济环境影响因素对项目长期实施的宏观影响进行全面分析,确定项目完成后的利润情况。

(2)招标文件分析

招标文件是投标人充分掌握项目基本信息和要求的基础资料,通过对招标文件的分析投标人能够掌握正确的招标信息,从而进行相关信息调查及做出正确的投标决策,具体内容包括以下几个方面。

1)明确招标文件要求

作为投标人,需要清楚掌握招标文件对投标的各种要求和限制条件,如合格投标人应具备的条件、现场勘察的时间、投标文件的编制要求、投标文件递交的截止时间及其他附加的相关保证金等。因此,投标人需要认真查看相关资质要求,并准备相应的材料和证明文件,同时在规定的截止时间内送达指定部门,如果没有按照招标文件要求完成相应的资料和证明文件递交,或者于截止日期后完成,投标文件都会按照"没有实质性响应"而被作废。

2)明确招标工程的范围

招标工程的范围是承包商进行投标报价并核算项目成本的基础信息,它指出哪些工作由承包商来完成,哪些工作属于业主的工作。同时,承包商应该仔细核对工作内容,不要漏项。由于 EPC 工程总承包项目采用固定总价合同,如果承包商对招标文件及相关信息分析不到位,出现漏项问题及由此产生的工期延长和费用增加均由承包商独自承担。

3)招标文件中业主要求的审查与界定

承包商应该认真全面审查招标文件中关于业主要求的内容,主要包括:项目组织设计及团队成员构成;施工工艺和相关设备、材料与辅助工具;技术标准与规范要求等。承包商根据业主要求分析工程项目的难易程度,同时根据其进行报价计算。通过正确分析业主要求,承包商能够将设计、采购与施工过程进行有效衔接与整合,各过程搭接管理,特别需要注意的是永久设备的采购如何与施工进行有效配合,不要影响后期正常施工的进行。因为根据业主要求有些永久设备在项目所在地区无法采购,需要在外进行生产、检测、试验并运输,其生产周期过长,需要提前进行订货,并保证其按照既定的进度计划完成。

(3)合同条件分析

承包商在投标报价前需要认真、仔细检查和分析合同条件与条款,由于 EPC 工程总承包项目的总承包商需要全面负责项目的设计、采购与施工工作,因此合同内容的完整性、合同条款的公平合理性、合同各方的责任权利清晰性,以及合同风险分担、需要前期澄清与商榷的内容都成为影响承包商签约后项目实施中各种问题承担责任比例划分的法律基础及依据。特别是对于重大事故与安全隐患导致项目成本大幅增加和项目工期严重滞后的问题,需要双方根据合同的工作内容分工与责任划分确定问题的责任方,以此来对产生的问题进行责任认定。

EPC工程总承包项目合同条件分析具体表现在以下几个方面。

1）合同条件内容完整性分析

由于业主自身的管理能力与技术水平有限，在招标文件的制作中避免不了会出现各种工作内容说明不清晰、不准确，需要承包商在分析招标文件时发现与提出问题。同时，总承包商也需要留意有些业主故意在招标文件中留下漏洞，来转移项目中的部分风险，因此总承包商应该充分利用投标前的现场实勘和答疑会针对招标文件内容的完整性提出问题，并让业主给出相应的解释。

2）合同双方责任权利划分与分析

由于EPC工程总承包项目风险高、投资金额大，业主与总承包商关于合同内容与条款的博弈始终存在，而合同的签订是基于彼此双方的公平诚信原则。如果其中一方过分地将己方的风险大部分转移给另一方，同时又不想为此付出与风险相对应的成本，那么这便失去了双方之间合作的诚意。

3）合同实施后效果预估与分析

做好EPC工程总承包项目合同实施后的效果预估与分析，可以有效保证总承包商避免因盲目签订合同而出现的各种风险，特别是由于自身分析与研究不到位而出现的己方责任。合同实施后效果预估与分析需要总承包商在把握充分的信息条件下进行，这样才能够保证预估的近似性。因此，预估与分析是总承包商市场开发、投标报价、合同管理、项目管理与风险管控等内容的有效整合，以体现预估的真实性，这也是总承包商的综合实力体现。通过进行效果预估，可以为项目投标与否，或是采取怎样的投标报价策略做好充分的准备。

EPC工程总承包项目前期市场开发与投标阶段风险防范，不但能使总承包商以有竞争力的价格成功中标，而且通过总承包商充分的风险分析与应对，能在保证项目顺利实施的前提下实现组织既定的项目收益目标。

第二节　设计阶段风险管控

一、设计阶段风险管控的意义

EPC工程总承包项目设计阶段的风险贯穿于整个设计管理的全过程。设计阶段是EPC工程总承包项目非常关键的阶段，对其风险管控的意义主要表现在以下两个方面。

（一）设计是否成功直接影响施工安全与质量

设计是直接影响工程安全与质量的关键因素之一，设计是否成功、是否到位，直接影响项目后续的施工、投产等阶段的安全与质量。设计的好坏不仅影响到施工阶段对整个建筑构造的理解，还严重影响到工程的安全和质量。例如，设计出现差错，则不只是影响建筑审美和功能的问题，而且还会导致整个工程项目出现安全质量隐患，对建筑周边环境产生威胁。

（二）设计是否成功直接影响项目成本、合同和进度等方面

工程设计的优劣将直接涉及工程造价成本，工程项目建设常常出现结算超出预算的现象，其中很大一部分原因就是工程设计出现了问题，使得承包商承担质量安全风险的同时，还要承担经济风险。

基于以上原因，EPC 工程总承包商必须对设计阶段的风险进行分析总结，找出影响工程的关键风险因素，给出具体的风险应对方法，并用流程化的管理程序对已识别风险进行控制，将潜在的风险因素消灭在初步设计阶段和详细设计阶段，从而通过有效管理回避设计风险，为项目的成功运作提供可靠保证。

二、设计阶段风险管控的流程

EPC 工程总承包商想要合理回避设计风险、控制工期，保证项目顺利进行，就必须按照科学的流程进行设计风险管控，具体的 EPC 工程总承包项目设计风险管控流程如表 6-1 所示。

表 6-1　EPC 工程总承包项目设计风险管控流程

阶段	流程	说明
设计启动	EPC项目启动 → 设计启动（EPC项目设计管理部；将设计输入条件交付设计单位，包括勘察、水文和气候等资料）→ 设计单位对设计输入条件进行评审并提交设计计划 → EPC项目设计管理部对设计计划进行评审	EPC 项目设计管理部和合同部共同确认设计进度计划，消除设计进度风险
方案设计	方案设计阶段 → 设计计划方案	大型复杂 EPC 项目增加方案设计
初步设计	初步设计阶段 → 确定工艺流程、设计规范和主要设备材料 → 初步设计评审；初步设计概算 → 初步设计评审	EPC 项目设计管理部组织项目初步设计审查

续表

阶段	流程	说明
施工图设计	施工图设计阶段 → 施工图交底和会审 → 初步评审	EPC项目施工、技术、采办、质量和投产试运行等所有人员对施工图进行审查，与设计单位沟通，将设计问题消除在施工之前
设计变更管理	项目施工投产阶段 → 业主与承包商的审核 → 设计变更单（提出变更请求）	EPC项目实施阶段的设计变更管理
设计收尾	设计收尾	EPC项目设计经验总结

三、设计阶段风险的识别

（一）设计阶段风险识别的方法

设计阶段风险有多种，主要可以通过以下方法进行识别。

1. 文献查询法

这种方法是一种理论方法，通过查询国内外关于设计阶段风险的内容来发现是否存在风险。

2. 沟通交流法

可以通过设计人员、施工人员与现场人员的积极沟通、经验交流，讨论可能存在的问题以发现设计风险。

3. 监督检查法

专业技术人员对设计和施工过程进行监督和调查，了解设计人员及涉及的施工人员的工作方式、工作方法，从而判断可能存在的风险。

4. 事故树法

把可能存在的风险都罗列出来，构成树状结构，进行因果分析，展开讨论，判断可能存在的风险。

（二）设计阶段常见风险

根据我国EPC工程总承包商多年项目管理实践，特别是对设计分包管理的经验，通过系统分析设计、采购、施工和投产全过程的设计风险，总结出了影响工程项目的设计阶段主要风险，包括以下几个方面的内容。

1. 业主提供的设计条件不充分带来的风险

主要表现在土建及总图专业所需的地质勘查、测量及气象资料不完整，水、电、通信及热工的外部资料不详细。例如，电气设计需要外部电源的电压等级、短路参数、距离和可靠性等数据，这些数据直接影响初步设计的完善性。

2. 工艺流程不合理、规范采用错误带来的风险

由于设计方和业主沟通不充分等原因，设计方对原料组成、操作存在弹性、产品方案等理解不同，工艺流程可能选择不合理，同时一个专业涉及的规范很多，也存在两种规范都涉及同一种设计内容的事实，这些都会给项目成本、进度和生产带来很大的影响。

3. 设备、材料选择不当，设计成本考虑不到位带来的风险

设计人员没有考虑设备的适用性，往往更关心技术的先进性、安全措施的保险性。设备、材料选择不当大多不是由于选择的设备、材料功能不足、规格不够，更多的是表现在设备功能强大，超出工程实际需要，造成超标准，从而抬高项目的造价成本。

4. 设计未考虑施工和运行的可行性、方便性带来的风险

设计不是施工，如果未合理考虑施工和运行的可行性、方便性，则只要发生变更，就会增加成本，从而带来资金风险。例如，石油管道工程中，用熔断器作为短路保护器件，就比用带通信接口的智能断路器更适用于附近无技术依托的长输管道压气站。

5. 设计失误带来的风险

设计失误主要表现在错、漏、碰。错——错误产生的主要原因往往是专业之间的推诿；漏——尤其是大型工程项目，设计工作十分繁杂，设备、材料的性能参数及格式极其庞杂，尽管经过编制、校对和审核，但漏项是很难避免的，有时一个小小的漏项就可能带来重大的设计变更；碰——一般是专业之间的会签不认真造成的。

6. 图纸审查不到位带来的风险

图纸审查不到位一般是由于缺少专家级的人员，或者即便有专家级的人员，但没有安排充足的时间来读懂图纸。如果图纸审查不到位，未能将问题消除在详细设计阶段，那么就易出现施工变更，甚至影响投产安全，造成更大的风险。

7. 设计合同没有约束力带来的风险

作为EPC工程总承包商，在签订设计分包合同时，应充分考虑合同风险，要和设计分包商之间形成风险共担、利益共享的共同体，从合同角度形成对设计的合理约束。

8. 设计概算漏项带来的风险

在设计院，先由各专业设计人员按照建设工程概算指标或相应指标中的分项要求提出工程量，再由概算人员用专业软件套用指标，算出安装工程费用及其他费用。概算漏项的主要原因在于专业人员在提概算时没有完成施工图设计，仅依靠初步设计，所提的分项工程量大部分只是估算，如果没有类似工程设计资料，材料等的漏项就会发生。

9. 设计进度计划制订不合理带来的风险

设计进度计划制订不合理主要表现在现场施工急，但图纸出不来，设计管理人员不了解施工进度安排，从而给工程进度带来影响和风险。

10. 设计单位拖期带来的风险

设计单位拖期可能是因为设计工期规划得不合理，也可能是因为设计人员从事项目太多，工作压力大。如果设计工期规划不合理，就会造成赶工引起的项目设计风险。

11. 设计管理不到位带来的风险

如果选用的设计管理人员在知识、经验和沟通协调能力方面存在欠缺，就会给项目的设计管理带来风险，甚至造成工期延误。

四、设计阶段风险的评价

（一）设计阶段风险评价的方法

设计阶段风险评价方法与其他类别的风险评价方法大致相同，一般可采用层次分析法。利用层次分析法的优点有很多，其可以把定性分析与定量分析结合起来，并且在设置模型参数时，可加入行业专家的主观判断和已有的行业经验模型的影响。利用此方法将发现的设计阶段风险按照对目标影响的重要程度排列起来，以利于将有限的管理资源用于重点风险的控制。层次分析法的详细运用在此不再叙述，可参考本书相关章节。

（二）设计阶段风险评价的结论

根据常见的设计阶段风险，以及各类风险可能带来的后果，结合对工程进度、造价、质量和安全等方面的影响程度，通过模型评价与实践验证，总结出 EPC 工程总承包项目设计阶段风险分类和分级评价表。

五、设计阶段风险应对要点

设计风险的应对主要有风险回避、风险预防、风险转移及风险自留 4 种方式。其中，风险预防是常用的应对方式。结合前述 11 类设计阶段风险，风险应对要点有如下几个。

①业主提供的设计条件不充分：加强与业主的沟通，对外要明确设计内容的深度，对内要责任到人。

②工艺流程不合理，规范采用错误：认真研究所在地区的规范、行业规范和工艺流程等，组织专家通过初步审查，解决工艺不合理、对规范理解不深或采用错误的问题。

③设备、材料选择不当，设计成本考虑不到位：既要保持设计上的先进性，又要适度控制工程造价，同时要考虑所在地区的法律法规，按照业主要求，让业主满意，拒绝"镀金"工程。

④设计未考虑施工和运行的可行性、方便性：加强施工和试运行总结，总结经验教训。另外，提前让施工和试运行人员介入图纸审查，尽早提出设计改进的合理化建议。

⑤设计失误：让经验丰富的设计人员参加设计或审图，且专业配套，安排他们对施工图进行专业自审和会审，从而最大限度地解决设计错、漏、碰问题。

⑥图纸审查不到位：组织行业专家，对相关专业进行图纸会审。

⑦设计合同没有约束力：通过合理的合同条件，约束设计分包商严格按照合同执行设计项目。

⑧设计概算漏项：通过类似工程项目的类比估算，来解决概算漏项问题。

⑨设计进度计划制订不合理：加强设计专业之间输入和输出条件、设计和厂家之间的资料管理及设计进度管理工作。

⑩设计单位拖期：派设计管理人员到设计单位，同时合理安排图纸设计和出图计划。

⑪设计管理不到位：选派具有一定设计知识和协调管理能力的人员来承担EPC工程总承包项目的设计管理工作。

第三节 采购阶段风险管控

一、采购阶段风险管控的意义

对于EPC工程总承包项目而言，采购是项目实施期间的核心环节之一，是实现工程设计意图、顺利实施项目的基本保证。对于大多数项目，尤其是工业项目，采购费用一般要占整个合同费用的40%～60%，甚至更高，而且待购设备种类型号极多，品质和价格各异。因此，采购过程的失误不仅会影响工程质量和进度，而且会导致承包商严重亏损。由此可见，采购既是整个工程进度的支撑，也是工程质量的重要保证。在EPC工程总承包模式下，合同双方签订采购合同只是完成了很少量的工作，项目采购所面临的采购范围数量、具体技术要求都存在一定程度的变数，总承包商在实施过程中面临很大风险。本节以EPC工程总承包项目采购生命周期为主线，根据以往所承建的EPC工程总承包项目的经验，研究项目采购不同阶段的风险及应对要点。

二、主合同形成阶段的采购风险分析与应对

EPC工程总承包项目主合同的形成阶段是指从投标开始到主合同签署结束这一阶段。主要工作是根据招标文件对所需的设备、材料进行询价，编制采购报价，进行商务谈判和签订项目主合同。该阶段采购存在风险如下。

（一）制造标准差异风险

1.执行标准差异因素

就EPC工程总承包项目的招标文件而言，因项目性质及咨询公司的设计理念不同，规定的设备及材料标准也会存在差异，如英国标准、德国标准、美国标准和日本标准等。如果在投标时设计人员经验不足，不熟悉各种标准，或因对招标文件理解产生偏差而直接根据经

验采用常用标准或国内标准进行设计，常常在实施过程中会因标准不一致而被工程师拒绝接收，这是设计变更发生的主要原因，常会引起采购成本的显著增加。

2. 设计工程量的缺漏因素

一般工程建设项目的投标时间较短，设计人员对招标文件及现场情况了解不深入，各专业之间缺乏有效的沟通，容易造成设计工程量的缺漏，最终导致项目实施过程中采购成本的增加。

3. 厂家执行标准差异因素

如果在EPC工程总承包项目的采购合同中对整个工程采用的技术标准和规范都做出了明确规定，包括重要设备的制造标准，那么若承包商从业主指定的厂家采购设备，但该厂家在制造该设备时无法采用项目规定的制造标准，而是采用自己的标准（例如，在EPC工程总承包项目合同中约定的是美国标准，但承包商在业主指定的厂家中选择德国厂家，而德国厂家的制造标准与EPC工程总承包项目合同要求的不一致），则这种标准时常会被业主拒绝认可，这也是EPC工程总承包项目合同形成过程中需要考虑的风险因素。

例如，某地面油田注水工程项目中，业主招标文件采用的是阿吉普（AGIP）标准，对具体的工艺流程、阀门类型及配管等级等都做出了详细的规定，但承包商在项目投标的时候不了解AGIP标准，只根据项目招标文件中的流程图和经验估计进行设计，导致项目实施过程中不仅增加了阀门数量（由15个增加至314个），还提高了等级（由闸阀改为球阀），直接造成几百万美元的额外采购成本。

针对制造标准差异风险，总承包商实施风险应对的要点如下：

①优化内部管理，多了解不同的国际标准，建立主要国际标准库；不断提高承包商设计人员的技术水平，完善标准化设计工作，加强各专业之间的沟通，并提高语言水平。

②实施投标控制，提高抗风险意识，认真审查招标文件，发现问题及时与业主澄清，并聘请相关专家加强设计审核工作。

③争取合理要求，如果确实由于设计经验方面原因报价偏低，可依据合同公平的原则，以重大误解为由向业主发出解释，争取得到一定的经济补偿，但经验方面的原因不能作为项目索赔的依据。

（二）材料、设备价格上涨风险

绝大多数EPC工程总承包项目合同都是固定总价合同，物价上涨是不调价的。而材料、设备的采购从项目投标、中标、合同签订到具体实施，需要经历比较长的时间，其价格受政治和经济等众多因素影响，因此投标时的价格与实际采购价格之间会存在较大的差距。此外，全球金融危机、国际市场需求变动、国际原油价格起伏及国际货币市场汇率波动等，都会对材料、设备的价格造成重大影响，成为承包商面临的主要风险之一。

在合同形成阶段，如果承包商投标时所做的询价工作不够充分，没有准确掌握主要材料和设备的采购地区、采购渠道及市场价格变化趋势等信息，在合同谈判时没有及时修订条款，对价格比较敏感的材料、设备未获得宽松的合同要求，或者供货合同不具有较强的约束力，那么都会造成实际采购价格高于合同报价而产生亏损。

例如，某长距离原油成品油管道 EPC 工程总承包项目中，总承包商在投标预算时，其中一种"热收缩套"的价格为 25.73 美元/套，但在一年后实际采购时该材料价格已经上涨到 36.17 美元/套，平均价格上涨幅度高达 0.16%，从而造成承包商采购成本大幅增加，大大降低了项目的盈利水平。针对材料、设备价格上涨风险，总承包商实施风险应对的要点如下：

①了解工程所在地的经济形势，掌握市场各种物价浮动的趋势，在投标报价时对于某些受市场影响较大的设备和材料价格考虑采取适合的价格上涨系数，确定合理的风险费用。

②在项目主合同签订阶段争取合理的合同条款，尽量包含针对材料和设备价格波动的调价条款；如果合同中已包含了调价条款，承包商应在项目实施过程中积极准备和提供各阶段材料、设备涨价的记录和证据，并严格按照合同要求计算采购变动费用，及时与业主进行沟通和交涉。

③在实际采购过程中调整采购计划，根据市场价格变动趋势和工程计划进度选择合适的进货时间和批量；根据周转资金的有效利用和汇率、利率等情况采用合理的付款方式和付款币种，尽可能减小价格变动对工程总成本和期望效益的影响。

（三）采购货源风险

在工程项目投标中，存在着采购货源导致的风险。采购货源风险成因主要有以下 3 个方面。

① EPC 工程总承包项目招标文件中一般都会附有供货商清单，总承包商需要在清单范围内进行供货商询价。这些供货商对业主来说都是长期供货商，但对于总承包商来说则比较陌生，甚至根本找不到联系方式，更别提获得报价了。在此情况下，只能通过以往供货商进行询价，但在项目实际实施过程中，业主却要求必须使用指定供货商，这常常导致采购价格与投标价格之间存在较大差异。

例如，某地面油田注水 EPC 工程总承包项目中，投标时仪表风撬设备的报价采用以往供货商组装报价，但在实施采购时，业主规定采用指定的供货厂家，仅此一项支出成本就比投标时增加了约 36 万欧元。在整个项目过程中，单单采购货源风险的发生就造成了承包商几百万欧元的损失。

②在 EPC 工程总承包项目中，投标阶段由于技术标准、规范要求很不完善，许多供货商不提供报价，或者报价反馈时间较长，超过投标规定时间，这也是采购货源风险产生的重要原因之一。

③大量的 EPC 工程总承包项目招标使采购市场货源相对稀缺，逐渐倾向于"卖方市场"，在这种情况下供货商对于承包商投标阶段的预询价往往会报价虚高，很可能会使投标价格过高而产生流标的风险。

针对采购货源风险，总承包商实施风险应对的要点如下：

①在投标阶段寻求业主支持，努力获得指定供货商的联系方式以便获得准确的采购报价。在符合招标文件规定的情况下，投标报价时应在当地考虑多家货源，并报请业主同意潜在的供货商选择，尽量不只报一家。如果可能，请求业主取消强制性要求，适当放宽供货商范围。

②对于业主指定的供货商,如果发现其在以往的项目合作中出现过重大事故,或有过供货不良记录,承包商应主动收集信息并及时向业主提出更换请求。

③对于只能从唯一供货商处采购的设备、材料,承包商应尽早与相关设计人员进行沟通并优化设计,减少对该设备、材料的依赖程度,以避免采购实施时受制于供货商。

④对于大宗材料或价格昂贵的设备,承包商应尽量采取招标方式选择供货商。必要时,签订有约束力的供货合同,即如果承包商中标,承诺按报价购买,供货商承诺按报价供应,同时增加违约金数额。

(四)政治风险

政治风险主要是指某些政策的改变,影响项目某一方面的实施。原因可能来源于上层政府在项目所在行业的政策颁布,或者地方政府的换届造成政策不连续等。EPC工程总承包项目政治风险主要有以下3个方面。

①政策不连续风险。EPC工程总承包项目一般施工周期比较长,所以有关政府部门可能对项目的政策有所调整。例如,由于该地区出现工程事故,暂停或停建所有在建项目,从而影响项目的顺利实施,或者银行减少对该行业EPC工程总承包项目的福利政策等。

②法规差异风险。我国幅员辽阔,不同地方的实际情况差异很大,地方政府编制的规范和相关法律存在差异,有着固定经验的承包商可能继续按以前其他地方的经验来继续工作,这对项目的实施可能存在潜在的风险。

③有时采购活动需要在海外进行,若采购地所在国发生政治动乱将会影响采购进度,另外如果采购地所在国政策法规发生变化就可能影响采购程序及货款的支付方式,从而影响交货期。

针对政治风险,总承包商实施风险应对的要点如下:

①在合同形成阶段,对工程所在地情况进行深入调查和分析,与当地的政府部门及工程咨询协会等积极进行沟通,尽早完成相关法律法规内容及应对措施的研究。

②委托工程所在地区的相关行业机构(如会计师事务所、律师事务所、物流公司、清关代理公司等)提供与该工程相关的法律法规与政策规定等,依次制订计划并形成合同。

三、主合同履行阶段的采购风险分析与应对

本阶段从工程项目采购实施开始直至项目结束。主要工作是根据采购合同完善前期设计,编制详细计划,实施采买工作,包括催交、检验、运输及获得相应支付等。

(一)涉及采购工作的设计管理风险分析与应对

采购设计工作的好坏,对采购的质量、成本及进度起着决定性的作用,良好的采购设计管理则是顺利实施后续具体采购工作的前提,如果出现差错将会造成巨大的损失。通常采购设计风险来源于以下3个方面。

①总承包商设计人员对合同文件的理解与业主的设计理念可能存在差异,这种差异会延长设计文件编制、业主审核和最终批准的时间,特别是如果该采购设计处于整个项目的关键路径之上,会严重影响后续的采购乃至施工活动,对项目工期和成本造成大范围影响。

②在设计时,采购的货物标准过高或者设计余量过大,都有可能导致实际采购价格远远高于概算和预算价格,形成较大的风险。

③业主要求变化或者前期设计错误而造成的重大设计变更,同样会引起整个采购计划变更,并使采购成本大幅增加。

针对涉及采购工作的设计管理风险,总承包商实施风险应对的要点如下:

①在采购设计中,承包商应认真审查合同要求,正确理解业主意图,避免文件不合格造成的反复修改。另外,要积极与业主进行沟通,争取缩短业主审批设计文件的时间。

②优化采购设计组织,规范设计人员行为,不得随意提高设计标准和增加设计内容,加强设计审核工作,在设备、材料采购招标评审过程中,由两步评标法(先评技术标,再对技术标合格的厂家进行商务标的评价;在技术合格、重要商务条件满足要求的前提下,根据最终评议核算价格高低确定中标人)代替以前的综合评审法,避免综合评审法中选择高标准厂家造成的采购价格过高。

③对于重大设计变更,应事先向业主提出澄清或者向业主声明,得到业主批复后再进行详细设计工作,并及时保留与索赔相关的依据。

(二)供货商供货风险分析与应对

就 EPC 工程总承包项目而言,设备、材料规格品种繁多,供货商来源复杂、数量众多,且供货周期普遍较长,在这个过程中出现供货风险的概率较高,且风险危害较大,会对采购环节,甚至整个项目的工期、成本及承包商信誉造成巨大影响。供货商供货风险主要包括供货不及时、供货质量缺陷、出厂检验未检出的瑕疵、不能及时提供备件、故意抬高备件供应价格、现场技术服务不全面、售后服务不及时及交货资料未满足业主要求等。

例如,在某项目中,承包商从国外供货商处采购一批阀门,在到达施工现场进行打压试验时出现了泄漏,设备根本无法安装使用,所有阀门只能返厂修理或者丢弃重新订货,大大增加了采购费用,也严重影响了整个项目的工期。

针对供货商供货风险,总承包商实施风险应对的要点如下:

①对于由业主指定供货商造成的采购延误及成本增加等事件,要就可能发生的后果及时与业主进行沟通协调,争取得到妥善处理。

②对于从未合作过的供货商,承包商要加强对其资金、信誉和供货能力方面的调查了解,以防上当受骗。

③与供货商签订完善的供货合同以制约其行为。例如,在支付、违约、质量检验和索赔争议等条款中详细列明双方的责任义务,并要求供货商提供质保金。同时在项目实施过程中承包商也要注意及时做好索赔准备工作。

④加强督办、驻厂监造、第三方检验及运输管理等工作,杜绝不合格设备、材料到达现场。

⑤对于在其他项目中出现过供货事故或者存在其他不良记录的供货商,要将其加入黑名单,在以后的项目中不与其合作。

(三)外汇交易风险分析与应对

在国际EPC工程总承包项目中,业主支付币种与承包商进口材料、设备支付币种相同,则不存在此项风险。如果业主支付币种与承包商进口材料、设备支付币种不一致,当汇率变动时实际采购成本则有发生变化的可能性。

例如,哈萨克斯坦某工程项目中,由于哈萨克斯坦国家银行在2009年2月宣布美元对哈萨克斯坦法定货币坚戈的兑换基准价从1:120调整为1:150,坚戈贬值25%。而该项目中承包商与业主签订的主合同的支付币种为坚戈,与供货商签订的国外进口材料、设备合同的支付币种为美元,这样在外汇交易中承包商蒙受了本不该有的重大损失。

针对外汇交易风险,总承包商实施风险应对的要点如下:

①在可能的条件下,根据实际需要的外币种类和数量,要求业主以多种货币组合的方式进行支付,尽可能减少采购支付币种与业主支付币种的不一致。如果能够以业主支付币种作为采购计价结算币种,则可完全消除该类外汇风险。

②通过变更采购地降低汇率变动影响,即如果项目所在国货币发生贬值,则承包商要尽可能从当地采购材料、设备,反之应尽可能从项目所在国国外采购,以降低运输风险和成本。

③与业主商议,将汇率波动可能造成的额外损失通过合理调整方式纳入主合同当中来减小双方的外汇交易风险。

④选择适合的外汇交易方式,如远期外汇交易、外币期权交易等。

(四)物流运输风险分析与应对

物流运输是EPC工程总承包项目采购过程受外部环境影响最大的环节之一,也是极易产生风险的阶段,特别是在国际工程当中。总承包商需要选择不同的物流交货方式,以最为经济的方式保证物资顺利到达现场。例如,在国际工程当中,由于对工程所在国当地的法律法规、进出口流程、港口选择等调研不深入,或者选择的代理公司经验及实力不够,或者运输设计方案不佳,通常会遇到以下的问题:通关时间过长,造成设备、材料滞港无法及时运抵施工现场,进而影响整个工程项目的进度;运输方式、运输路线及运输周期等方面出现问题,进而导致设备、材料损坏。

针对物流运输风险,总承包商实施风险应对的要点如下:

①加强前期调研,充分了解当地相关法律法规及进出口操作流程,在项目正式启动前争取完成公司相关机构注册(如果项目所在地区需要)。

②派遣有经验的业务人员考察、熟悉项目所在地区的法律法规,同时雇佣具有经验和实力的专业代理公司,解决包括运输代理和清关代理等在内的物流运输问题。

③总承包商要根据各种物流模式的特点和优劣势,与代理公司共同制定合理、高效的物流运输方案,并在项目实施过程中与代理公司保持联系。

通过上述对构成 EPC 工程总承包项目采购生命周期的主合同形成和主合同履行两个阶段主要风险的分析，做到相应的注意事项和实施风险应对的要点，也并不意味着可以完全防范采购风险，只能在一定程度上使风险减弱或得到回避。对于 EPC 工程总承包商来讲，深化风险意识，加强风险预控，建立完善的风险管控体系，积累经验，不断提升判断力，减少采购风险，才是真正提升自身风险管控水平的重中之重。

第四节　施工阶段风险管控

一、施工阶段风险管控的意义

施工阶段是 EPC 工程总承包项目最为关键的阶段之一，是由设计图——建筑的半产品向实物成品转化的过程。在此阶段，总承包商将大量的财力、人力和物力投入其中，施工阶段能否顺利实施将会影响整个 EPC 工程总承包项目的完成与获利情况。

施工阶段是 EPC 工程总承包项目最复杂、最容易出现问题的阶段之一，现场参建单位众多，交叉作业复杂，施工机械集中，这也意味着施工阶段无论是技术风险还是安全风险都很大，是工程项目建设过程的风险频发时期，采取合理有效的手段对施工阶段的风险进行管控，将对 EPC 工程总承包项目的整个实施过程起到非常重要的作用。对于总承包商而言，在施工过程中，除应注意突发的不可预见风险、不能合理解释的相关数据核实风险外，还需要特别注意意外事件引起的设备损坏和人员伤亡风险。

二、施工阶段风险分析

施工阶段是将设计蓝图变为现实的过程，EPC 工程总承包项目在施工过程中存在许多不确定因素和风险，可能影响其进度、质量、成本和安全目标的实现，其风险主要体现在以下几个方面。

（一）分包风险

EPC 工程总承包合同一般都约定使用项目所在地的企业负责一部分工程，实践中有可能当地施工分包商的实力不强，施工队伍人员素质、组织管理、协调配合无法满足 EPC 工程总承包项目施工的实际需要，影响到施工的进度、质量和安全，总承包商将面临进度、质量和安全的风险。

（二）不可预见风险

由于社会与自然环境因素，如社会动荡及地质条件、气候条件的变化，总承包商将遭受进度和成本的损失风险。

(三)数据偏差风险

在施工阶段随着风险监控的进行,会发现一些检测的数据与预期数据发生偏离,这种偏离又不能得到合理的解释。这种不能合理解释的相关数据核实风险应引起总承包商的高度重视。

(四)沟通风险

业主及相关部门的沟通协调方面常常存在思维方式和沟通方式的差异,业主与总承包商经常在施工方案、项目验收、试车等具体问题上出现"扯皮"现象,如果处理不当,将导致已完成工程结算款迟迟无法取得,造成总承包商在实施过程中困难重重,面临业主拖欠款的风险。

(五)边界风险

由于EPC工程总承包合同约定的项目边界模糊,或业主临时进行变更等,施工阶段的工程量会发生较大变化,造成工期拖后,导致工程项目成本增加,总承包商将面临工期、成本风险。

(六)HSE风险

现代社会与法律对HSE和环境保护的要求很高,一旦在施工过程中出现问题,处理不好,不但要停工整顿,而且还可能成为社会问题,总承包商将面临社会风险。这一时期尤其需要注意意外事件引起的设备损坏和人员伤亡的安全风险。

三、施工阶段风险应对要点

针对上述风险,总承包商在施工阶段实施风险应对的要点如下。

①严格审查项目所在地区企业的资质和能力,要与业主协商可以选取的施工单位,如果有证据证明项目所在地区的施工分包单位无法按EPC工程总承包项目要求完成施工任务,应尽快与其终止合同关系,由其他施工单位接替承揽该项施工工程,绝不能犹豫拖延。

②提前做好不可预见风险的防范工作,严格落实风险防范计划,做好应急物资储备和应急人员的安排。与此同时,在施工阶段总承包商要随时做好不可预见风险发生的索赔和理赔前期准备工作,事件发生时应及时收集有关材料。

③认真执行风险监控计划,严格按照监控流程进行,对于跟踪监控的风险因素,一旦出现不能解释的相关数据,应及时组织有关人员进行分析,查找原因并及时采取应对措施。

④加强与业主的沟通和协调,对于在施工过程中出现的问题,应积极采取各种措施,尽快与业主沟通和协调加以解决,尽量使双方达成一致意见,并对确认的意见做好会议纪要,按照纪要做好工程调整工作,保证工程顺利进行,推动已完工程结算工作的顺利进行。

⑤对于项目边界模糊或业主临时变更造成的工期拖后、成本增加的风险,总承包商应以

合同为依据，遵从惯例，争取做好双边关于项目的边界谈判工作，在谈判中要釐清事实，争取双方达成一致认识；同时，对于工程变更，总承包商应执行业主指令，并要做好签证环节的工作，积极向业主提出索赔，避免工期和成本风险。

⑥总承包商要高度重视 HSE 风险管控工作，采取有效监控手段，促进各施工分包商做好危险源、环境因素的识别和评价工作，编制 HSE 风险管控系统计划，对 HSE 风险进行动态管理。平时要注意危险源与环境因素是否发生了变化，如有变化，项目 HSE 经理应及时修改相应的职业健康安全危险源清单和环境因素清单，并制定相应的应急措施。

第五节　试车阶段风险管控

一、试车阶段风险管控的意义

试车阶段是对整个 EPC 工程总承包项目设计、采购、施工和管理工作的综合验收，也是对工程项目质量的最终检验。对于某些项目（如化工、石油加工等行业的 EPC 工程总承包项目）而言，试车阶段往往也是安全事故高发阶段。同时，试车阶段也是对调试人员和操作人员技术的一个最终检验，直接决定着项目是否达到安全、环保、可靠和高效的标准，是否能向业主提供一个符合要求、合格的项目。因此，试车阶段风险管控具有重大意义。

二、试车阶段风险分析

在 EPC 工程总承包项目实践中，人们往往对试车风险认识不足，进而引发安全事故，小到"跑、冒、滴、漏"影响试车的进度，大到发生火灾、爆炸甚至人员伤亡等一系列重大问题。因此，总承包商应高度重视试车风险。试车阶段总承包商一般将面临以下几个方面风险。

（一）设备与系统风险

设备与系统是项目运行和调试的主体，一旦设备与系统出现问题，将造成试车延误，还有可能对环境产生影响，以及对试车人员的人身安全造成威胁。

（二）人员风险

工程师在试车阶段主要负责试车计划制订、目标确定、对在试车中出现的问题进行解决和对操作人员进行指导，具体操作还需要由操作人员来实施。由于操作人员知识、经验和背景的不同，往往出现野蛮操作、违规操作，从而导致风险事件发生。

(三)程序和规定的风险

试车各个阶段的计划和操作程序是依据设计资料、试车工程师的经验和国外类似的操作来编写的,但由于项目的复杂性和试车阶段的多变性,很难提前制定出完备的操作程序。在调试阶段很可能发现设计、施工和安装过程中出现的一些问题,需要对设备和工艺进行改造,那么原有程序与实际情况就可能存在不匹配,使操作人员在调试过程中面临没有适当程序使用的困境,极易发生风险事件。

(四)物料风险

物料风险一般包括以下两个方面:一是在试车阶段所产生的废料的影响,试车阶段所产生的一些废料可能是有毒、有害气体等,存在对环境、人体损害的风险;二是在试车阶段需要使用电动设备,而电能对人体也存在损害风险。当然,除上述风险外,还存在其他风险,需要风险管控者通过风险识别和风险评价的各种手段,明确风险控制的重点对象。

三、试车阶段风险应对要点

对于危险产品生产项目来讲,试车阶段风险控制需要制定科学的制度,包括以下几个方面。

(一)上锁挂牌制度

对于化工、石油等高危工程项目而言,上锁挂牌是为控制危险能源风险而建立的最低操作要求。上锁挂牌制度不仅是为了保护个人的安全,同时也是为了防止危险物质泄漏和保护环境。为了防止上锁挂牌误操作,应要求所有上锁挂牌操作人员都经过公司的安全培训,并得到公司安全部门的授权;所有锁具和标牌必须符合公司的统一规定等。

(二)动火作业控制制度

在试车阶段,可能遇到各种设备或管道的损坏,需要涉及动火作业,如焊接、电动打磨等,为此必须防止在此过程中发生意外火灾,甚至爆炸。因此,对于动火作业必须做出规定,如建立动火许可制度、动火作业流程和现场巡视制度等。

(三)操作人员标准操作制度

由于调试阶段的特殊性,其主要目标是确保设备的正常运行,发现施工、设备安装过程中存在的缺陷,从而做出改进。即使是有经验的工程师也不可能事先做出标准的操作程序,因此调试阶段的操作程序应分为临时性操作程序和标准化操作程序两种。标准化操作程序是由临时性操作程序修改变化而来的。标准化操作程序应包括文件控制编码、开车步骤、关键点、应急程序和操作人员职责等。

（四）个人防护控制制度

试车阶段个人防护控制措施包括佩戴安全帽，以及穿戴安全服、安全工作鞋和手套等。风险管控者应根据不同的工作内容设计不同的个人防护设备防护性能，有针对性地满足个人防护要求。

（五）受限空间进入控制制度

在设备调试阶段，受限空间的风险也是十分大的。受限空间有时会导致进入空间人员的窒息伤害，甚至死亡。因此，必须对此进行规定。受限空间进入控制制度包括进入受限空间的人员必须经过公司培训、进入者的身体条件必须符合要求、个人防护准备必须到位、受限空间进入条件必须满足及空间内的通风设施必须符合规定等。

第六节 阶段风险管控实践

一、某储运罐区改造项目投标阶段风险管控案例

（一）案例摘要

本案例从石化行业某储运罐区改造项目投标阶段投标人的角度出发，以点带面地对工程项目投标阶段的风险管理问题进行了初步的研究和探索，为同类项目承包商投标阶段风险管控工作提供了有益的经验。

（二）项目背景

1. 项目基本情况

根据招标文件所述，S公司要求对该公司现有的煤柴油罐组进行总图的优化布置；同时新建2座1万立方米内贸汽油储罐、2座3万立方米外贸汽油储罐、2座3万立方米外贸航煤储罐；新增外贸航煤装船泵2台（备泵变频），新增外贸柴油装船泵1台；新建外贸航煤装船泵房及变频器间；敷设DN400外贸航煤装船线1500 m，敷设DN500外贸柴油装船线7500 m；油品车间操作室DCS移位至现油品车间办公楼，原操作室作为该项目机柜间扩容使用；配套建设储罐工艺管线、给排水、消防、照明、自控、火灾报警等设施。

经过项目所在地实地调研和走访，S公司规划计划部门和工程管理部门有关人员得知：S公司隶属中国石油天然气股份有限公司，位于J市市郊西北部工业区。J市是中国环渤海重要开放城市，地处辽西要塞，东接辽河平原，与盘锦、沈阳接壤，南临渤海辽东湾，西与葫芦岛相连，北与朝阳、阜新相邻，J市是东北地区重要的交通枢纽和进出海口。

S公司是以炼油为主、化工为辅的特色炼油企业，公司汽、煤、柴油产品总量为500万吨/年。成品油外输主要通过3种方式：陆路运输、管道运输、海洋运输。其中，海洋运输

出包括来料加工业务出口和船运至区外东南沿海市场，是S公司成品油产品输出的主要通道。XH公司作为S公司在J港的中转油库，具有举足轻重的地位。S公司生产的成品油通过长输管道输送至XH公司成品油储罐，然后通过J港海运输出。目前，XH公司内外贸柴油共用装船泵及装船线，当内贸船装货时，外贸柴油船将无法装货。XH公司仅有一个1万立方米罐，作为内贸航煤储罐，目前公司没有外贸航煤储罐，亟须增加储罐，提高储罐的储存能力。成品油泵房内现有航煤装船泵两台，XH至J港码头航煤装船线仅有一条，为内贸航煤用，没有外贸航煤装船泵及装船线。为了不影响S公司成品油的生产、销售，该公司亟待提高XH公司成品油的一次备货能力、提高成品油长输泵的输送能力。S公司准备将内外贸油品装船系统分开设置，提高外贸柴油至J港码头的输送能力，缩短装船时间，增加外贸航煤储罐，增加储罐数量及罐容。

2. 投标人简介及其面临的问题

本项目是从W公司的角度出发对相关投标风险管理进行研究。W公司现有员工2000余人，下设5个分公司，该公司的主营业务是工程设计、工程建设、工程项目管理。该公司具有工程设计综合甲级资质、工程总承包一级资质。2017年年产值约50亿元，但因国家政策及多个EPC项目赢利未达预期等，2017年净利润下降至5000万元左右。根据以往类似项目经验，该项目设备及材料采购的投资可能会占到项目总投资的一半以上，而且需要在项目初期就进行比较大的资金投入。同时由于该储运罐区改造项目是在原有罐区功能基础上进行增容扩建，有其复杂性和特殊性，因此需要在投标阶段就对工程本身进行全面的风险分析。W公司目前的经营状况无法承受风险分析和研究不到位或无风险防控对策造成的巨大经济损失。

（三）投标技术与环境方面的风险

1. 地质地基条件风险

本储运罐区改造项目招标人尚无法给出相关设备基础的地勘条件，因而设计上无法准确地给出地基处理方法，这使得该部分的投标价格存在不确定性。

2. 水文气象条件风险

根据调研所得到的水文气象数据，可以准确评估出相关的施工技术措施的费用投入和其对工期的影响，其中气象条件可能会对工程造成一定的影响。

3. 施工条件不具备的风险

通过研究招标文件及现场调研得知，业主提供的施工现场周边环境与人为的障碍情况不明，外贸航煤线及外贸柴油线去J市港口码头有约1千米的"三不管地带"，可能出现施工时手续报批无人管的情况。同时，当地原住居民可能会因工程施工影响其生活而投诉或干扰施工。上述因素会导致W公司不能做好施工前期的相关准备工作。

4. 设计变更或图纸供应风险

该项目为EPC工程总承包项目，设计工作由W公司自行实施，属风险较低项。

5. 技术规范变化风险

本招标文件并未提出技术规范以外的特殊工艺，而且储运罐区改造项目技术规范都是国家统一的，行业标准也是大同小异，对以后工程的验收和结算不会造成太大的影响，风险影响程度和发生概率较低。

6. 施工管理及技术协调风险

侧面了解到，S公司发包人管理工程的方式仍沿用业主方管理的模式，从其近几年对总承包项目的管理调研结果看，S公司相关管理部门对总承包项目管理模式理解得不够充分，经常跨过总承包方对施工分包方直接进行管理，造成总承包方的指令形同虚设，同时也造成工程量确认和结算时出现过"扯皮"的现象，该项目也可能会出现类似的问题。

（四）投标经济方面的风险

1. 招标文件风险

招标文件中只给出了基础设计概算阶段的工程量清单，以固定总价的合同模式进行招标时，工程量清单可能存在不准确的情况，但W公司为同类项目做过前期工作，工程量情况比较明晰。经过调研了解，该项目所处场地为丘陵地区，存在很多不可预见的施工技术措施费用。此外，招标文件中提示工期持续时间较长，跨度为两年多，其间可能因为生产原因造成工程暂停。同时，存在着潜在的经济风险，如分包方的窝工费索赔等。

2. 要素市场价格风险

目前钢材及电缆价格持续走高，而且还有进一步上行的态势，因此存在原材料价格上涨带来的利润空间收窄风险。因近年来国家逐步放开基础设施建设投资控制，对石化类生产企业的投资控制也随之放松，国内大型炼化工程项目日益增加，设备租赁市场和人工价格也逐渐出现了上扬的态势，对于项目赢利空间也有一定程度的挤压。

3. 金融市场风险

该项目属国内项目，汇率的变化对其投标报价影响不大，但部分阀门设备为国外设备，存在一定的汇兑损失风险。

4. 资金、材料、设备供应风险

S公司属中石油下属大中型国企，企业资信良好。该项目无甲供材料或设备，相关材料或设备并无特殊性，市场供应充足，且属W公司自行控制的因素，属风险较低项。

5. 国家政策调整风险

国家对相关工程项目并无利好和利空政策出台，近几年对储运设施改造项目采取扶持的态度，对项目无负面影响，属风险较低项。

（五）投标合同签订和履行方面的风险

1. 存在缺陷、显失公平合同的风险

S公司招标文件的合同条款采用的是中石油系统标准合同文本，该合同文本条款完善齐全、合同结构及措辞细致严谨，该合同条款一般不会存在明显的或致命的漏洞。但专用条款将来在合同签订过程中可能存在责、权、利不对等项，有一定的风险。

2. 发包人资信风险

经过调查，S公司经济状况良好，2017年度的利润大幅上升，实现净利润约7亿元。而且其履约能力强、诚信度高，有能力按合同约定进行工程结算，无拖欠工程款的不良记录，属风险较低项。

3. 分包风险

W 公司长年从事 EPC 工程总承包服务，有多年的分包经验，可以有效控制分包风险，属风险较低项。

4. S 公司管理履约风险

经过调研了解到，S 公司采取 EPC 工程总承包模式尚属于起步阶段，可能出现派驻工地代表的工作效率低、不能及时解决遇到的问题，甚至发出错误指令干扰施工管理的情况，存在一定的风险因素。

（六）投标风险应对

1. 报价策略

该项目要素市场价格风险和采购阶段不可预见风险同时涉及罐区改造板材、管材及电缆的采购价格，目前市场钢材、电缆价格持续走高，据了解 S 公司可研报批时材料价格尚未上涨太多，因此可研费用中材料价格可能会做得相对较低。对于固定总价招标的模式（目前 EPC 工程总承包经常采用的招标模式），招标控制价会受可研投资批复的影响而设置在较低的水平，这样无形中会造成在未来工程建设中因市场材料价格上涨过高而投标人出现亏损的可能。因此，投标时要将投标价格做好细致的核算，在投标报价上将材料价格上涨因素充分考虑进去。同时，也要在报价上考虑目前市场上材料供货周期长或因供不应求出现的到货滞后所带来的未来施工抢工期的资金投入。

施工阶段不可预见风险、地质地基条件风险和施工管理及技术协调风险均是与施工阶段工作相关的风险因素，在投标阶段所要做的就是充分考虑由此产生的不可预见费用的增加对投标报价的影响。

由于该项目采用的是 EPC 固定总价合同模式，在该项目的实施过程中业主方一般不会对合同价格进行调整，但是由于该项目工程量清单不准确，在未来的项目实施过程中可能会大量地出现业主原因的变更，因此在投标报价应对上应该适当提高相应间接费的取费费率，如增加工程量风险费率、物价风险费率等。此外，在合同外可能新增的工程量取费上提高单价报价，该单价报价不会对合同总价产生影响，但是一旦出现业主变更工程量的情况，会产生可观的利润。

2. 合同谈判策略

要仔细研究招标文件中所附的合同范本，提前考虑在未来合同签订过程中有些风险能否减轻、预防或转移。针对要素市场价格风险和采购阶段不可预见风险，在合同条款谈判时尽量争取对原材料和设备的价格变化给出一个合理的调价机制。因为价格上涨对投标人不利，价格下跌对业主方不利，通过合理的调价机制双方能够风险和收益共担。

针对地质地基条件风险，特别是对于储罐基础而言，在投标报价中要经过技术分析和经济分析，充分考虑其风险所带来的成本。同时，因该项目涉及的储罐基础周边位置地质勘探资料不全面（招标文件中已经有说明），在与 S 公司谈判过程中要主动提出需要业主方进行补充地质勘探的要求，同时在决定最终价格之前要在合同协议书的专用合同条款中明确地勘资料不全导致所涉及的相关工程量变化的合同价格是可以调整的，假如 S 公司不同意执行上述办法，则根据投标前的技术、经济评价分析结果，做出风险回避的策略或风险自担的策略，即保持原投标价格不降低（其结果可能是失去该项目）或经过分析认为自身可承受此项风险时继续调低竞标价至可承受的范围。

针对该项目，对于施工管理及技术协调风险，W 公司应该在中标后合同谈判前做好合理的、对自身有利的条款规划和合同谈判策略。力争在合同谈判阶段，有理有据地说服 S 公司修订某些过于苛刻的或者不合理的条件，保证 W 公司应有的权益；力争在修订合同内容时，尽量减少单方面的约束性条款，使合同双方关系比较平衡，从而实现对承包商有利的目标。此外，要注重签约前的合同审查，合同审查主要涉及工程范围、合同价款、支付方式、税收、保险款项、法律条款、争议解决条款等。

同时，还要做好争取添加如果施工中出现不可预见风险而导致承包商的工程造价增加，S 公司应该予以合理补偿的原则条款的前期相关法律、法规和业内通行做法的资料准备工作。

最后，还要做好施工分包合同条款的前期规划，确保能够将上述可能面临的风险合理地转移至未来的分包方，以免出现主合同签订后风险因无法合理转移而被动自留。

3. 重视投标期的市场调查

市场调查是该项目前期的重要基础工作，在投标期主要调查该项目所在地的社会环境、自然环境、经济政治环境等。与此同时，W 公司还应该通过实地考察工程现场，对施工现场的水文、地质、交通等条件进行详细的了解，特别是要重视储罐基础所在区域的勘察，并结合 S 公司提供的招标资料分析该项目技术方案的成熟度等，从而最终确定相应的工程报价。

（七）投标风险案例启示

参与一个项目的投标活动，风险分析和管理在项目投标管理过程中占有十分重要的地位，甚至可能是决定一个项目成败的最关键因素。投标阶段的风险分析一般是从投标过程和投标结果两个方面进行风险的识别、估计、定性分析，以及定量分析，但是投标人更应该重视的是投标过程可能面临的风险及应对策略的制定。同时，要在对风险充分分析的基础上调整投标过程中的报价策略，而不要盲目地追求中标结果，忽视后续项目执行过程中的风险。

二、综合住宅区项目设计阶段风险管控案例

（一）案例摘要

本案例介绍了某总承包商对其承包的某 EPC 综合住宅区项目设计阶段的风险进行识别、评价及应对的经验。

（二）项目背景

某综合住宅区净用地面积为 82 444.95 m^2，总建筑面积为 145 565.12 m^2，其中地上建筑面

积 97 461.52 m²，地下建筑面积 4810.60 m²，项目共建 45 栋高层住宅楼，以及配套建筑物、社区卫生站、社区用房、养老服务用房和公厕等公共设施，可入住 571 户，约 1937 人。EPC 工程总承包商的设计方案需要分包，并通过设计竞标确定，规划设计条件为容积率 3.5，道路红线 45 m，绿线 5 m，限高 60 m。

（三）设计风险识别

项目风险主要是由不确定性造成的，风险产生的主要原因有人的认知能力有限、信息的滞后特征和管理水平受限等。设计风险的分类方法主要有按照风险发生的概率划分、按照风险产生的后果严重程度划分、按照风险发生的原因划分和按照专业划分等。

设计风险有较强的独特性，主要表现在单位时间内风险比较集中和隐蔽、多种风险因素相互关联影响，以及风险会在下一建设阶段中爆发等。因此，其管理是一个比较特殊的领域。

（四）设计风险评价

风险评价是指对风险进行定性分析，并依据风险对项目目标的影响程度，对项目风险进行分级排序的过程。但在实践中，人们希望尽可能地将风险定量化，这种量化包括尽量确定各种结果发生的概率。风险发生的概率和风险对项目目标的影响程度是风险评价的两个关键内容。结合本案例项目，依据设计风险清单，对风险评价的操作过程做如下介绍。

1. 相关政策变化风险评价的操作过程

可以邀请或咨询熟悉这个方面的人员，采用召开会议、访谈或问卷等方式对该类风险进行评价。人员数量可根据工程项目规模大小和复杂程度来确定，多则几十人，少则几人。本案例项目由于复杂程度不高，选择了 3 位专家进行评价。3 位专家认为规划设计条件中的容积率、限高、道路红线是影响设计的首要因素，对项目目标的影响大，相关政策发生变化的概率较小。

2. 设计分包单位风险评价的操作过程

其与专业设置、设计人员、设计费用等风险相互联系。例如，设计单位综合实力强，相关专业人员设计水平也高，设计费用也会比较高。对总承包商来说，选择高质量、高水平的设计单位，对回避设计风险十分重要。但是，应依据所承包项目的具体情况来确定，不一定非要选择综合实力强的设计单位，对于规模小、简单的工程，只要设计单位信誉好、具备相应资质即可。当然对于规模较大、复杂的工程，最好选择实力雄厚的设计单位，但相关专业一定要强。例如，电力工程选择实力强的民用建筑设计院就不合适。

3. 设计人员风险评价的操作过程

对于任何设计单位而言，其设计人员的设计水平也会高低不一，所以设计分包单位具体分派何人设计，对总承包商委托的工程至关重要。虽然设计图除了设计人员把关，还会有校核、审核人员等，甚至审图公司人员把关，但这些人员主要是检查建筑结构是否合适、是否违反有关政策规定及是否违反强制性条文等。对于是否方便施工、是否"碰""漏"、经济指标是否合理等这些比较隐蔽的风险，主要还是依靠设计人员自身的水平来控制。

4. 设计费用风险评价的操作过程

EPC工程总承包商往往会选择费用比较低的设计单位，这样会带来一定的风险。收费低，自然设计深度就会"打折"，施工期间往往会出现较多的问题，带来更多的风险。但也有例外，若正好这家设计分包单位要借助此工程设计树立品牌或创优设计等，则可能设计费用会低一些。但总体来说，选择设计分包单位时，一定要考虑设计分包单位的合理利润，而不是费用越低越好。

为了控制相关联的风险，该项目总承包商选择了5家实力强、信誉好的设计分包单位来参加竞标，在招标文件中，对各专业设计人员的资格和业绩做了详细的要求，并给出了设计费用合理的浮动范围，避免低价中标而影响设计质量。

设计分包单位、专业设置、设计人员和设计费用等风险一般情况下发生的概率属于中等，影响程度也为中等。

5. 设计时间风险评价的操作过程

设计时间风险有两层含义：一层含义是指设计的起始时间，具体而言，即这个时间段设计分包单位是否任务饱满，能否在这个时间段组织"精兵强将"来完成设计任务；另一层含义是指时间的长短，一个工程设计可能需要两个月，加班加点有时一个月也可以完成。时间的长短对设计质量有直接的影响。同一个设计人员设计同一建筑，正常工期定额下设计出的图纸比缩短工期情况下设计出的图纸质量要高，存在的风险也小。通常情况下，设计工期越短，风险越大。

对于本案例项目而言，由于总工期的要求，已经确定了设计的开始时间，因此对设计时间风险的评价，只有设计工期，没有设计的起始时间。根据当地设计市场情况，设计时间风险发生的概率高，影响程度为中等。

6. 突发事件风险评价的操作过程

对于设计行业而言，突发事件风险一般表现为不可抗力造成设计工作无法完成，如发生地震、设计人员伤亡等；对于国际工程而言，还应考虑政治局势紧张的国家爆发战争造成的设计工作无法进行。突发事件风险一般发生的概率较低，但影响程度很大。本项目根据当地实际情况，没有对突发事件风险进行评价。综合上述分析，将该项目风险评价结果汇总。

（五）设计风险应对

项目风险应对是指在整个项目实施过程之中，依据风险评价的结果及项目实际发生的风险和变化所开展的各种控制活动。项目风险控制是建立在项目阶段性、渐进性和可控性基础上的项目风险管控工作。

项目风险控制的依据是项目风险管控计划，项目风险管控计划主要内容包括责任人、应对措施、所需费用和时间等。根据风险评价的结果，本案例项目设计风险管控计划如表6-2所示。

表 6-2 本案例项目设计风险管控计划

序号	风险点	责任人	应对措施	所需时间
1	相关法律、政策、规范	项目部经理	收集相关政策、规范和信息，经常去相关政府部门了解最新动态，咨询专业意见	多
2	设计分包单位	专业人员	通过招标选择信誉好、技术服务好的分包单位，优先选择同期创优工程设计分包单位，实地调研	少
3	专业设置	专业人员	通过招标文件要求分包单位各专业设计能力匹配，本工程专业的设计能力要优良，实地调研	少
4	设计人员	专业人员	通过招标文件要求：设计人员必须具有相关专业的设计资质证书；近期有连续3年以上的设计经历；设计质量口碑好；同期无影响设计进度的考试或其他事件；有同类型工程业绩	中
5	设计费用	项目部经理	符合国家和设计协会的规定，符合当地设计收费的惯例，设计费用应该使设计分包单位有合理的利润	少
6	设计时间	项目部经理	应根据工程的规模和复杂程度、设计人员有无同类型工程设计经验等合理确定设计时间	少

一般情况下，根据风险应对措施来减轻和预防风险，特殊情况下可以转移风险。例如，如果工程设计复杂，采用新技术、新工艺和新材料多，总承包商又缺少具有设计方面管理经验的人员，则可以将这部分风险转移给有关保险公司。

工程设计实施中，经常出现没有控制好的设计风险，表现为设计人员的综合能力不太令人满意、设计图深度不够，以及无法按期完成设计任务。实际上这几个风险相互关联，设计人员的综合能力高，自然设计的速度就快、质量就高，当然设计工期也会相对合理。

（六）设计风险案例启示

通过对本项目设计风险的探讨和分析可知，对于总承包商而言，预控设计风险最好的办法就是安排有设计经验的风险管控者。因为，他们熟悉设计原则和方法，了解项目所在国或地区设计市场及设计人员的综合素质，可以事半功倍地正确选择设计分包单位和设计人员来参加设计竞标，从而避免大部分设计风险。

预控设计风险的另一个好办法是要给设计分包单位一个合理的设计工期。

总承包商应积极与设计分包单位保持有效沟通，要监控设计分包单位设计进度的落实情况，发现问题配合设计分包单位及时解决，齐心协力处理出现的问题，千方百计满足工程建设各阶段、各环节的进度要求，确保工程按期顺利投产运行。

三、隧道工程项目采购阶段风险管控案例

(一)案例摘要

以 G 工程项目为案例,对其采购风险进行识别和评价,从而为 G 工程项目的采购工作提供更加合适、匹配的风险应对措施,并且为其他项目的采购风险管理提供了参考。

(二)项目背景

1. 项目简介

G 工程项目是 Z 集团有限公司承包的隧道工程项目。公司拥有国家建筑工程特级、市政公用工程特级、工程设计及建筑行业甲级、市政设计行业甲级等资质,拥有从投资建设、项目运营维护、风险管理、勘察设计到产业运营投资的完整产业链。

G 工程项目包含某道路隧道工程有关的所有设计、工程施工、物资采购、安装、验收、移交和保修等内容。项目分为隧道工程、道路工程,沿线穿越玉环前山头主要山体,设置双洞小净距隧道一座,在外环西路交叉口处设置箱涵一座,项目全长 1157.693 m。隧道左线长 743 m,隧道右线长 753 m,标准路幅宽度 32～36 m,双向四车道,道路等级为城市主干路,设计速度 40 km/h,为沥青混凝土路面。

在工程材料的采购方面,G 工程项目的承包商应根据设计文件中规定的技术参数和条件、性能要求、使用要求和使用数量组织工程材料的采购,并负责将其交付至现场。在此过程中,承包商应对不符合国家标准的工程材料造成的损失负责。

2. 项目采购团队组织架构及职责

为了保障 G 工程项目的进度和质量,规范化作业流程,提高采购工作的效率和质量,项目设立了较为完备的采购团队组织架构,采购团队的专业化分工为提高采购产品质量和获得项目效益最大化提供了保障。图 6-3 为项目采购团队组织架构。

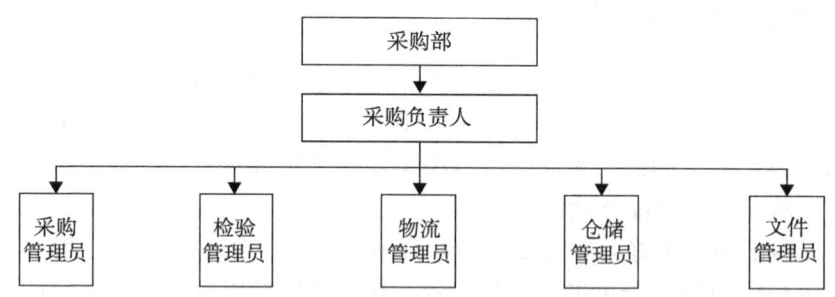

图 6-3 项目采购团队组织架构

采购部门人员职责具体如下。

①采购负责人:负责宣传、贯彻公司采购部门文件,制定采购部门管理规章;负责采购计划的审批;组织采购招标的工作;审批及管理采购合同;审批付款计划;负责与其他部门的沟通协调;负责向上级领导汇报采购工作。

②采购管理员：负责采购计划的实施工作；负责采购资金使用计划编制及计划控制；协助负责采购质量控制工作；协助负责与其他部门的沟通协调。

③检验管理员：负责现场设备和材料的接收、存储、统计、检验验收和具体质量问题；负责分发交付到现场的设备和材料；负责联系供应商进行服务工作。

④仓储管理员：负责材料和设备的运输；负责材料和设备的交接；负责施工现场物资的监督、检查和调拨。

⑤文件管理员：负责采购资料的管理和归档工作；负责采购合同的管理工作。

3. 项目采购特点

对于 G 工程项目而言，其具有以下的采购特点。

①对材料和设备的质量要求高。对于 G 工程项目而言，其是一个纯粹的隧道工程，没有其他与之衔接的分项工程；另外其设计要求及相关的国家标准都比较高，因此除了施工方面的因素之外，其对材料和设备的要求也比较高。

②考虑到公司的影响，在与供应商进行合同谈判时，供应商更容易接受项目提供的付款方式和担保罚款。同时，行业内竞争激烈的状况也会让部分供应商愿意在价格上做出让步，因此可以适当地引入竞争机制。

③物资采购种类繁多。在 G 工程项目中，所需要的材料和设备种类繁多，相应的规格和型号也复杂多样，会给采购工作带来不确定性和复杂性，增加采购难度。

④供应周期不一，采购分散，价格波动大。从 G 工程项目的采购内容及范围可以看出，单体非标准产品较多，所需的物资种类涉及范围很广，这就会导致价格的波动很大。而且采购周期差异也很大，会为物资统计工作、制订施工进度计划及采购进度计划带来一定的困难和挑战。

⑤强调设计与施工工作的配合。在 EPC 工程总承包项目中，采购工作是保障项目施工的基础，而设计工作是采购工作的前提，在此模式下，有机结合、相互配合显得尤为重要，同时 EPC 工程总承包模式提升了施工效率、降低了采购的难度。

（三）项目采购风险识别结果与分析

G 工程项目采购阶段的风险主要体现在组织管理风险、资金成本和合同风险、供应商风险及运输存储风险几个方面。

1. 组织管理风险

（1）相关人员专业程度偏低风险

在采购工作整个过程中，相关人员的专业程度对采购全过程都有着范围很广的影响，不管是计划的编制、采购的实施，还是沟通等方面，专业能力不强都会对采购工作产生消极的影响，增加风险事件发生的可能性。

（2）采购团队组织架构不合理风险

对于 G 工程项目而言，采购团队组织架构的设置存在漏洞，缺少催交部门。催交是指承包商定期或者不定期地对供应商的设计、采购、运输等过程进行动态监督，达到供应商按时完成的目的。催交可以及时发现供应问题，起到一定的监督作用，如果没有催交部门，对供

（3）采购计划风险

在采购过程中，如果采购人员对施工计划和材料使用率没有明确的了解，就会导致采购计划不合理。此外，相关专业人员水平低也会导致这种情况。采购计划编制不当，容易使采购工作与实际的施工状况脱节，影响采购工作进程，从而引发采购风险事件，带来较大的损失。

（4）投标报价不准确风险

EPC工程总承包项目采购合同的投标价格准确性在很大程度上会影响总承包商的利益。在投标的时候，受时间、经验和能力的限制，很容易对信息没有一个非常清晰、系统的认识，或者在计算的时候出现错算、漏算等问题，这样就容易导致对价格没有一个较为清晰和准确的了解，从而使得报价错误，造成成本上升的风险。

2. 资金成本和合同风险

（1）价格波动风险

原材料价格及市场的不稳定性都会造成材料价格的波动，导致不稳定的采购风险。例如，G工程项目钢材需求量较大，那么钢材市场价格的波动必然会导致采购成本的变化，从而导致一定的风险。同时，国内的经济、政治等问题也会导致价格的波动，带来一定的风险。

（2）市场询价不充分风险

在项目单采计划编制的过程中，所填写的价格参考都是采购人员经过市场调查询价所得到的价格，但是实际上这项工作很多时候都没有进行，很多都是计划编制人员参照以往经验随意编写，这就会导致脱离实际价格，起不到参考的作用。

（3）合同条款失误风险

材料和设备的价格、质量、物流、售后服务等都是合同条款中会涉及的内容，承包商在签订合同时，会受到各种因素的限制。因此，很容易造成合同签订失误的问题，如供应商筛选不当、合同条款不合理、条款表达不明确等。合同签订中的错误会影响项目后续的采购，对成本和施工都会造成影响。

3. 供应商风险

（1）供应商围标串标风险

围标是指若干个供应商之间相互约定，共同抬高价格进行投标，并且提前商定好中标单位使其以较低价格中标。串标是指若干个供应商之间经过沟通，指定某个供应商中标，并使其出最低价，中标之后共同分摊利润。在实际的采购招标过程中围标串标的现象都会发生，串标的可能性更大，但无论哪种现象，都会使采购方蒙受重大损失。

（2）单一供应商风险

对于工程项目而言，为了获得较低的材料和设备报价及供货的优先性以降低成本，会采用单一供应商供货方式，但是随之而来的就是一旦供应商出现缺货现象，项目就会发生缺货现象，从而对项目的施工进度造成影响。

（3）供应商信息系统不完善风险

G工程项目所在的工程公司建立的供应商信息系统平台存在更新不及时等问题。而公司要求的是发生采购交易则必须在信息系统中登记，这会使得采购人员在选择供应商时被误导。

（4）与供应商关系不和谐风险

对于供应商而言，在供货的同时，也在追求建立长期合作的战略性可能，如果不能与之建立战略性合作，供应商就会在一定程度上不认真对待供货，甚至不会保质保量地完成供货。但是对于高流动性的工程项目，供应商的频繁变动会导致采购质量的下降及采购价格的不稳定。

（5）供应商服务拖沓风险

售后服务是供应商对自己所供应材料和设备的质量保障，保障在物资出现质量问题时能够快速、有效解决，但是对于这样的服务，供应商往往不会表现出太高热情，如果维修或者更换不及时，对施工的进度和质量会产生负面影响。

4. 运输存储风险

（1）运输物流风险

设备和材料在运输的过程中，如果出现意外、没有合理规划路线、运输方式选择错误等，都会导致物资出现一定程度的损耗，或者导致不能按时送达项目，在这种情况下，就会进一步导致延误工期或者降低工程质量，如驾驶员对路况不熟悉、对路线未了解造成的时间延误，或驾驶员自身原因造成的材料和设备的损坏。

（2）库存过大风险

G工程项目的材料和设备储备会根据设计和施工来进行，但是实际情况较为复杂，特殊作业的受管制情况、特殊的天气限制情况，以及特殊的赶进度情况时有发生，需要现场进行强迫性加班，这就需要现场的仓库保持一种相对的充足状态。但是，在这样的情况下会产生占用储存空间及占用资金的风险。

（3）仓储管理不合理风险

在具体的项目建设中，仓库是由G工程项目自己建设的，因此不会涉及库存费用，所以风险主要表现在仓库不符合某些材料和设备的储存条件要求，对材料和设备造成损耗，影响工程质量。材料和设备类型的不同也会造成不同的储存条件，增加了仓储困难，提升了储存风险。并且，在满足施工进度的同时如果过早到场就会带来占用空间的风险。仓库管理员如果对库存物资管理不当，也会造成现场仓储混乱的风险。

（4）检验验收风险

检验验收风险是指因为检验工作不到位而对项目施工产生影响的风险。如果检验验收工作失误，将缺陷的材料和设备送至施工现场，就会对工程质量造成影响，甚至拖延工期，所造成的后果远远大于检验成本。

（四）采购风险评价

本案例从G工程项目总承包商的角度，结合文献调查法和德尔菲法，通过严格的分析探究和问卷调查，对 G 工程项目采购风险因素进行分析评价研究，按照风险评价指标体系构建原则，对风险因素进行归纳总结、分类分项，建立层次明显、类型明确的评价指标体系。

在本案例中，因为风险因素比较多，所以在构建的过程中会遇到很多困难，必须注重分类总结，根据风险因素的共性来把握各个风险因素。因此，在指标体系构建的时候，要注重采取专家的建议，积极问询专家，对于指标体系构建的合理性需要非常重视。构建指标体系的过程，是一个不断完善的过程，需要不断征求专家的意见，以此来构建出最符合 G 工程项目的风险评价指标体系，经过不断分析、征求意见和完善，最终建立了 G 工程项目采购风险评价指标体系（表 6-3）。

表 6-3　G 工程项目采购风险评价指标体系

一级指标	二级指标
运输存储风险 A1	运输物流风险 B1
	仓储管理不合理风险 B2
	库存过大风险 B3
	检验验收风险 B4
沟通交流风险 A2	与设计部门沟通风险 B5
	与施工部门沟通风险 B6
	与业主沟通风险 B7
	与供应商沟通风险 B8
供应商管理风险 A3	单一供应商风险 B9
	供应商围标串标风险 B1O
	供应商信息系统不完善风险 B11
	供应商服务拖沓风险 B12
	与供应商关系不和谐风险 B13
	供需不匹配风险 B14
资金成本风险 A4	价格波动风险 B15
	拖欠供应商资金风险 B16
	技术变更风险 B17
	市场询价不充分风险 B18
组织管理风险 A5	施工进度变更风险 B19
	设计方案延递风险 B20
	设计方案不合理风险 B21
	采购计划风险 B22
	人员贪腐风险 B23
	相关人员专业程度偏低风险 B24
	采购团队组织架构不合理风险 B25
合同管理风险 A6	投标报价不准确风险 B26
	预付款风险 B27
	合同签订风险 B28
业主风险 A7	延迟支付采购款风险 B29
	减少支付采购款风险 B30
	拒绝验收材料设备风险 B31
	延迟验收材料设备风险 B32

根据过往经验、专家评估及问卷调查等，对 G 工程项目采购风险指标进行层次排序。在整个风险指标中，组织管理风险的影响最大，其中相关人员专业程度偏低风险影响较大，主要是因为无论有怎样的管理策略和采购方式，若项目相关人员的能力素质偏低则都不会有良好的执行力，素质偏低的人员也不能很好地理解相关策略，所以专业人员素质高低至关重要。就相关人员能力素质而言，在实际的工程项目中，缺乏有实际经验而且能力很强的人才。随着社会的发展，越来越少的高素质人才愿意去基层项目工作，导致工程项目中经常出现实习生偏多的现象，不只是采购工作，施工工作中也存在这样的现象，这本身就带来了一些风险。然后就是供应商管理风险，这主要是因为在整个采购过程中，供应商是材料和设备的提供者，所以材料和设备的质量、数量与供应商都有着最直接的关系，这在一定程度上会影响工程的质量和进度。在供应商管理风险的二级指标中，单一供应商风险和供需不匹配风险的权重相近而且较高，这也在一定程度上印证了供应商供货能力的强弱对项目的影响较大。此外，运输存储风险对于 G 工程项目也比较重要，这个过程直接影响到材料和设备的质量与交付时间，间接地会影响到项目的建设和质量。资金成本风险和合同管理风险也需要提出相应的措施来应对。相较于其他的国内 EPC 工程总承包项目，G 工程项目风险因素的最终权重还是有很大区别的，其注重人员组织的管理，侧重对供应商的管理，重视物资的运输存储等，符合 G 工程项目采购工作的特点。

（五）采购风险应对

1. 组织管理风险应对措施

①加强相关人员能力培训。采购部门工作人员的采购业务能力强弱对任何方案的实施及工作的执行都起着举足轻重的作用。G 工程项目物资种类繁多，条件不断更新，因此相关人员的专业能力水平将会决定着在复杂的采购环境中采购工作及制定的相关规定能否顺利实施，也是所提出的改进措施实施的基础。要聘用有相关经验或职称较高的员工担任项目采购负责人；聘请公司内各采购细分专业的专家，对 G 工程项目的采购业务相关人员进行法律法规、业务流程、所属物资制造、价格成本评估等相关专业知识培训；加大采购考核力度，重视项目对采购部门的考核；树立风险意识。

②合理编制采购计划。采购计划对于采购工作而言，具有很强的指导意义，与正常的施工生产紧密相连，因此在采购前应充分掌握各类信息，合理编制采购计划。编制采购计划前采购部门一定要把准备工作做足，把握好采购部门和其他部门的关键衔接点。随时关注项目施工和设计的变化，合理调整采购计划。同时，建议项目建立汇报制度。

2. 资金成本风险和合同管理风险应对措施

①在采购之前要做好充分的调研工作，对当地市场有相对的了解，充分了解所需材料和设备的市场环境，对项目所需物资进行详细的市场调查，对其价格变化趋势、供给量及未来发展趋势做到心中有数，并以此为依据与供应商进行价格谈判，这样就可以降低市场风险所带来的价格波动风险。同时，采购计划也可以据此做出相应的变化，确定更合理的交货期和采购数量，降低采购成本。对于一些材料和设备，可以通过合同定价的方式来避免价格波动的风险。对于原材料比较紧张或者本身就比较紧张的物资，采购部门应该在签订合同的时候

尽量将价格固定，如若不然，在市场供应紧张时供应商就会故意哄抬物价，增加采购成本。当然，与值得信赖、值得合作的供应商应建立长久的战略合作关系，形成长期合作机制，争取得到稳定的、优惠的价格。

②细化全过程采购合同管理。首先，对项目的主体合同要有足够充分的了解，了解各个部分对采购工作的影响，根据现行法律法规，制定工程材料采购标准合同模板。其次，应明确采购合同的细节条款，利用合同管理将项目主合同转让给供应商，以转移项目材料采购的业务风险。将合同文本提交公司内部审计，同时征求外部法律专业机构的意见，做好内部和外部业务风险的综合控制，实现风险规避和转移。最后，对于签订合同后发生的环境、政策和项目的变化，应采用事后补充协议，以改进流程程序和批准工作。

③广泛参与合同管理。对于G工程项目而言，物资采购范围广、种类多、周期不一，对应的情况就会相对比较复杂，所以如果能够全员参与到采购合同管理中，那么将会提升管理质量和效率。

④完善合同审查和管理制度。

3. 供应商管理风险应对措施

①加强对供应商的筛选。在供应商资格预审阶段，要加大审查力度和强度。对供应商的筛选是控制供应商风险的第一步，如果供应商筛选阶段的工作质量很高，那么之后采购工作的很多风险都可以避免。因此，对供应商的筛选应该慎之又慎：加强对供应商履约能力的审查和评价；加强对供应商供货能力的评价；加强对供应商服务质量的评价。

②建立供应商考核体系。建立供应商考核体系是不断优化供应商名单的重要方式，需要G工程项目所在的公司建立和完善供应商评价系统，成立专业评估小组，根据以下因素对供应商进行考核：质量因素、价格因素、交货因素、履约因素、后期服务因素、业绩因素等。最后，将其纳入G工程项目所在公司信息管理系统，进一步提升公司对供应商的管理能力。

③避免单一供应商风险。项目选择单一供应商的采购方式常常是因为与该供应商有着长期的战略合作关系，虽然这种采购模式可以带来低成本、优先供货、技术服务高保障等优点，但是所承担的潜在风险也很大，可以从以下几个方面去规避单一供应商风险：提前对供应商的供货能力与服务质量进行综合审核，选择能力较强的供应商并与之建立良好的合作关系；加强对供应商的资格预审与评审评估；改进供应商引入管理；推动供应商竞争。

④加强与供应商沟通。设立专门与供应商沟通的渠道，对项目的进度、采购计划的安排及供应商当下的供货情况进行及时沟通；积极听取供应商所提出的意见及建议。

4. 运输存储风险应对措施

①严把检验验收关。检验验收是材料和设备交付至项目的一道关键性工序，是材料和设备的归属、责任和风险转移的标志性工作，因此对于此工作要严格把控，降低其风险。具体措施包括：制定检验验收标准；加强检验过程控制；对于不合格的材料和设备进行特殊处理，主要的方式是降低使用级别、修理后使用、返厂换货、索赔拒收等；实行岗位责任制。

②重视物流运输。要对当地的各种物流运输模式及交通状况了如指掌，同时要加强运输和施工之间的沟通，对于需要长途运输的材料和设备，应保持供应商、施工部门、运输之间的三方沟通，计算出最佳送达时间。在与供应商商定时间时，要结合施工进度等要素，共同

制定最佳的运输方案，选择最合适的运输路线。对于昂贵的设备，可以为其购置保险。在选择供应商的时候，可将供应商的运输能力也纳入评价体系，从源头降低风险。

③规范仓储管理。做好物资出入库登记；定期对仓储物资进行质量检查；加强库存物资保管和维护；仓储物资要摆放有序；要保持仓储环境的干净整洁。

（六）采购风险案例启示

采购管理工作在EPC工程总承包项目中起到承上启下的作用，其风险管理尤为重要。EPC工程总承包模式下的采购在EPC工程的不断发展中得到完善，采购的执行也需要在有效预估和规避风险的同时，在遇到实际管理和计划出现偏差时及时识别并积极应对。EPC工程总承包项目采购工作的风险来源于多个方面，在项目刚开始时，要开展全面、有针对性的前期调研，深入了解当地社会、人文、经济环境，识别主要的风险因素，明确关键环节的具体情况，科学合理地分析风险的源头，有针对性地应对现实问题，提升EPC工程总承包项目建设水平。

四、化工工程项目试车阶段风险管控案例

（一）案例摘要

本案例介绍运用"六西格玛"和矩阵原理，对化工工程项目（TCS）试车阶段存在的风险进行识别和评价的详细过程，针对主要风险总承包商采取了有效的风险管控措施，为类似工业项目试车阶段的风险管控提供了有益的经验。

（二）项目背景

三氯硅烷（TCS）项目是某跨国化工企业在国内的投资项目，本项目为EPC工程总承包项目，设计年产三氯硅烷和四氯硅烷300 000 t。总承包商在2010年开始建设，2011年年中完成，2011年下半年进入调试阶段。项目的调试人员主要是来自美国、英国、日本和韩国的工程师，并且他们与部分国内的工程师进行了联合调试。

（三）试车风险分析

TCS项目的试车阶段是对整个设计、计划、实施和管理工作的综合性检验，也是对项目工程质量的最终检验，由于TCS原料和产品的特性，试车阶段也往往是最容易发生事故的阶段，更重要的是试车阶段不仅是对施工质量的检验，也是对调试人员和操作人员、项目对环境影响的最终检验。直接决定着项目是否达到安全、环保、可靠和高效的标准。

TCS项目作为一个崭新的较大的化工项目，具备了一般化工项目所具有的特征，即高温、高压、易燃、易爆、有毒和腐蚀性强等，也正是这些特性使得项目在试车阶段面临着以下几个方面风险。

1. 设备和系统的风险

设备和系统是化工项目运行和调试的主体，也是风险所在。设备和系统的设计、施工是否可靠，将直接决定着试车阶段的风险大小，TCS 工艺基本采用碳钢管道进行物料传输，而作为原料的硅粉、氯化氢和作为产品的三氯硅烷、四氯硅烷均对碳钢材质有腐蚀作用，氯化氢气体一旦遇水形成盐酸将对碳钢产生严重腐蚀，而且氯化氢气体一旦泄漏，必将对人员和周边环境产生危害。因此，对这些物料输送管道的安装和质量要求非常高。项目面临着管道安装质量缺陷风险。

同样，由于现代企业已经实现了自动化控制，TCS 项目采用爱默生自动控制系统，这一系统能够实现四级安全自动控制，即仪表独立控制系统（SIS）、安全停车系统（PSD）、工艺连锁系统（PCS）和工艺报警系统（PAS），这些系统都是保证整个工艺正常运行的手段，如果没有安装到位或功能不具备，那么在试车阶段将导致危害的产生，轻则失去控制、产品不合格，重则发生工艺事故、损坏设备、伤害调试及操作人员等。

工程应急设备是防范设备和系统风险的又一个方面，如消防设备，由于三氯硅烷和四氯硅烷易燃、有毒，TCS 项目在各个设备四周均安装了灭火装置和喷淋装置，在发生紧急情况时，此消防设备可以用来灭火和进行喷淋降温，避免事故进一步发展，如果这些应急设备的质量不合格或不具备相应的功能，则无法对应急事故做出应激反应，进而会导致事故向不可控的方向发展。

2. 人员的风险

虽然整个试车阶段的工作是由具有丰富经验的工程师来执行的，但是操作人员却是整个试车过程的主力军，也是今后商业运行的主力军。他们的能力将直接决定 TCS 项目能否顺利进行及今后日常的运行情况，而且整个试车阶段工程师们主要是负责具体试车计划的制订、试车目标的确定、调试过程中问题的解决，以及操作人员的指导，而具体的操作由操作人员来完成，这样就对操作人员的技术、能力、认知水平和操作经验提出了一定的要求，而操作人员对于这样一个全新的工艺并不完全熟悉，会出现野蛮操作、乱操作等行为，从而导致风险的发生。

试车过程中面临着人员沟通不畅导致的风险。例如，调试计划和方案不能及时下达到操作人员处，操作人员没能及时了解调试方案，导致调试停顿或与计划有偏差；维修人员与操作人员的沟通失误等都会造成严重风险。由于操作人员决定着试车的成功与否，因此对其风险管控就显得十分重要。

3. 程序和规定的风险

由于调试的复杂性和多变性，往往很难对各个过程做出完美的操作程序。

在调试过程中可能随时发现设计和施工中的问题，这就需要对工艺设备做出改造，使操作人员"无所适从"。

对风险认识和评估不到位，对某些特殊的操作缺乏有效的管理程序，如受限空间的操作、工艺区热能动火的操作和动力设备的操作等。由于许多设备的操作标准是由设备供应商制定的，对此承包商往往缺乏足够的审查。

程序和规定在执行过程中也容易产生风险。例如，许多操作人员未按照程序和规定操作；程序和规定标准文件都是经过翻译公司的翻译形成的，可能在理解上存在一定的偏差，这样中文文件存在差错等有可能导致在执行过程中产生风险。

4. 物料的风险

TCS 工艺使用的原料是硅粉和氯化氢气体，产品为三氯化硅和四氯化硅，副产品为一氯化硅、二氯化硅等反应后剩余的硅粉，即废硅。这些物料在一定条件下极易发生燃烧或爆炸，且对人体和环境具有较大的危害，而且这些物料将贯穿于整个工艺过程，因此对这些物料进行风险管控，加强从储存到运输、从原料到废弃物的处理，将会极大地降低物料所带来的危害。

对带电设备进行风险管控，是每一个项目都会进行的工作。因为任何项目都会有电动设备的使用和维护，操作人员或维修人员都会接触带电设备，如果操作大意，将有可能对人员造成伤害（如电动机的检查和维修等）。因此，如何控制在操作和维修中带电设备给人员带来的安全风险，成为试车风险管控需要重视的问题。

（四）试车风险识别

按照"六西格玛"和风险管控矩阵的基本原理，对整个试车阶段进行工作结构分解（WBS）后，对试车的各个阶段进行风险识别和评价并制定出各个阶段各种风险的管理和控制标准，以及风险控制程序。

1.WBS 分解

整个 TCS 项目试车阶段主要分为以下几个小阶段：

①试车前期的现场检查和检验阶段；

②对辅助性系统或公用工程系统的调试阶段；

③对主要工艺的调试阶段；

④对引进化学品后的调试和运行阶段。

对 TCS 项目试车阶段进行 WBS 分解后，根据各个阶段调试方法、侧重点要求、危害程度、危害类别和危害控制方法的不同，将 TCS 项目试车阶段的具体工作程序分为以下几个方面。

①细化工作包：根据以上大任务工作包，通过相关职能部门讨论，制定出细化的各个阶段的子工作包。

②对各个子工作包进行先后顺序编码；由试车工程师和专家根据工艺的先后顺序和各个试车阶段的内在逻辑联系定义各个子工作包的试车顺序。

③试车工程师根据设计要求，对各自工作包调试过程中所要达到的目标进行定义，确保整个工艺系统能够达到设计要求。

2. 试车各阶段的风险识别

各个子工作包分解后，项目主管针对不同的试车工作内容，先将其交由各个专业部门的工程师和项目调试工程师进行各自的预先评价，根据各自不同的专业和经验进行风险识别和评价，同时邀请各个参与调试的职能部门，在调试工程师的领导下，根据"六西格玛"管理方法，听取各个"客户"的要求，对各子工作包的调试目标进行分析，对各子工作包所涉及的设备和物料可能产生的风险进行具体辨识。经过工程师与各职能部门的联合辨识，得出各子工作包与风险因素应对表。

通过对各子工作包所面临的风险进行分析，最终识别出以下风险：①设备管道没有按照设计要求安装和施工的风险；②能量突然释放的风险；③机械能的风险；④化学物料的风险；⑤电能的风险；⑥人员坠落的风险；⑦人员误操作的风险；⑧人员窒息的风险；⑨交叉作业的风险；⑩各个参与试车的职能部门沟通不到位的风险；⑪化学品危害环境的风险。

（五）试车风险评价

通过对试车阶段各个子工作包的分解和风险识别，依据风险后果与频率的联合矩阵方法（该方法包括后果与频率矩阵、风险严重程度列表及批准矩阵），由调试主管部门组织安全部门、各个参与职能部门的代表和调试部门的各个专业工程师进行联合评价，得出各种风险后果的程度与频率的矩阵。

（六）试车风险应对

根据以上对项目试车阶段风险的评价，运用"六西格玛"原理，本案例项目制定了各项严格的风险控制程序。制定各种程序时，充分考虑到这些程序所对应的对象，确保控制程序方法明确、可测量，且目标可以达到。

1. 上锁挂牌程序

上锁挂牌程序是为控制导致危险的能量（如电气、机械、液压、气动和化学等危险能量）而建立的最低的操作要求，挂牌上锁不仅是为了保护个人安全，同时也是为了防止泄漏和保护环境。

为了防止在上锁挂牌过程中的误操作，所有挂锁上牌的操作人员均必须接受公司方面的安全培训，需得到安全部门和调试组的授权，所有锁具和标牌必须按照公司的统一规定；电气上锁必须由授权的电工完成，同时针对某些工作需要多人协助完成，程序设置了个人锁和集体锁，集体锁用于设备的锁定，而个人锁用于集体锁锁箱的控制。

所有锁具和锁箱都要在操作人员的控制下，所有工作的开始都要得到操作人员的确认，即所需要维修或者打开的设备管道已经锁定和挂牌，在工作完成后，所有人员必须通知操作人员工作已经完成，可以解除锁具或者进行下一步工作。

在化学品中，各种机械能和压力释放能的上牌挂锁程序规定，针对不同影响因素，即不同的介质所带来的伤害程度不同，给出不同的程序权重。另外，还应考虑时间因素，工作时间越长，可能出现的不确定因素越多，因而对于时间长短在程序上也给出了不同的权重。

2. 动火作业控制程序

虽然 TCS 项目涉及多项易燃、易爆化学物料，但在试车过程中可能遇到设备或者管道的损坏，而需要涉及动火作业，如焊接、电动打磨等。为了防止在此过程中发生火灾、爆炸，必须进行严格的风险控制。

动火作业许可是试车风险控制的重要程序。本案例规定，在动火作业前需要由安全部门培训和认可的人员作为监火员。动火前，监火员必须到达现场，确保动火前具备规定的外部和内部条件后,动火作业协调人员可以向监火员申请动火作业许可,同时得到 TCS 工艺操作人员的确认,确保动火具备规定的内外部条件。

在具备内外部条件后,由监火员和操作人员联合签署动火作业许可。同时,在动火人员的施工过程中,监火员须遵守公司制定的动火作业程序。而在动火作业完成后,动火作业人员和监火员需要通知操作人员,告知动火作业已经结束。同时,动火作业人员需要确保所有动火设备已经离开危险区,且现场已打扫干净。

3. 操作人员标准操作程序

因为在调试过程中,具体的调试工作主要由操作人员完成,这些操作需要由调试组工程师制定出标准的操作程序。因为调试阶段的主要目的是确保设备的正常运行,找出施工存在的缺陷,并做出改进,所以即使是最好的工程师也很难制定出完整标准的操作程序。因此,在调试阶段可分为临时标准操作和永久标准操作。因为一些作业活动只是在调试阶段临时使用,在调试完成后,将会把某些以后长期使用的临时标准操作程序转变为永久标准操作程序。

一般来讲,标准操作程序的制定在调试前 3 个月开始,由调试工程师编写,然后由调试主管进行核对与审查,最后由项目经理批准,对操作人员进行标准操作程序的培训。对于临时标准操作程序,由于仅针对某项一次性工作,因此对其要求比较简单,只需要明确规定出关键点的描述要求(安全、环境和质量),以及各个操作人员的具体职责。但对于永久标准操作程序而言,则需要从安全、环境、质量、内容及今后长期的文件控制等方面来考量。

除需要对关键点的描述(安全关键点、环境关键点和质量关键点)外,还应包括文件控制编码、执行调试的详细步骤、应急程序、对每一位操作人员的具体操作职责的详细规定等。

4. 个人防护控制程序

在化工项目试车阶段,参与人员不可避免地需要接触到化学品,如对设备的检查、操作或维修等,这就需要通过工程设计尽量降低人员接触化学品的概率。例如,规定设备维修时必须把设备内的化学物料进行清空。因此,对某些特殊的设备设计了专门用于维修的管线,通过这些管线将设备内的化学品吹扫到专门的废料罐等。

由于在试车过程中各种不确定因素的存在,各种风险随时都可能发生,根据化工企业的特性,设计了进入 TCS 工艺区人员的基本个人防护设备,要求其佩戴安全帽、安全眼镜,以及穿戴安全工作鞋、手套和长袖工作服等。

根据 TCS 试车各阶段工作的 WBS 分解和子工作包,定义出需要接触到化学品的操作和维修活动,提示操作人员注意,如首次加三氯硅烷时的槽罐车的连接和卸料、执行维修工作时排放的少量三氯硅烷、在运行过程中对三氯硅烷进行在线取样等。

5. 受限空间进入控制程序

在对 TCS 调试过程中,受限空间风险非常大,因为在调试中一旦设备出现问题,就需要有关人员进入其内部进行检查。这样进入的人员就存在窒息风险。受限空间的定义为空间足够人员进入进行工作,但是没有设计确保人员持续使用的进出口通道。同时,空间内可能含有毒、有害物质,会对人体造成伤害或者窒息。

根据受限空间的定义及其可能带来的危险，本案例项目规定了进入受限空间应具备的条件：进入受限空间人员必须经过公司安全部门的培训并通过考核，具备受限空间发生风险情况下的自救能力；确信进入人员具备良好的身体条件；所有进入人员的个人防护设备已经准备好，且确保所有进入人员具有正确使用及检验这些防护设备的能力；所有进入受限空间内的物料已经完全清理干净，且经过吹扫、置换和水洗，同时设备已经上锁挂牌；所有与该受限空间连接的工艺管道和公用管道已经物理断开，且断开部分已经用盲板等进行密封，以防物料泄漏至受限空间等。

通过对以上进入条件的确认，进入人员可以进入受限空间进行操作、维修和检查。同时，监护人员需要对受限空间持续进行监控，持续监控受限空间内危险气体含量的变化，每15 mim 记录一次，一旦超过进入条件需要立即停止作业，待条件再次具备后方可进入。

6. 安全工作许可程序

在对 TCS 调试过程中，会出现各种现场问题，如设备问题、管道或法兰的泄漏问题、仪表的问题、电气的问题等。因此，需要各个职能部门的配合。为了确保各个职能部门的工作人员进行工作前信息沟通到位，安全部门制定了安全工作许可程序规定，用于某项工作开始前，对各参与此项工作的人员进行具体的沟通，以防止在工作过程中因沟通不到位而发生意外事故。例如，维修人员正在维修，上游人员却在继续某项操作，导致意外事故发生。

职能部门或调试工程师在现场进行某项调试工时必须通报操作人员，得到操作人员的肯定，这也是安全工作许可程序的规定，因为调试出现的任何问题，都应让操作人员知情。

安全作业的确认人需要经过安全部门的培训，且需要通过测试的资深操作人员，因为他们担负着现场各种风险的识别和判定工作，但特殊工作不在此范围内（如动火作业、用电作业、挖掘作业和受限空间作业）。

为了确保参与工作人员的安全和对环境与设备的保护，程序规定了在调试中合格安全作业的确认人为 TCS 的操作班长。同时，操作班长确认后，必须得到调试工程师的联合签署，确保一切控制措施到位，且风险识别和个人保护设备的全面可靠，并规定了具体的条件，如维修人员或者其他职能部门人员或者工程师接到工作要求后，根据工作单所要求的工作内容先到工作现场，在维修人员或者其他职能部门人员到达现场后，由取得安全部门培训证书且被认可的人员作为作业协调人向操作人申请安全作业许可。本案例安全许可规定设立了4条。

在完成以上准备程序后，操作人员核准此项工作，工作才可以进行，同时在此程序中，所有非操作人员在进入现场工作前，必须得到此项许可，包括调试工程师和专家，因为这样可以避免管理上的混乱。工程师在进行调试前得到许可，也意味着和操作人员进行了有效的沟通，不会出现调试人员在现场操作而操作人员却不清楚的情况，从而避免产生风险。

在现场工作过程中，如果有任何条件的改变或者现场意外事故的发生，必须立即停止作业，等待操作人员再次确认后才可继续进行。现场工作完成后，作业协调人员必须再次通知操作班长进行现场再次确认，确保所有维修或改造活动已经安全完成，且符合工作单要求，同时确认每个人员已经安全离开工作区域，且已经打扫干净。如有动火作业，监火员必须继续留守 30 min。操作人员对安全作业许可文件进行收集和归档，以备日后查询使用。

(七)试车风险监控

在执行风险控制程序中,可能存在对程序执行不到位,不能严格按照程序操作的现象,为此必须引入对程序执行的监控机制,要求各个职能部门对于现场程序执行情况进行积极监督和检查。因此,制定了针对各个程序的监控要求,同时对于各个监控要求给予一定的分值,以及识别出一些关键监控点。对执行程序好的给予奖励,而对执行差的给予批评教育、再培训和惩罚,这样就能有效地确保程序得到严格执行,对识别出的风险进行有效的监控。

本项目制定了各程序的监控要求,包括上锁挂牌程序执行监控、动火作业程序执行监控、标准操作程序执行监控、个人防护控制程序执行监控、受限空间进入控制程序执行监控和安全工作许可程序执行监控。

(八)试车风险案例启示

本案例通过试车风险的管理,把很多原来的风险级别大大降低了,将大部分原属于2～4级的风险降低到1级或2级,这样在试车阶段的审批方面,大大减少了流程所消耗的时间,减轻了调试工程师在风险控制上的工作量,更重要的是保证了TCS项目在试车阶段的安全和成功。

通过对TCS试车阶段的风险进行识别分析管理,可知试车阶段存在大量的风险,对试车阶段风险的管理是否到位,不仅关乎设备是否正常运行,能否产出合格产品,而且关系到人的生命是否安全及环境是否得到保护。因此,无论是业主还是总承包商都应引起高度的重视。

TCS试车阶段风险管控实践说明,制定严格的程序是保障试车风险得到控制的重要手段。本案例通过风险识别和评价,制定出严格且切合实际的管理措施程序,有力保障了试车的成功,避免了各种风险的发生。同时,总承包商不仅需要制定严格的程序,而且还要在设计上采取控制措施。工程设计控制必然增加工程项目的成本,所以应在项目筹划时就加以综合考虑,这样才能从根本上达到控制和消除风险的目的。

第七章　EPC 工程总承包项目专项风险管控

在 EPC 工程总承包项目风险管控实践中，总承包商不但要了解项目各个阶段存在的风险状况，也需要对影响某一特定目标的风险给予更多的关注，这就是专项风险管控。专项风险管控是解决影响目标主要矛盾的重要工作，在项目实践中，做好专项风险的识别、评价和控制，可能成为打破项目"瓶颈"的突破口。

第一节　工期风险管控

一、工期风险管控的意义

工期延误是导致项目进度、质量和投资失控，以及项目各方发生纠纷的重要原因。据统计，工程项目在实施过程中存在大量的工期延误现象，尤其是 EPC 工程总承包项目的参与方关系复杂、作业交叉，故承包商面临的工期风险众多，对工期风险的管控成为 EPC 工程总承包项目成败的重要环节。

工期延误不仅会影响到承包商自身利益，而且会影响到工程项目能否按期投入，业主能否及时获得投资回报，因而会引发业主与承包商诸多矛盾，影响双方的经济利益，同时也增加了项目管理的难度，对工程项目的经济效益和社会效益有着不可忽视的影响。

因此，分析工期延误的风险因素，找出其中主要因素，加强 EPC 工程总承包项目工期风险管控，对于承包商和业主来说都具有重要意义。

二、工期风险分担

在 FIDIC 银皮书下，业主往往将项目履行过程中可能会发生的绝大部分工期风险分配给承包商承担。例如，FIDIC 银皮书第 8.6 款"工程进度"规定，除某些原因造成的结果可以修订进度计划外，除非业主另有通知，对可能需要增加的工时、承包商人员、货物的数量，承包商应自行承担风险和费用。如果这些进度修订引起业主的附加费用，业主有权提出工期延误赔偿费。也就是说，大部分工期风险都转移给了承包商，对于大多数工期延误风险，承包商将得不到工期延长的批准，而且由承包商承担工期延误造成的损失。

FIDIC 银皮书与传统承包合同有较大的差异，承包商面临的风险增大。在传统承包合同"竣工时间的延长"条款中，对于承包商有权要求延长工程的竣工时间的条件一般设有 5

款：工程变更；根据有关条款，有权获得延长期的原因；异常不利的气候条件；流行病或政府行为造成可用的人员或货物不可预见的短缺；业主、业主方人员或在现场的其他承包商造成或引起的任何延误、妨碍或阻碍。但 FIDIC 银皮书中"竣工时间延长"条款将传统承包合同中的"异常不利的气候条件"和"流行病或政府行为造成可用的人员或货物不可预见的短缺"内容删除，意味着这两种情况出现时工期风险是要由承包商承担的。

三、工期风险分析

在 EPC 工程总承包模式下工期风险因素有很多，但归纳下来主要有以下几个方面。

（一）总承包商缺乏预见性因素

总承包商对项目可能会影响工期的因素没有充分预见。企业在投标 EPC 工程总承包项目时，往往还是秉承低价中标的策略，却对项目履行过程中可能会影响工期的因素没有进行充分论证，制定的投标文件中的工期远短于实际施工工期。

（二）自身技术和管理水平因素

总承包商自身的技术和管理水平的高低直接影响工期能否顺利执行。如果总承包商技术能力薄弱，缺乏管理人才和经验，或者筹集资金的能力不足，抑或者总承包商和其分包商都具备履行合同的技术、财务、认知和管理能力，但其主观的重视不够等，均可能导致工期延误。

（三）总承包商对外协调能力因素

对外协调能力至关重要。在 EPC 工程总承包项目的履行过程中，总承包商需要与业主、工程所在地政府、供应商、承运商、分包商、保险公司、担保和贷款银行等众多单位发生工作联系，这就需要总承包商具有极高的对外协调能力，能够对工程进度统筹安排。否则，上述任何一个单位的工作迟延均可能导致整个工期的延误。

（四）与设计环节有关的因素

EPC 工程总承包项目设计工作是由总承包商或设计分包商来完成的，在施工过程中出现设计变更是难免的。或是设计人员经验不足，造成设计漏洞，或是设计参数确定不当，或是业主又提出了新的功能要求等，都有可能导致对原有设计进行修改或补充，从而导致工期延误。

（五）与材料供应环节有关的因素

采购材料和设备是 EPC 工程总承包商应尽的责任。工程项目所需要的材料、构件、配件机具和设备等如果不能按时运抵现场，或者运抵现场后发现质量不符合标准要求或数量缺失，对施工进度均会产生影响。

（六）自然条件变化因素

工地地质条件和水文地质条件与勘察设计不符，如出现地质断层、溶洞、地下障碍物、软弱地基，或暴雨、高温及洪水等自然灾害，都会延误施工进度。

（七）政治条件变化因素

项目所在地区政治条件发生变化，如战争和内乱、国有化、征用、没收外资、法律发生变化等，都有可能导致工期延误。

（八）经济环境变化因素

在工程建设期间，如果市场经济发生变化，如汇率浮动、通货膨胀等，影响到项目资金的周转，则会对工期产生影响。

（九）道德因素

道德因素是指与人的品德有关的无形因素，即个人不诚实、不守信导致工程项目风险事件发生，以致影响工程进度。例如，业主不守信，不按照合同规定支付工程款或拖延付款，或者分包商为达到某种目的故意违约等，均会引起工期延误。

四、工期风险应对要点

（一）投标阶段工期风险应对

在项目承接之前，应对项目所在地的政治环境、社会环境、自然环境、法律环境、业主的资金来源及可靠程度进行充分的调查研究，尤其是要对项目的施工工程量、成本、工程技术难度反复研究，只有在此基础上，才能对工期有正确的判断。同时，应认真研究招标文件的条款，确定合理的投标报价并制定相应的投标文件。

以我国某公司承建的某高速公路A、C标段项目为例，由于在投标时，对当地业主提供的项目功能说明书、地质情况等均没有进行充分的调查研究，合同执行中实际工程量与投标工程量出现较大偏差。同时，存在大量索赔项，工程投入大大超过原计划，导致工期延误，最终不得不终止履行合同，引发业主主张的巨额赔偿及罚款。

（二）设计阶段工期风险应对

加强与业主的沟通，对外要明确设计内容的深度，对内要责任到人。应加强设计专业之间输入输出条件，设计和厂家之间的资料管理及设计进度管理工作。让经验丰富的设计人员参加设计或审图，并且专业要配套，安排他们对施工图进行专业自审和会审，可以最大限度地解决设计中的"错、漏、碰、缺"问题。

（三）采购阶段工期风险应对

对于与材料供应环节有关的风险，承包商可以采取以下几个方面措施。

①及时制订采购计划；严格对供货商的选择，对于从未合作过的供货商，承包商要加强对其资金、信誉和供货能力等方面的调查，以防风险发生。

②与供货商签订完善的供货合同，以制约其行为。

③加强督办、驻厂监造、第三方检验及运输管理等工作，杜绝不合格设备和材料到达现场等。

（四）实施阶段工期风险应对

项目实施阶段，在确保工程质量的前提下，总承包商应协调好勘察、设计、采购和施工等各个方面主体的关系，确保互相配合，工程衔接顺利，加快施工进度，缩短工期。

以我国某轻轨公司承建的某轻轨工程项目为例，项目最终严重亏损，原因之一就是承包商没有处理好与业主、分包商之间的关系，其自身的管理水平有限，所以面对业主拆迁进度缓慢、分包商消极怠工造成工期延误时束手无策。

（五）业主导致工期风险应对

一旦发生业主原因导致的工期延误，应积极地按照合同约定进行索赔。国内的企业往往对索赔缺乏足够的认识，项目开始时不重视，等到发现不能得到应得的赔偿时，才匆忙研究如何索赔，却往往要么索赔时限已过，要么证据材料不足，通常很难索赔成功。

（六）竣工验收工期风险应对

在项目竣工验收阶段，总承包商应及时做好相关人员的培训、试车和维修工作，并进行工程竣工验收、结算、移交的协调工作等，确保如期验收合格，在竣工验收、试车阶段不发生工期延误。

在 EPC 工程总承包模式下影响工期的原因有很多，这就需要总承包商对可能影响工期的因素在承建项目前有充分的预见和认识，并通过有效的风险管控措施对工期风险予以防范。

第二节 费用风险管控

一、费用风险管控的意义

费用风险管控是指总承包商对项目实施过程中所产生的影响费用的潜在因素进行辨识和评价，并实施有效控制的过程。费用风险管控的目的是消除或降低实际成本与预计成本之间的偏差，把工程项目费用控制在预计的成本范围之中，从而保证总承包商不亏本，赢得应有的利润。有效实施费用风险管控对承包商的生存和发展具有重要的意义。

（一）费用风险管控是总承包商增加利润的有效途径

EPC工程总承包合同更接近于固定总价合同，EPC工程总承包模式所适用的工程一般规模较大、工期较长，且具有相当的技术复杂性。在EPC工程总承包模式下，业主允许承包商因费用变化而调价的情况是不多见的，总承包企业的利润等于收入减成本。在行业收入相对稳定的情况下，能够有效地降低或控制成本就能够增加或保证利润。

（二）费用风险管控是抵抗项目重大压力的有效保障

项目执行过程中存在众多影响费用的风险因素，如设备材料价格上涨、人工费上涨、租赁费上涨等，通过对众多费用可控风险的管理，消除或降低一些风险可能造成的成本损失，留有一定的费用空间来减小那些不可避免、不可挽回的事件给项目成本造成的压力。

（三）费用风险管控是项目成功的基础

工程项目可变性强，容易受到外界客观环境的影响，当地税收政策、外币政策变化，与当地经济发展关联性改变，征地拆迁中的不可预测事件，以及设计变更等都会使项目成本脱离计划或预算，这就要求总承包商随时关注外界情况的变化对成本的动态影响，因此对费用风险进行识别、评价和控制尤为重要。

二、费用风险分担

与传统承包模式相比，EPC工程总承包项目中承包商面临的费用风险更大。FIDIC银皮书中"不可预见的困难"最为典型，该款做出如下规定："除合同另有说明外：①承包商应被认为已取得了对工程可能产生影响或作用的有关风险、意外和其他情况的全部必要资料；②通过签署合同，承包商接受对预见到的为顺利完成工程的所有困难和费用的全部职责；③合同价格对任何未预见到的困难和费用不应考虑予以调整"，这也就是说，除非合同另有约定，否则总承包商在签订合同时应充分预见到可能产生影响或作用的各类因素，即使发生不可预见的困难，合同价格也不予调整。传统承包合同一般规定：如果在一定程度上承包商遇到不可预见的外界条件且遭受延误和（或）导致了费用，承包商可以向业主提出索赔。FIDIC银皮书中的条款与传统承包合同相应条款形成鲜明的对照。

同时，FIDIC银皮书中"因成本改变的调整"规定："当合同价格要根据劳动力、货物以及工程其他投入的成本的升降进行调整时，应按照专用条件的规定进行计算。"而在传统承包合同中对于因劳务和货物成本的涨落，直接就给出了计算调价的公式，这就意味着传统承包合同下对于劳务和货物的价格变化是可以调整的。FIDIC银皮书与传统承包合同不同，FIDIC倾向于EPC工程总承包合同价款不予以调整。

三、费用风险分析

影响费用的风险因素很多，如经济方面的变化（物价上涨、货币相关政策变化、利率上涨）、自然方面的变化（地质风险、水文气象风险等）、社会方面的变化（法律变化、政策变化、动乱、暴动等）、技术方面的变化（设计缺陷、新技术运用、不成熟工艺的运用等）、管理方面的影响（管理人员素质差、管理水平低、管理制度不健全等），这些都会对项目费用构成风险。在这里，仅就技术方面和管理方面对费用风险因素进行分析。

（一）修改设计导致增加费用

设计关系到项目的全局，是项目的龙头，设计质量的高低不但会影响项目的进度，同时也影响着采购和施工的质量和效率。设计不详细或不合理会造成施工时设备安装没有合适的位置。设计出现重大失误或差错，甚至会影响到工程的安全和质量。对原有设计反复修改变更，设计变更后再进行施工，如此反复不但造成施工计划的延误，而且会导致人员成本、现场施工机具等临时租用设备的费用增加。

（二）设备材料采购有误增加费用

如上节工期风险中与材料供应环节有关的因素所述，工程项目所需要的材料、构件、配件机具和设备等如果不能按时运抵现场，或者运抵现场后发现质量不符合标准要求或数量缺失，抑或者运输中出现问题等，不但会对施工进度产生影响，而且也会造成项目费用增加。

（三）施工现场实施遇阻增加费用

遇到恶劣气候停工、发生劳务争端和罢工、劳动生产率降低、提供的现场条件欠缺、施工指令失误、设计临时发生变更及安装设备时发现设备存在缺陷不能使用等，都可能造成施工费用增加。

（四）竣工检验、试车不能按时进行，货物准备不足导致费用增加

承包商准备不充分，未能按照计划进行项目竣工验收或试车，或者业主未能按照承包商发出的通知参与竣工验收、试车等工作，导致时间拖延，也会造成费用的增加。

（五）合同缺乏完备性

合同缺乏完备性体现在：签订的合同缺少法律要求的基本条款；缺少依合同特点必须具备的条款，如知识产权条款、保密条款等；没有充分考虑合同履行中可能发生的问题，合同条款没有从实际出发，充分考虑履行过程中可能发生的各种情况，并事先在合同中做出规定，从而导致处置条款未对某些可能发生的情况进行约定，并因此造成权利和义务的不明确；条款约定不具体，表述没有实际意义或者不具可操作性。合同的不完备性可导致承包商费用的增加。

（六）业主不当履约

业主不当履约一般表现为合同延期和履约瑕疵。履约瑕疵具体有以下几个方面：一是业主对承包商的文件审批不够及时；二是业主因资金紧张或其他原因推迟付款；三是业主不能及时提供相应的技术资料。尽管承包商可以对业主的履约瑕疵进行索赔，但是仍给承包商带来一定的费用管理损失。

（七）承包商协调能力欠缺

工程建设项目设计人员众多，牵扯到方方面面，如建设管理部门、消防部门、贷款银行、联合体单位、专业分包商和设备材料供应商等，承包商协调能力欠缺，相互之间沟通协调不够，则往往会对施工产生影响，导致停工、施工进度缓慢或劳动效率降低等，最终导致费用的增加。

（八）各职能部门配合不够导致费用增加

项目领导对费用风险不重视，或风险控制要求未能落实到各个职能部门，各部门配合不够，甚至对费用风险的控制责任相互推诿，抑或费用风险控制单靠财务部门和技术部门，其他部门并不重视，均可能导致费用的增加。

四、费用风险应对要点

（一）提高设计水平，降低后续成本

设计费一般只相当于建设工程全部费用的 1%～2%，但是这部分费用对工程造价的影响程度可能达到 75%，可见设计环节的重要性。EPC 工程总承包项目的设计工作除总承包商自己承担以外，一般采取外包的形式。为保证高质量的设计方案，总承包商应适当提高设计费用，奖励设计人员。设计过程中在实地考察时应深入了解当地地质情况和气候情况，不能将以往的其他区域经验照搬照抄，以减少设计风险。同时，设计过程中设计人员应听取施工技术人员的意见，召开图纸会审会议，在保证设计安全的情况下，在取得业主和施工技术人员的意见后再进行设计。

（二）与材料、设备供应商建立长期稳定的供求关系

工程中材料、设备成本占比较大，为规避、减少采购环节对采购成本构成的风险，改变企业供应商合同签订零散的情况，应对工程所需大宗材料进行统一采购，加强采购招标投标管理。可与部分材料供应商签订长期供货协议，选择有资信、有能力、服务好的供应商作为询价对象，尽量与材料、设备供应商建立长期稳定的供求关系，相互之间建立良好的信誉，可以有效地减少材料、设备供应环节的费用风险。

（三）选择有经验的项目经理，减少费用风险

招聘经验丰富，善于与施工方、业主方谈判的项目经理或者施工经理，他们对施工现场有一定的经验，可以运用其经验降低安全、质量和进度问题给费用带来的风险。同时要关注管理人员的流失。做过多项工程的项目经理或施工经理一般对于项目的管理较有经验，这类人员的流失会使企业的费用风险加大。

（四）有效控制工程变更及其索赔

对工程变更及索赔进行有效控制是施工阶段费用风险控制的关键。由于当前招标是工程量清单报价方式，分包施工单位往往采取低价中标、索赔盈利的方式承揽工程。所以，应事前把关，严格审核工程变更，特别是严格控制增加投资的变更，减少不必要的工程费用支出，避免费用失控。

（五）合同完备审查

由于EPC工程总承包项目涉及面广，合同履行中不确定性因素多，从而给合同履行带来很大的费用风险。如果合同不够完备，就可能给当事人造成重大损失。因此，必须对合同的完备性进行审查。合同完备性审查首先在于建立合同完备性审查制度，即审查属于该合同的各种文件是否齐全，如发包人提供的技术文件等资料是否与招标文件中规定的相符、合同文件是否能够满足工程需要等。其次，对于合同条款要进行完备性审查（合同完备性审查的重点），即审查合同条款是否齐全，如是否对工程涉及的各方面问题都有规定、合同条款是否存在漏项等。

（六）创建费用风险交流平台

实行标杆管理，总承包商可向同行业或不同行业的单位学习，推进风险管控平台的规范化、制度化；通过资源的有效整合，提高资源共享率；加强各职能部门的沟通联系，及时交流风险信息。目前，多数总承包商还是沿用传统的垂直管理模式，导致企业缺乏部门之间的横向沟通，信息的脱节影响了工作效率，进而影响费用风险的控制。因此，企业应该定期召开相关部门费用风险协调会议，在会议上提出某部门对其他部门的要求及配合工作，互通有无、相互提升，降低因沟通不畅产生的费用风险。

第三节　质量风险管控

一、质量风险管控的意义

（一）EPC工程总承包项目的客观需要

EPC工程总承包项目由于建设周期长，投资巨大，费用高，系统复杂，技术种类繁多，

技术尖端，对于土建和设备安全要求严格，调试工程量大，对技术和管理要求高；同时，EPC工程总承包项目涉及的层次较多，参与单位多，接口复杂，管理难度大，其对人员素质要求也相对较高。基于以上特点，EPC工程总承包商所面临的风险复杂、巨大且突出，质量风险将贯穿于工程的各个阶段之中，具有多元性、严重性和潜伏性的特点，故加强质量风险的管理显得十分重要。

（二）质量风险的交集特性

EPC工程总承包项目质量风险与其他工程风险有很大的"交集"，涉及安全风险、工期风险和成本风险的控制。质量保证是安全的前提，没有物的质量和活动的质量，就失去了安全的基础，更严重的是会给工程项目带来安全风险。质量保证也是进度和成本控制等风险的基础，从项目经济的角度来说，没有质量的进度最终会导致工程项目的工期拖延甚至被拒收，其结果无疑会全部体现在合同成本风险中。因此质量风险管控是纲，加强质量风险管控可以有效地提高整个工程中各种风险管控的效率。

（三）承包商获取利润的基本前提

在EPC工程总承包模式下，总承包商几乎承担着工程项目作业各个阶段中的所有风险，而质量责任风险正是其所承担的众多风险中的一种。工程质量风险管控是保证EPC工程总承包项目按照质量标准顺利完成，为业主提供一个符合质量标准、性能稳定、有安全保证的项目，使业主能按时投入运营生产获取利润的基本前提。否则，质量存在瑕疵、缺陷，甚至安全隐患，将无法获得业主通过。确保工程质量是业主招标的基本条件，EPC工程总承包合同中对工程质量都有明确的规定，质量不达标，承包商将承担全部责任。

（四）减少或免除承包商的合同责任风险

目前，我国工程总承包市场采用的总承包合同，主要采用的是FIDIC编制的EPC工程总承包银皮书、我国制定的《建设项目工程总承包合同（示范文本）》，业主与承包商基于标准合同条款进行适当的调整，形成双方权利与义务的关系。由于承揽的是大型工程总承包项目，按照合同的规定承包商承担着大部分合同条款中的责任。标准合同的相关条款形成的对承包商行为的约束力构成了承包商的责任风险，双方订立总承包合同的目的，是保证总承包商的建设行为能够符合相关规定，使工程质量能够有所保证。一旦因总承包商的行为引发工程质量问题，那么其自然难辞其咎，不仅必须承担返工、修复工程缺陷的责任，还将承担因工程质量问题引发的人身财产损失的全部民事赔偿责任。因此，加强质量风险管控可以减少或免除承包商的合同责任风险。

（五）减少或免除承包商的法律责任风险

质量风险管控除了工程合同所产生的对承包商施工行为的约束力，无论哪个国家的法律对工程建设质量的规定也都是较为严格的，依据法律法规的相关规定，工程质量一旦出现问题，承包商要承担法律责任。许多国家对工程质量都有专门的法律规定，如美国通用的《建筑条例》是美国重要的建筑工程质量法律，德国和日本的《建筑法》，以及我国的《民法典》《建筑法》等都对工程质量的法律责任有明确的规定。一旦发生质量问题，承包商除要承担上述所述的合同责任外，还要承担法律责任。强化质量风险管控可以减少或免除承包商面临的法律责任风险。

综上所述，对工程质量风险进行有效的管理，不但关系到业主的根本利益，而且也涉及承包商的自身利益，故加强 EPC 工程总承包项目质量风险管控意义重大。

二、质量风险分担

FIDIC 银皮书对工程质量风险的分担涉及多项条款，主要体现在以下几个方面。

（一）一般义务的合同规定

FIDIC 银皮书中"承包商的一般义务"，主要是对工程施工时承包商的义务进行了一般性规定："承包商应按照合同设计、实施和完成工程，并修补工程中的任何缺陷。完成后，工程应能满足合同规定的工程预期目的。工程应包括为满足业主要求或合同隐含要求的任何工作，以及（合同虽未提及但）为工程的稳定、完成、安全和有效运行所需的所有工作。承包商应对所有现场作业、所有施工方法和全部工程的完备性、稳定性和安全性承担责任。"

这表明承包商不但要按照合同设计、实施和完成工程，还要承担修补工程中任何缺陷的责任。除了合同中明文规定的内容，FIDIC 银皮书还要求承包商要按照工程所在地的工程质量标准开展施工，否则工程也会被认为质量不达标。

（二）质量保证体系的规定

在 FIDIC 银皮书中"质量保证"中规定："承包商应建立质量保证体系，以证实符合合同要求。"这也就是说，承包商必须在遵守工程质量保证体系下施工，即使承包商遵守质量保证体系，也不应解除合同规定的承包商的任何任务、义务和职责。

（三）对生产设备、材料和工艺质量要求的规定

除对施工质量保证体系规定外，FIDIC 银皮书还对生产设备、材料和工艺做出质量要求。例如，"实施方法"规定："承包商应按以下方法进行生产设备的制造、材料的生产加工，以及工程的所有其他实施作业：①按照合同规定的方法（如果有）；②按照公认的良好惯例，使用恰当、精巧、仔细的方法；③除合同另有规定外，使用适当配备的设施和无危险的材料。"同时，对生产设备、材料和工艺质量检验做出规定。例如，"检验"规定："业主有权在加工、生产和施工期间（在现场和其他合同规定的范围），对材料和工艺进行检查、检验、测量和试验，并对生产设备的制造和材料的加工生产进度进行检查。"此类活动也不解除承包商的任何义务和职责。上述条款使得工程承包商承担的质量责任风险进一步增大。

（四）对质量不合格的处理规定

FIDIC 银皮书也对质量不合格的处理做出规定。例如，"拒收"规定："如果检查、检验、测量或试验结果，发现任何生产设备、材料、设计或工艺有缺陷，或不符合合同要求，业主可通过向承包商发出通知，并说明理由，拒收该生产设备、材料、设计或工艺。承包商应立即修复缺陷，并保证上述被拒收的项目符合合同的规定。如果业主要求对上述生产设备、材料、设计或工艺再次进行试验，这些试验应按相同的条款和条件重新进行。如果此项拒收和再次试验使业主增加了费用，承包商应承担责任。"该款表明承包商必须严格保证工程质量，否则业主有权拒收，从而使承包商承担所有损失。

在国内，这一条款极少被运用，一般来说只需对工程质量加以修复即可，但是在国际工程承包市场这却是极有可能出现的情况，这对外来承包商的施工素质提出了极大的挑战，承包商的工程质量责任风险陡然增加。

（五）竣工后质量缺陷责任的规定

FIDIC 银皮书明确了对于竣工后的缺陷的责任。例如，"修补缺陷的费用"规定了承包商应承担修补缺陷的责任，并承担修补缺陷的所有费用，包括工程的设计缺陷；生产设备、材料或工艺不符合合同要求；由承包商负责的事项产生不当的操作或维修或承包商未能遵守任何其他义务所产生的缺陷等。"未能修补的缺陷"规定："如果上述缺陷或损坏使业主实质上丧失了工程或工程的任何主要部分的整体利益，或其有关不能按原定意图使用的该主要部分，则终止整个合同。业主还应有权，在不损害根据合同或其他规定所具有的任何其他权利的情况下，收回对工程或该部分工程（视情况而定）的全部支出总额，加上融资费用和拆除工程、清理现场，以及将生产设备和材料退还给承包商所支付的费用。"

对比国内的标准合同，虽然对于缺陷责任的处置规定基本相同，即以竣工之日起缺陷责任期内，承包商有义务对工程发生的问题进行修复。而两者不同的是，国外法规一般要求比较严格。以法国为例，其要求承包商自工程竣工起 10 年内均承担工程的修复责任，而我国一般为 2 年。同时，FIDIC 银皮书以及国内标准合同均规定了任何缺陷或损坏修复后或损坏修复后需要重新进行检验的应按照重新检验程序进行重新检验，但 FIDIC 银皮书条款更为严谨，任何缺陷可依据条款"进一步试验"规定，对任何缺陷或损害的修补，可能对工程的性能产生影响，业主可要求重新进行合同提出的任何试验，除由对修补费用负责的一方承担试验的风险和费用外，应按先前试验的适用条款进行。要求重新检验的承包方应在重新检验完成后的 28 天内，通知业主，但是我国的标准合同并未对此进行规定。显然，FIDIC 银皮书对于缺陷的规定更为严格，并且质量责任划分清晰。及时检验、及时处理，这意味着，在 FIDIC 银皮书下工程质量责任较国内来说要更为严格，这不仅有利于工程质量水平的提高，而且还能够有力地推动承包商形成完善的质量管理机制。

三、质量风险分析

在 EPC 工程总承包模式下，承包商所承担的工作范围和风险范围更大。因此，承包商应该更加注重工程的风险管控，尤其是质量风险管控工作。那么，究竟如何做到有效的质量风险管控呢？承包商首先应从识别质量风险因素入手。影响质量的风险因素主要包括以下几个方面。

（一）人为的因素

这里的"人"指的是工程建设者，他们是工程建设的主体。由于建设工程质量问题往往具有隐蔽性，如果项目管理人员缺乏足够的质量意识和管理经验，施工操作人员技能不足或责任心不强，一旦施工团队在建设过程中出现疏忽或失误，都有可能产生质量风险及严重的质量后果，对建筑工程的安全性、耐久性、正常使用和建筑功能等产生重大影响。

（二）工程项目所采用的建筑材料因素

建筑材料的优劣直接影响工程的使用寿命，是保障工程质量的基础。EPC 工程总承包项目的最大特点就是规模大、投资高，故建设采用材料的规格和要求必须严格，否则所采购的建筑材料达不到标准，在工程投入运营之后，出现风险的可能性将会大大提高，造成的损失比一般工程项目更为严重。

（三）施工方法与技术不当因素

对于建筑工程的关键点、难点和有特殊质量要求的部位，以及在特殊施工条件和环境下，如果采用的施工方法不合理或创新性施工技术方案不完善，都可能产生不同程度的质量问题。

（四）施工机具与设备因素

主要是指由于选用的施工机具和生产设备的性能不能满足相关工艺的质量要求，施工中出现设备故障造成的质量缺陷、设备计量不准确影响到工程质量等。

（五）工程项目所在地（或经过地）的地质、地下障碍等自然环境因素

有些工程项目往往处于偏僻地区，其气象条件较为复杂，将各种可能的自然条件，考虑在施工建设管理过程之中，不仅能够保证工程项目各阶段顺利进行，还可以降低工程质量风险发生的概率。

（六）不良施工条件所带来的质量影响因素

施工过程中施工场地狭小、气候条件恶劣、腐蚀性介质侵蚀等对施工质量均会产生影响，若不能采取有效措施加以防范同样会带来相应的质量风险。

（七）工程项目的勘察设计因素

工程项目的设计方案是否科学、适用，直接关系到工程项目的建设难度和施工质量。因此，工程设计都必须经过实地调研和可行性论证。从某种程度上来讲，工程的设计者承担着极大的质量责任风险，成为工程项目质量风险的又一重要影响因素。

（八）工程质量问题引发的环境风险因素

工程质量不合格，往往会造成对环境的影响，如污染等。环境问题是工程施工、使用材料以及设计等方面共同作用导致的，因此可将该类责任风险划为工程质量责任风险的一部分。从理论上来讲，无论是占用土地，还是建筑材料都应充分考虑到节能环保的因素。但是工程采用的新材料和新工艺仍然可能会导致大气、水源以及噪声等污染。因此，破坏环境的责任风险是工程质量责任风险中不可忽视的一部分。

综上所述，由于在工程建设过程隐藏着众多导致质量风险的因素，总承包商在科学地识别这些风险因素之后，应该从不同角度采用有效的质量风险控制手段，以使质量风险引起的损失降到最低。

四、质量风险应对要点

工程质量风险应对措施的制定是在对质量风险进行识别和评估的基础上，按照风险管控计划对各种质量风险进行监控，包括对风险的预测和预警。工程质量风险的应对需要项目部各职能部门与人员的配合，这些部门或人员质量风险控制的主要应对要点如下。

（一）总承包商项目部的工作

①确定工程项目质量风险控制方针、目标和策略；根据相关法律法规和工程合同的约定，明确项目参与各方的质量风险控制职责。

②对项目实施过程中业主方的质量风险进行识别、评估，确定相应的应对策略，制订质量风险控制计划和工作实施办法，明确项目机构各部门质量风险控制职责，落实风险控制的具体责任。

③在工程项目实施期间，对建设工程项目质量风险控制实施动态管理，通过合同约束，对参建单位质量风险管控工作进行督导、检查和考核。

（二）设计管理部门的工作

①在设计阶段，总承包商应做好方案比选工作，选择最优设计方案，有效降低工程项目实施期间和运营期间的质量风险。在设计文件中，明确施工项目质量风险控制的工程措施，并就施工阶段必要的预控措施和注意事项，提出防范质量风险的指导性建议，做好设计与施工的接口管理。

②将施工图审查工作纳入风险管控体系，保证其公正性和独立性，摆脱业主方、设计方

和施工方的干扰，提高设计产品的质量。

③项目开工前，由总承包商组织设计、施工和监理单位进行设计交底，明确存在重大质量风险源的关键部位或工序，提出风险控制要求或工作建议，并对参建方的疑问进行解答、说明。

④工程项目施工过程中，及时处理新发现的不良地质条件等潜在风险因素或风险事件，必要时重新进行验算或变更设计。

（三）施工管理部门的工作

①严格审核施工分包商资质，制订施工阶段质量风险控制计划和工作实施细则，并监督其严格贯彻执行。

②总承包商与施工分包商共同开展与工程质量相关的施工环境、社会环境风险调查，按承包合同约定办理施工质量保险。

③严格进行施工图审查和现场地质核对，结合设计交底及质量风险控制要求，编制高风险分部分项工程专项施工方案，按规定进行论证和审批后方可实施。

④按照现场施工特点和实际需要，对施工人员进行针对性的岗前质量风险教育培训；关键项目的质量管理人员、技术人员及特殊作业人员，必须持证上岗。

（四）设备和材料采购部门的工作

①加强对建筑构件、材料的质量控制，优选构件、材料的合格分包商，对其提供的设备、构件、材料进场进行监督管理和质量复验，以免将不合格的构件和材料用到项目上。

②在项目施工过程中，对质量风险进行实时跟踪监控，预测风险变化趋势，对新发现的风险事件和潜在的风险因素提出预警，并及时进行风险识别和评估，制定相应对策。

（五）监督管理部门的工作

①编制质量风险管控监理实施细则，并贯彻执行。

②组织并参与质量风险源调查与识别、风险分析与评估等工作。

③对施工单位上报的专项方案进行审核，重点审核风险控制对策中的保障措施。

④对施工现场各种资源配置情况、各风险因素发展变化情况进行跟踪检查，尤其是对专项方案中的质量风险防范措施落实情况进行检查确认，发现问题及时处理。

⑤对关键部位、关键工序的施工质量派专人进行旁站监理；对重要的建筑构件和材料进行平行检验。

第四节　HSE 风险管控

一、HSE 风险管控的意义

随着社会的不断进步和法律制度的不断健全，在大型化、复杂化和智能化的工程项目中，对人员、设备、项目安全以及周边环境的保护必须加以高度重视。因此，HSE 管理成为现代工程管理的重要发展趋势，也成为项目风险管控的重要内容。其意义主要体现在以下几个方面。

① EPC 工程总承包模式下的工程建设项目规模大、难度高、建设周期长、参建单位多。在对其进行管理过程中，施工现场工作人员面临的风险更多、更复杂，由安全、环境因素而引发的风险可能性也很高，通过 HSE 风险管控，有利于贯彻落实我国《安全生产法》等相关法律。因此，加强 EPC 工程总承包项目 HSE 风险管控显得尤为重要。

② EPC 工程总承包模式下的工程建设项目具有复杂性、专业性和综合性的特点，特别是石油、化工、核电等工程项目具有设备种类多、专业复杂、危险源多、事故损失大的特点，一旦发生安全事故其影响往往是巨大的。例如，1984 年 12 月，美国联合碳化物公司在印度博帕尔农药厂异氰酸甲酯毒气泄漏事故，有 8000 人死亡（主要是当地居民），50 万人中毒或失明，财产损失达 28 亿美元，是世界工业界事故引发最大惨案之一。要对 HSE 风险进行有效的管理，落实有关法律法规及相关标准，如我国《危险化学品安全管理条例》《危险化学品重大危险源监督管理暂行规定》《危险化学品重大危险源辨识》《建设工程安全生产管理条例》等，对高危行业提高安全管理水平无疑具有极大推动作用。

③ EPC 工程总承包模式下的工程建设项目实施过程中，可能会消耗大量的自然资源和社会资源，对自然、环境的影响较大。如上述所举的石油、化工、核电，以及冶金、建筑、电力、市政等工程项目都会对社会环境资源产生一定的影响，其本身具有高度的公共性，会给人们的生活及社会活动带来不同程度的影响。因此，通过落实《环境保护法》《水污染防治法》《大气污染防治法》《建设项目环境保护管理条例》等法律法规及相关标准，能够对 HSE 风险进行有效的管理，提升企业的社会责任感，从而带动总承包企业健康、持续发展。

④在 EPC 工程总承包模式下总承包商的 HSE 风险管控中，境内项目必须遵循我国颁布的各类环境保护、职业健康和安全生产的法律法规和标准。通过落实和执行我国的《劳动法》《环境管理体系　要求及使用指南》《生产设备安全卫生设计总则》《生产过程安全卫生要求总则》《职业健康安全管理体系》《女职工劳动保护特别规定》等，可以有效地提高施工现场安全环境水平，避免安全事故发生，减少各类职业疾病，为各类作业人员的安全健康提供保证。境外项目应遵循项目所在地的有关法律规定。

二、HSE 风险分担

EPC 工程总承包项目中业主将大部分工程风险转移给了承包商，对于 HSE 风险也不例外。FIDIC 银皮书中涉及 HSE 风险的有关主要条款如下。

（一）"环境保护"

"承包商应采取一切措施，保护（现场内外）环境，限制由其施工作业引起的污染、噪声和其他后果对公众和财产的损害和妨碍。承包商应确保因其活动产生的气体排放、地面排水及排污等不超过业主要求中规定的数值，也不超过适用法律规定的数值。"

（二）"员工的雇佣"

"承包商应安排从当地或其他地方雇佣所有的员工，并负责他们的报酬、住宿、膳食和交通。"

（三）"劳动法"

"承包商应遵守所有适用于承包商人员的相关劳动法律，包括他们的雇用、健康、安全、福利、入境、出境等法律，并应允许他们享有所有合法权利。承包商应要求其雇员遵守所有适用的法律，包括有关工作安全的法律。"

（四）"健康和安全"

"承包商应始终采取合理的预防措施，维护承包商人员的健康和安全。承包商应与当地卫生部门合作，始终确保在现场，以及承包商人员和业主人员的任何驻地，配备医务人员、急救设施、病房及救护车服务，并应对所有必需的福利和卫生要求，以及预防传染病做出适当安排。承包商应在现场指派一名事故预防员，负责维护安全和事故预防工作。该人员应能胜任此项职责，并应有权力发布指示及采取防止事故的保护措施。在工程实施过程中，承包商应提供该人员履行其职责和权利所需要的任何事项。任何事故发生后，承包商应立即将事故详情通报业主。承包商应按业主可能提出的合理要求，保持记录，并写出有关人员健康、安全和福利，以及财产损坏等情况的报告。"

可见，EPC 工程总承包项目在 FIDIC 银皮书下大部分 HSE 风险都由承包商承担，业主仅仅负责业主方面人员因为任何疏忽、故意行为或违反合同规定造成承包商人员的人身伤害、患病、疾病和死亡的责任（见"保障"规定）。

三、HSE 风险分析

不同于传统的承包模式，EPC 工程总承包模式下总承包商肩负设计、采购、施工和试车等全过程工作，统筹协调全过程 HSE 风险分析，可以更加经济地实现 HSE 风险管控目标。

（一）HSE 风险分析依据

1. HSE 管理体系

HSE 管理机构、组织机构、岗位职责、人员数量配备、工作流程、工作方式、日常 HSE 管理体系，以及国际 HSE 相关标准，如 ISO 9000 族标准、ISO14001 环境管理体系、ISO 31000 风险管控体系；我国法律法规的要求（如生产过程安全卫生要求总则、环境管理体系、职业健康安全管理体系、建筑施工安全检查标准、大型工程技术风险控制要点等）。

2. 项目的基本情况及相关管理计划

项目合同文件，项目设计、采购和施工计划，各项实施方案及各项管理方案等内容；参与作业的具体班组人员和机械设备情况等。

3. 类似项目的 HSE 风险管控的有关资料

类似 EPC 项目已经完工的工程档案、以往类似 EPC 项目的 HSE 风险管控计划、HSE 事故案例、HSE 事故经验教训总结，以及对所遇到问题的解决方案等。

（二）常见 HSE 风险构成

由于 EPC 工程总承包模式规模大，工程类别多，技术复杂，工程项目包括所有 HSE 风险，常见风险类别如下。

1. 健康风险因素

一是身体健康风险，如餐饮不卫生、不良环境等因素可能使员工发生疾病或中毒等后果；二是员工心理风险，主要是项目参建人员长期离家在项目所在国施工工地工作，当工作压力大时，可能导致人员的心理疾病。

2. 环境风险因素

①现场自然环境因素。如现场的水文气象影响，可能会导致人员伤亡、机械损坏等不良后果，包括高温环境作业、雨季作业等引起的风险。②现场污染物因素。如施工现场产生的建筑垃圾、污水、噪声等因素对当地土壤、水源、空气造成的污染。③动植物伤害因素。动植物伤害主要是指在施工地区的蚊叮虫咬、植物划伤等环境风险因素，可能对人员产生伤害。

3. 安全风险因素

①人员引起的风险。如项目作业人员安全意识差、不按照规程办事、违规作业、违规操作、打架斗殴等造成的风险事件。②施工机械风险。由于总承包企业或分包企业的施工机械进场验收不到位、防护装备不完善、管理不合规等引发的安全风险。③物料风险。包括现场使用物料质量不符合要求和标准，或使用了危险性较大的物料，从而引发人身伤亡、经济损失等事故。④施工管理风险。如施工管理不到位或违章指挥造成的风险事件。⑤利益相关方风险。利益相关方风险是指利益相关方某些行为对项目安全产生的影响，如业主不配合与支持不够、监理职责履行不到位、分包商违反规定等对项目产生的影响。

四、HSE 风险应对要点

（一）建立 HSE 风险管控体系

HSE 风险管控体系是实现 HSE 管理目标的保证。作为 EPC 工程总承包商，从项目开始启动，项目经理或 HSE 经理就要在相关工程师协助下建立 HSE 风险管控体系，并编制相关管理文件。项目 HSE 风险管控总体系应将项目划分为项目启动、施工前期、物资采购和开车试调四个阶段，每个阶段都有不同的 HSE 风险管控任务，并对应不同的管理重点，针对这些管理重点，制定相应的管理方法和确定管理内容。

1. 项目启动阶段

EPC 工程总承包项目启动阶段主要是进行相关的设计工作，HSE 管理就要侧重于图纸上的安全设计部分的审查，审查设计图是否符合国家有关安全规范标准。设计是工程项目的龙头，设计阶段如引入 HSE 风险管控理念，将对后续阶段 HSE 风险管控起到关键性作用，能够显著改善并减少后续工作中所存在的 HSE 风险源。承包商在设计阶段应要求设计人员或设计分包商贯彻 HSE 风险管控理念，落实总承包商对 HSE 风险管控的总体要求。在项目设计之前，要开展项目 HSE 风险因素的识别、分析和评估。在设计过程中要兼顾后续采购和施工的需要，在最大限度上实现本质安全性，从而大大减少项目后续施工 HSE 风险管控难度，降低 HSE 风险管控成本，提高 HSE 风险管控的效率。如大型设备安装工程可以采用橇装化和模块化设计，从而减少施工现场的工作量，规避相关 HSE 风险。

2. 施工前期阶段

EPC 工程总承包项目施工前期主要是对分包商的招标投标工作，管理重点主要是 HSE 经理参与招标投标过程，对分包商投标文件中的 HSE 部分进行重点审查，对中标单位合同中的 HSE 管理部分提出相关要求，在项目开始就应该将 HSE 管理任务贯彻给分包商。同时，要注意合理划分分包区域。EPC 工程总承包项目应按照功能区域合理划分几个大的施工区域，避免因分包区域划分过多造成管理上的困难，以提高整个 EPC 工程总承包项目的 HSE 管理水平。

3. 物资采购阶段

物资采购是工程建设过程中非常重要的阶段，是连接工程设计与施工的纽带。物资采购的主要风险来自采购市场供需情况、设备制造质量和运输等方面，如物资采购环节出现问题，将影响整个工程的工期。因此，总承包商应对物资采购风险高度重视，依据项目的实际情况和所在国的情况，通过采购风险因素识别和分析，提出采购预防及控制措施。

4. 开车试调阶段

开车试调是风险的高发区，对于试车所用的物料、辅助材料等进行检验，对试车操作规程进一步审核，对操作人员防护工作进行最后的检查，防止试车阶段的 HSE 事故发生。总承包商应与业主共同对现场试车进行 HSE 管理，开车试验也是总承包商对业主 HSE 管理的交接过程。

（二）明确各级 HSE 管理责任

管生产必须管安全。在 EPC 工程总承包模式下，HSE 管理责任必须明确，才能保证管理制度的落实。项目启动后各方人员陆续投入项目建设，特别是在施工阶段参加项目的分包商陆续进驻施工现场，人员及施工工具增加，各方作业交叉进行，现场施工复杂，这一阶段是项目安全管理的关键期，总承包商应按照"一岗双责""管生产必须管安全"的原则实施管理。项目经理作为安全的第一责任人，对整个项目 HSE 管理负责，各专业工程师除本职工作外，必须肩负施工中的安全管理工作，由现场 HSE 管理组对项目各方成员的 HSE 管理实施监督。

总承包商按照项目制定的 HSE 体系管理文件，逐级明确 HSE 管理目标，签订书面的 HSE 管理协议书，将目标落实到每个单位的每个人身上。现场应成立 HSE 管理委员会，一般由总承包商项目部经理和业主方的项目指挥长为组长，总承包商和业主方安全负责人为副组长，其他各分包商项目经理为成员。

每个分包商进场都必须由其项目经理签订 HSE 管理协议书，分包商项目经理作为分包现场安全的第一责任人，全面负责本单位施工的 HSE 管理工作。分包商对总承包商和业主负责，分包商的班组对其项目部负责，施工人员对其班组负责，每级都有明确的安全目标，每位进场人员都必须明确自己的安全责任。由分包商安全员对本单位的 HSE 管理进行监督执行，总承包商对分包商的 HSE 管理进行监督，业主对总承包商的 HSE 管理进行监督，实现各级层层监督落实机制。

（三）建立完善的安全教育培训机制

只有全员的安全意识提高了，大家才能自觉遵守安全操作规程，减少安全违规和习惯违规，促进安全管理的有效执行。建立完善的安全教育培训机制内容如下。

从项目开始建设，凡是进入现场的人员都必须接受进场的安全教育培训。

总承包商由 HSE 经理对进入现场的工程师进行安全教育。访客由现场的 HSE 管理人员进行安全教育，并签订书面访客记录后，方可由总承包商人员全程陪同进入现场。

分包商进场之前，必须按照规定接受总承包商的安全教育培训，待培训合格后，方可进场开始作业。分包商进场之后，由总承包商现场 HSE 管理人员对分包商项目部所有管理人员进行入场安全教育培训，并留存书面的记录，向分包商和施工人员下发"入场告知书"，告之每位入场工人本项目现场安全管理要求和需注意的安全事项等，并由每位工人签字存档。

要求各分包商入场工人必须有三级安全教育记录，每级教育都必须有受教育和被受教育人的签名。施工之前必须有书面的安全技术交底，技术交底必须由其技术负责人进行。

每月由总承包商组织各个分包商项目经理和安全负责人参加定期安全工作会议，主要针对各阶段施工的特点，对危险源防治、事故防范措施、安全技术知识和国家法律法规等内容进行培训教育。通过定期和不定期的培训，提高分包商的安全管理水平，将事故尽可能消灭在萌芽状态之中。

(四)加强各方信息经验交流

建立有效的信息沟通渠道,是 HSE 风险控制的基本条件,总承包商应做到以下几点。

从项目开始起,每周应由总承包商组织召开 HSE 会议,分析一周内安全形势,指出管理中存在的问题和明确下一步安全管理重点内容。每月应由 HSE 管理委员会定期组织召开 HSE 管理会议,由管理委员会组长主持,对每月的 HSE 情况进行分析,部署下一步的安全管理工作。

进入施工高峰期后,信息交流就显得十分重要,故应加紧信息交流频率。由于此时现场土建和安装施工穿插进行,应建立每日交流制度。总承包商和分包商应每天下午下班前召开"碰头会",重点通报施工过程中存在的安全隐患,当场责令分包商解决,决不能把隐患留在第二天。

(五)严格执行现场 HSE 管理制度

总承包商应针对 EPC 项目的特点,在项目前期就建立完善的 HSE 管理制度,内容包括现场分包商的管理、奖惩制度和访客管理等各个方面。有了完善的管理制度就有了依据,不管是对本单位人员还是对分包商或外来访客一律严格执行。

总承包商在分包商进场时应下发各项规章制度,进行安全教育培训,使每个进场分包商从进场就了解项目安全管理规章制度,在现场施工过程中,严格按照规章制度进行管理。对于违规问题,通过现场教育和责令整改等方式解决。对于严重违规行为直接给予分包商项目部责令停止作业、驱离现场、罚款或停工等处罚,并在 HSE 会议上通报批评,以警示其他单位。如有同样类型的行为多次发生,对其项目部加倍经济处罚,并通报其上级单位,多次教育不改者直接列入黑名单,解除其合作关系。同时应注意做好最终状态的整改确认工作。

对于施工现场的特殊作业人员必须持证上岗,分包商的管理人员也必须取得国家相关的专业资格证书,才能负责现场各项管理工作,特别是分包商项目经理和安全员等人员必须取得相关的安全类别资格证书后方可担任分包项目部管理工作。

对某些危险性较大的专项作业,总承包商应安排有相关经验的专业工程师负责,专项作业必须提交专项的施工方案,提交的施工方案必须经过业主、监理和总承包商的专家组进行论证,论证通过后由专业工程师负责监督执行,管理组负责跟踪监督安全措施落实情况。分包商进场后必须按照要求向总承包商提交项目部安全生产方案与应急救援预案,在总承包商 HSE 管理体系的框架内,根据各公司的管理要求建立各自的 HSE 管理规章制度,从而形成分级的 HSE 管理模式。

(六)加大现场 HSE 宣传工作

HSE 的宣传工作,是 HSE 管理的重要环节。总承包商应做到从项目部的办公环境到施工现场的安全宣传标语,从施工现场的标志标识到现场的宣传栏制作等都严格按照项目 HSE 的规定要求统一制作、统一布置。总承包商应为现场所有分包商统一制作安全管理人员袖套等物品,要求分包商安全管理人员必须佩戴,现场安全管理人员必须有明显统一的标识以方便管理。分包商必须按照 HSE 管理要求，对施工现场统一进行宣传，悬挂标语和宣传画，使现场随处可见安全标识，处处都有安全宣传。

第五节　外汇风险管控

一、外汇风险管控概述

（一）外汇风险的含义

外汇风险又称汇率风险，是指一定时期一个经济实体在对外经济活动中，因经济体间的货币不同，由汇率波动而引起其价值浮动的可能性。也就是说，外汇风险是因汇率波动使以外币计价的资产和负债的价值发生变化的可能性。存在汇率波动就会产生外汇风险，外汇风险既可能是损失，也可能是收益。

通常情况下，外汇的决定因素是多方面的，如该国国际收支情况、货币供应量增减、通货膨胀率差异、国家汇率制度、政治事件以及外汇储备高低等长期影响因素；利率水平、资本流动、心理预期、政府干预和投机行为等短期影响因素。由此可见，汇率波动是无法避免的，凡是能够影响货币供求的因素都可能会影响到货币汇率。

（二）外汇风险管控的意义

在国际工程承包项目中，对各种风险的管理一直是参与项目的各方关注的核心问题之一。在承包商面对的众多风险中，外汇风险是普遍且不可回避的风险。随着我国企业境外工程承包项目越来越多，同时承包工程的资金规模不断扩大，承包企业在境外的业务往来更加频繁，随之而来的是工程收益所引起的外汇风险问题。在近些年汇率大幅波动的情况下，对外汇风险的管理和应对就更有其紧迫性和现实意义。

1. 外汇风险影响企业预期收益

汇率变动对国际工程承包商所用产品的出口成本、产品价格、出口销售额以及项目预期收益都有较大的影响。如果对外汇风险不加以重视，有可能严重影响承包企业的预期收益。

例如，2009 年我国某投资公司承包了伊朗高速公路（德黑兰至黑海段一期）工程，该项目以美元计价，预计将于 2011 年完工，该公司财务部对项目的预期收益进行了预测。2011 年 12 月，该投资公司完成项目，由于人民币汇率由当时预测的 1 美元 =6.80 元逐步上升至 2011 年的 1 美元 =6.30 元，假设在实际销售成本和销售费用等不变的情形下，该项目的税前利润减少了 4842.5 万元，比预期降低了 7.4%。由此可见，境外工程承包必须对汇率风险进行分析并加以控制，这对于维护企业自身经济利益，提高经济效益具有十分重要的意义。

2. 外汇风险可能导致企业破产

外汇风险可能对企业造成严重影响，甚至导致企业破产。东南亚金融危机就是一个例证，因国际游资利用相关国家金融体系中的内在不平衡而刻意进行冲击，从泰国开始，各国政府被迫放弃了本币与美元的固定汇率制度，各国货币大幅贬值。原来以固定汇率制度为基础投资于东南亚各国的公司因此受到了严重冲击。如拥有240亿港元总资产的中国香港某投资集团有限公司，就是因为受到本次东南亚金融危机的影响而被迫倒闭。因此，对外汇风险实施有效管理，是关系到企业生存的重大问题。

3. 依据行业特点，必须加强外汇风险控制

我国从事国际工程承包的企业很多缺少相应的生产或施工实体，主要利用自身的融资能力、管理能力和市场渠道承揽工程项目，通过分包或采购合同组成针对特定工程项目的联合体实施工程。在履约过程中，承包商的主要工作是组织协调各方来完成工程的建设。由于市场竞争激烈，承包商的账面预算利润常在10%左右，由于境外EPC项目时间较长，范围较广，投资高，而工程的建设及收款周期一般要几年，在境外工程实施过程中涉及国际货币汇率风险很大，具有很大的不确定性。即使正常情况下，汇率在几年的时间内波动10%的情况也是常见的。

当以外币作为合同结算货币时，由于汇率的波动，完全有可能大幅减少项目利润，甚至造成项目的亏损。由此可见，加强外汇风险管控是我国承包企业，迫切需要解决的问题。

二、主要外汇风险分析

（一）外汇风险一般表现形式

通常按照外汇风险产生的原因，将外汇风险分为3类：交易风险、会计风险和营运风险。

1. 交易风险

又称交易结算风险，是指工程项目承包企业在交易过程中，用外币进行收付（包括买入、卖出），因外汇汇率的变化而使另一方经济主体造成经济损失的可能性。交易风险的产生从以外币为交易合同签订时开始，以交易合同金额的实际结算时为止。有外币计价的交易，就必然存在交易风险。

2. 会计风险

又称折算风险，是指工程项目承包企业在对资产负债表的会计处理中，因汇率变动引起公司账面损失的可能性。此时，报表的利润会因为汇率的变动而发生变化。折算风险主要有3种表现方式：存量折算风险、固定资产折算风险和长期债务折算风险。

3. 营运风险

又称企业经济风险，是指工程项目承包企业在施工过程中，由于汇率的变化影响企业的工程量、成本、价格等，以及影响企业未来定期间收益和现金流量变化的潜在风险。经济风险包括真实资产风险、金融资产风险和营业收入风险3个方面。

（二）承包商主要面临的外汇风险

对国际工程承包商而言，外汇风险主要是指由于外汇汇率波动而引起的应收资产和应付债务价值的变化，其主要表现在以下几个方面。

①即期或延期付款的商品、劳务或工程，在标的物已发货或交付而货款尚未收支这一期间，外汇汇率变化所发生的风险。

②以外币计价的国际信贷业务中，在债权债务未清偿前所存在的汇率风险。

③未交割的远期外汇合同的一方，在该合同到期时，由于汇率变化，交易一方可能用更多或较少货币换取另一种货币的风险。

在国际工程承包中，承包商开出各类付款保函、业主支付预付款、工程进度款，并扣留质量保证金已成了最基本的安排。在工程实施过程中，承包商以某种方式为项目融资、接受业主的延期付款从而承担汇率风险已成了一般安排。在BOT项目中，承包商承担汇率风险的时间经常达到十年以上。同时，承包商的融资和采购活动中也经常会涉及汇率风险。强势货币和弱势货币都可能给承包商带来风险损失。由于承包商还要用本币进行项目结算，因此本币、外币（可能不止一种外币）和时间构成了外汇风险的3个基本因素。

三、外汇风险应对要点

在国际工程承包项目中，承包商应根据具体情况灵活选择不同的方法对汇率风险进行控制和管理。国际工程承包商应对汇率风险主要方法如下。

合同计价货币选择优化货币组合：合同计价货币选择、提前收付和延期收付、平衡法/组对法、多种货币组合、本币计价交易。

合同加入保值条款，支付时按支付货币对保值货币的当期汇率加以调整：黄金保值条款、外汇保值条款、综合货币单位保值、物价指数保值、滑动价格保值。

利用外汇与借贷投资业务控制汇率风险：即期合同、远期合同、掉期合同、借款法、投资法、借款-即期合同-投资法、提早收付-即期合同-投资法、利用单据买断业务。

利用金融衍生工具防范汇率风险：外汇期货进行套期保值、外汇期权套期保值防范汇率风险。

其他控制汇率风险的方法：调整合同价格、汇率保险、易货贸易、争取买方信贷、以保函取代保险金。

（一）合同条款签订控制

1. 采用本币交易

承包商可以在交易前采取汇率风险防范措施，通过在签订合同时设置条款加以控制。承包商在签订合同时，双方约定交易结算币种，尽量采用本国币种作为合同交易货币。如果使用外币进行结算时，选择可在国际金融市场中自由兑换的硬货币，比如美元、欧元和日元等。

2. 货币保值条款

其是指在签订工程合同时，为避免外汇风险，对支付货币加列保值条款的一种做法。在合同条款中加入货币保值条款，一旦汇率发生变动，在结算或清算时则收付的合同货币会做相应的调整，这样可以保障承包商回避汇率风险。一般适合技术含量高，具有良好信誉及相对垄断的行业。承包商可利用管理及技术上的优势，达到回避外汇风险目的。

3. 货币组合交易

承包商在项目谈判时，往往处于弱势地位，在合同条款中可能没有货币保值条款。在这种情况下，为避免汇率变动带来的损失，可通过采取多种货币组合计价的方法。通过采用硬货币和软货币的组合，在付款时使用软货币，在结算时使用硬货币。交易中双方协商，通过软硬货币的组合使汇率涨跌的风险尽可能降低。

（二）经营交易策略控制

1. 提前或延期结汇

在外汇将要升值时，拥有外汇债权的人尽量延期收汇，拥有外汇债务的人则提前付汇；否则，将进行相反操作。针对承包商而言有两种情况：首先是以硬货币作为合同价款来结算，如果以软货币（当地币）作为合同价款结算时，要谨慎分析汇率走势，在外汇汇率将要上升时，作为债权人要向业主及时计价提前收款，并及时结汇；而对于分包商的工程及材料款项等，则最好采取延期付款的做法。同时，对于需要向国内汇回的利润和设备物资款，由于一般以人民币核算，在人民币浮动汇率制下，也要遵循这个原则，在外币汇率上升时采取延期结汇，在外汇汇率下降时提前结汇。

2. 多元化经营策略

承包商可考虑在与主业建立合作关系的同时，寻求其他商机，拓展交易内容，开展多种贸易活动。最好的办法是同时从事进出口，从国内进口材料、设备等工程物资，满足工程项目的需要，另一方面还可在当地进行销售；同时采购当地具有出口价值的产品。这样无论汇率如何变化，进出口的操作都会抵消因汇率变化而带来的损失。

3. 转嫁成本或压低成本

承包商可以谋求与客户（业主和分包商）共同分担由于汇率波动带来的利润空间压缩的损失，这往往是承包商自然想到的一种避险方式，但承包商也可能承担客户流失的风险。另一种避险方式是压低成本，这就需要承包商练好"内功"，提高管理者及业务人员的素质，运用管理及经营策略，努力从成本降低中获得更大的利润空间，从而抵消汇率带来的损失。

（三）运用金融衍生工具控制

作为必要的风险管控工具，承包商在签订合同后，可以借助金融衍生工具消除汇率风险。我国金融衍生工具主要有外汇远期结售套期保值、外汇期货套期保值和外币期权套期保值等。

①承包商在承揽工程时，可根据自身实际情况，选择合适的金融衍生工具。例如，承包商为避免汇率波动而提前进行汇率预判并选择外汇远期结售套期保值，在一定程度上使企业

收益不会随着汇率波动而变化，这也是目前承包商较为普遍选择的一种工具，这种方式需要承包商对未来一定期间的汇率走势做出正确预判。

②承包商还可以采取外汇期货套期保值法，借助交易所或结算机构作为担保，将风险转移给交易所承担。但是大多数情况下，无法找到规模、期限和标的物匹配的合约，同时也存在着相应的基差风险。

③承包商在收到工程相关款项时，可使用外汇期权套期保值法，通过在货币市场上的货币期权，在双方约定的时间内，购买或出售货币，承包商拥有期权行使权利，具有较大的灵活性。当然，在价格发展趋势不利时，承包商会损失一定的期权费。

（四）建立外汇风险的内控机制

汇率风险的内控主要包括两方面工作：防范企业内部经营管理风险和内部会计折算风险。境外承包商需要严格遵守相关法律法规、内部制度和程序，以有利于境外项目合作为目标，调整企业经营管理策略，建立汇率风险内控机制。承包商可以实行资产负债表保值，将外币计价的收入和各种资产负债等按照一定汇率用本国货币重新表述，保证功能货币与记账货币保持一致。

（五）加强外汇管理人才的培养

承包商在加强硬件设施建设的同时，更要注重企业自身管理实力的发展，加快培养适应国际工程建设市场形势的金融管理人才，增强国际市场的话语权，进而影响并掌握海外工程定价权，充分保障承包商的合法权益。总之，在国际承包工程中，汇率是承包商必须经常面对而又难以准确预测的因素，其所造成的损失有时是承包商难以承受的。为管理汇率风险承包商应在工程项目开发、合同签订、工程实施和后续管理过程中，充分考虑汇率风险，综合各方面因素，制定并组织实施应对汇率风险的方案。承包商应根据工程项目的具体情况，在统筹安排各项工作的前提下，确定针对项目汇率风险管控的思路，借助合同的条款、金融市场的各种金融工具及公司内部的财务安排等手段，对项目的汇率风险进行有效管理。

第六节　境外税务风险管控

一、境外税务风险的含义及表现

（一）税务风险的含义

随着国家税收法律制度的完善，企业税务风险的防范研究已经成为越来越重要的课题。企业税务风险是指企业的涉税行为未能有效遵守税法规定，而导致了企业未来利益的可能损失。

税务风险又称"税收风险""纳税风险"和"涉税风险"。美国经济学家 Michal 认为，首先税务风险是一种风险，是税务事务面对内外部的各种因素影响下发生的不确定性，但是外部因素的变化不受企业的控制，因而企业的税务风险管控是合理安排企业的生产经营活动和个人活动等内部因素从而回避税务检查的风险，在合法纳税的基础上力图实现纳税成本收益组合的最优化。

我国有些学者认为，税务风险管控是指在法律允许范围内，通过对经营、投资、理财活动的事先筹划、事中控制、事后审阅和安排，免于和降低税务处罚，尽可能地回避纳税风险，并在不违反国家法律的情况下，尽可能地获取"节税"的收益，降低公司税务负担。

（二）税务风险的主要表现

企业的税务风险主要表现在两个方面：一个方面是指企业的纳税行为不符合税收法律法规的规定，发生应纳税而不纳税、少纳税的行为，从而面临补税、罚款、加收滞纳金、刑罚处罚以及企业声誉损坏等风险；另一方面是指企业经营行为适用法律不准确，没有用足有关税收优惠政策，或没有合理地进行税收筹划，从而导致企业多缴纳了税款，使企业承担了不必要的税收负担。税务风险是不可能避免的，它始终伴随企业的存在而存在，企业只能采取有效的税务风险防范策略与精心筹划来减小税务风险。

二、境外税务风险产生的原因及管理的意义

（一）税务风险产生的原因

税务风险存在于税收管理的整个过程和各个环节，其形成有多个方面的原因，主要如下：

①由于各国政治体制、经济发展水平及策略等不同，各国税制及征管方式存在较大的差异，企业对项目所在国税收制度及征管方式不了解。

②企业缺乏前期策划，未选定合适的合同主体和组织形式。

③项目执行期间不重视基础筹划，未依法办理涉税事务、依法享受税收优惠。

（二）税务风险管控的意义

在公平的市场竞争环境之下，企业的税务风险防范研究对企业的可持续性发展起到了至关重要的作用，合理的税务风险防范策略可以有效增加企业的利润，而忽视对税务风险的防范有可能导致企业破产。在经济全球化的背景以及国家"一带一路"倡议的推动下，越来越多的中国企业走出国门去海外承包项目。在项目的执行过程中，由于经验不足和对所在国税制法律的了解不够深入，可能会增大税务风险发生的概率，从而对企业和项目的经营造成重大影响。

因此，涉外企业应加强对海外 EPC 项目的税务风险分析，制定相应的税务风险防范策略，使企业合理回避或减少海外 EPC 项目存在或者潜在的税务风险。

三、境外税务筹划要点

（一）境外税务筹划范围

境外 EPC 工程总承包项目税务筹划较为复杂，涉及税种繁多，这里仅就增值税和所得税给予重点说明。

1. 增值税税务筹划

境外 EPC 工程总承包项目增值税税务筹划主要集中在免税及出口退税方面。按照目前我国"营改增"政策的实施，单位和个人向境外提供研发和设计服务时适用增值税零税率，也就是说对于 EPC 工程总承包项目的设计部分适用零税率。对于 EPC 工程总承包项目的采购部分国家也有相应的退税政策，即对外承包工程所需的原材料、机械设备等可以免征或退还出口环节的增值税和消费税。针对此项规定，境外 EPC 总承包商应取得增值税一般纳税人的资格，在境外进行工程承包时尽量提高采购合同的金额，充分享受国家固定资产和材料物资退税政策，降低税负。

2. 所得税税务筹划

如果项目所在国与我国缔结了避免双重征税的协议，就可以享受境内外抵免所得税的优惠政策。我国《企业所得税法》规定，企业有来源于国外的所得，已经在境外缴纳了所得税税款，可以在汇总纳税时从其应纳税额中扣除，但是扣除限额不得超过其境外所得。

对于 EPC 总承包商来说，由于和国外业主的合同关于税务方面的条款大多约定由业主承担所得税在内的大部分税费，因此在所得税筹划方面就要准备好相应的已纳税款的证明，如是业主缴纳的，可以在前期合同中注明业主责任，由业主协助公司去当地税务机关办理缴税证明。业主代扣代缴的则由业主负责提供扣缴凭证。对于总承包商在国外已经缴纳的所得税，在国内汇算清缴时要按国内税法计算扣缴限额，超过部分可以在不超过 5 年周期内抵缴。境外 EPC 总承包商在所得税筹划中，应根据所在国税法规定办理税务登记手续，取得相应的抵扣资料回国内办理所得税的抵免手续。

（二）境外项目各阶段税务风险要点和筹划重点

1. 项目科研阶段的税务筹划

境外 EPC 总承包项目在科研阶段的税务筹划重点应放在以下几个方面。

①全面了解项目所在国的税收政策、合同签订主体的选择和国家有关"走出去"的税收优惠等。

②关注我国与有关国家关于税收协议的签订内容。目前，我国已经和世界上 100 多个国家签订了税收协议，为避免双重征税提供了条件。例如，规定境外总承包企业在所在国经营活动未超过 183 天的，免缴所在国的所得税。企业在前期科研阶段，应通过项目所在国的中资机构或大使馆了解项目所在国的税收政策，向其他单位吸取税务筹划经验，重点调研项目所在国是否与我国签订了税收协定，项目所在国有关进口设备、原料的税收优惠政策，项目所在国的公司法、外汇管理、会计制度等法律法规，做到尽早筹划。

2. 项目投标阶段的税务筹划

在项目投标阶段，EPC 工程总承包商应对投标主体进行合理规划。我国的 EPC 总承包商的投标主体，可大致分为 3 种：母公司的代表处、母公司设在当地的控股子公司和母公司间接控股的合资公司。这 3 种投标主体特点各不相同，涉税风险也各有不同。其中，母公司的代表处由于依托母公司的资质和信誉很容易中标，但要承担无限责任。母公司设在当地的控股子公司作为居民纳税人可以享受更多的税收优惠，但在项目完工汇回利润时可能要缴纳股息税等。对于母公司间接控股的合资公司可能由于资质等级、信誉等影响中标。在实务中，还要结合 EPC 工程总承包合同的特点进行筹划。例如，EPC 工程总承包合同可以拆分为设计、建筑和安装及采购三部分，设计和采购合同可以在国内实施，如果以母公司为投标主体投标，就可以享受国内税收优惠；建筑施工部分则可以选择母公司控股公司进行投标，在 183 天范围之内，符合税收协定，可降低所得税及股息税税负。

在合同签订时，EPC 工程总承包商还要对合同中的税务条款进行合理判断。EPC 合同中的税务条款主要有以下几种类型。

①招标单位（即业主）和投标主体各自承担在项目所在国的税务。在这种情况下，要在合同中明确约定哪些税种由业主负担，哪些税种由我国总承包企业负责缴纳。

②两国的税负由双方共同承担，没有地域限制，但规定了具体税种的承担方。例如，由业主承担项目所在国的政府收费项目、关税等；由总承包商承担所得税等。这种方式下的税务条款要清楚注明双方负担的具体税种，总承包商还应注意和预算部门合作规划，做好合同的拆分，把税负的影响考虑到合同的投标报价中去。

③总承包商负责项目的全部税负。在这种情况下，要求 EPC 工程总承包商要注意当地税收政策、税务条款的研究，可邀请当地精通税法的中介机构先行测算，争取项目所在国的减免税优惠政策，筹划哪些税可以免缴、缓缴及缴税数额大小，早规划、早打算，把税负的影响数额加到合同价款中。总之，投标阶段的合同税务条款部分应尽量详细标注双方的权利和义务。

3. 项目实施阶段的税务筹划

项目实施阶段的税务筹划分为两个方面在国内的税收控制及在境外施工项目的税务筹划。项目中标后，EPC 工程总承包商应在国内办理好我国税收居民身份证明，以符合税务协议的要求，避免双重征税。对于国内增值税退税方面，企业应备齐出口货物报关单、出口收汇核销单、EPC 总承包合同等，在时限内办理退税。营业税中对境外提供劳务部分，应尽快到当地税务机关办理营业税减免的备案手续。在施工组织过程中，要设置专门的财税机构负责有关税款的计算及缴纳工作，并对海外项目部人员进行税务培训，有必要时，邀请熟悉业务的当地财务人员进行税款的申报、缴纳等事项，多与当地会计师事务所等中介机构保持沟通，有针对性地咨询当地税收政策，关注项目所在国税务稽查的重点，把精力放在重点税种的筹划上来，并动态地了解项目所在国税法的变动，及时调整税务筹划策略。境外 EPC 总承包项目的税务筹划是一个全面的系统工程，需要从项目的设计、采购和施工各个方面入手，关注项目各个阶段的主要风险点，结合项目所在国税务政策，进行动态、综合的细致筹划，以降低企业负担，提高项目利润，增强企业在国际市场中的竞争力。

第七节　专项风险管控实践

一、Zjbj 公司住宅项目装修工期风险管控案例

（一）案例摘要

本案例以住宅项目为例，通过对影响工期的各种因素的系统分析，寻找适合该项目工期管理的科学方法和理论依据，解决项目工期管理的影响因素，对今后的类似项目工期管理提供理论和实践依据。

（二）项目背景

1.Zjbj 简介

Zjbj 是隶属于世界 500 强企业 Zgjz 的国有大型骨干施工企业，前身为中国人民解放军基建工程兵西安指挥所，组建于 1970 年，1978 年改转为 22 支队，1983 年集体整编为中国建筑第八工程局，2007 年改制为现企业。总部设于上海浦东。Zjbj 通过 Intranet 内部局域网和 Internet 国际互联网，在总部、分公司、驻外机构和项目经理部之间建立起了统一的信息共享平台。是国内特大型建筑总承包企业中第一家全面导入 ERP 系统的单位。

2. Zjbj 总承包公司住宅业务简介

Zjbj 总承包公司是 Zjbj 的直营公司，目前有员工 1870 人，业务主要分布在上海、江苏、浙江和北京 4 个区域，每年的合同额约为 200 亿元，产值约为 95 亿元，住宅建筑合同额约为 60 亿元，占比 30%，主要有别墅、普通住宅和公寓 3 种类型的产品。各种类型的住宅产品共同特点是建设单位为了加快资金回收，工期要求相对较紧，对施工总承包单位的工期管理提出了很高的要求，需要总承包单位通过采用新技术和工艺、增加劳动力、合理工序穿插等手段，以工期过程管控为抓手，实现最终工期目标。

（三）工期管理风险因素

1. 一般影响因素

（1）人的因素

从 2000 年开始，建筑行业步入了一个新的发展阶段，Zjbj 也在高速发展，企业员工增长了数倍，企业管理人员目前 80% 及以上是本科及以上学历，均有着较高的文化层次和想干事的冲动，工作状态较好，但是作为具体操作层的劳务分包单位无论是管理人员还是作业人员，均是进城务工人员，大部分文化素养水平不高，以追求收益为根本目的，没有与总承包企业共同发展的意愿，因此在很大程度上影响了项目的工期管理。

（2）制度因素

高效的管理制度是一个公司正常运行的基础，也是管理资源整合的前提，作为总承包企业，高效的管理制度项目管理的依据和手段，可以为项目各项既定目标的实现保驾护航，

是项目全生命周期管理的保障。Zjbj 非常重视制度建设，并且将部分制度融入了企业文化，以文化的力量激励人、鼓舞人、团结人。通过将近 10 年的不懈努力，Zjbj 的铁军文化已经深入人心，文化制度建设已经卓有成效，使得企业在人力资源整合上游刃有余。如果没有高效的管理制度约束，整个企业的管理力量不能高效整合，管理的执行力也会大打折扣，企业所属项目的成功与否很大程度上取决于项目团队的领导，带着很浓厚的个人英雄主义色彩，因此没有高效管理制度企业的成功带有很大的偶然性。

但是制度也应该有其灵活性，制度应该是个框，而不是紧箍咒。应该允许项目团队在已有的制度中发挥其主观能动性和聪明才智，针对项目的实际情况，将公司的制度进行细化，这样才能不断完善制度，提高其适用性和可操作性，企业才能不断地发展。

（3）组织因素

Zjbj 目前的所有工程均是项目式管理组织机构。只有组建一支高效率的项目团队，通过项目团队的集体努力才能实现既定的各项项目管理目标。但现状是项目班子成员包括项目经理、项目总工、生产经理、质量总监、安全总监等均竞聘上岗，其余项目团队成员均由公司安排。公司的各项制度已经非常健全，项目团队只要能够认真执行公司的制度，可以完全确保项目平稳运行。但是光靠执行公司的制度想要实现既定的管理目标还远远不够，还需要通过建立良好的沟通平台、加强团队建设来增强整个团队的凝聚力和执行力。目前项目团队 70% 及以上为 80 后年轻管理人员，每个人都有实现个人价值的欲望，由于认知高度不够，团队成员未能意识到团队的成功是个人成功的垫脚石。多数人缺乏高瞻远瞩的眼光，以自己目前的收入衡量自己的付出，工作敷衍了事、拖拖拉拉，严重了影响了整个团队的执行力。因此通过沟通让每个团队成员意识到项目团队的成功，加快了个人成长的步伐，团队的成功提升了自身的专业知识和管理能力，让项目成员体会项目的价值，以及项目完成所具有的意义，只有个人自身的能力不断提升，才能更好地实现个人价值，从而将个人与团队紧密地联系在一起。

（4）技术因素

项目技术部为工程项目安全、质量提供技术支持。从工程施工组织和施工部署、平面布置、工期计划、项目图纸会审、设计优化、施工组织设计、技术方案、技术交底、深化设计、洽商变更等方面为项目提供全方位的技术支持。技术部主要人员构成有技术经理、技术主管、技术员、质量总监、质量员、试验员、测量员、资料员等。如果施工工艺复杂的项目，还会安排相关的专家给予技术指导。

虽然住宅项目比较普通，没有复杂或特殊工艺，但是如何合理安排工序穿插、采用合理高效的施工方案、采取切实可行的技术措施，对项目的工期管理至关重要。

（5）环境因素

对于建筑施工总承包企业，影响工程工期履约管理的不仅有自然环境因素，还有社会环境因素。自然环境因素包括气温、雨雪、大风等自然气候条件；社会环境因素包括经济环境、政治环境、交通环境、周边居民等各种影响因素。一些分部分项工程，如砌筑、抹灰等，如果冬期组织施工，质量不容易得到保证；如果雨季组织基坑肥槽等回填土施工，由于填土含水率等不能满足要求，工期和质量均会受到影响。

（6）材料和设备因素

材料供应是保证工程项目工期管理的前提，如果材料供应计划缺失或材料计划滞后，材料无法及时进场，将会严重影响工程的施工工期。同时，如果材料供应商未能及时组织材料进场，也将严重影响工程的施工工期。塔吊和施工电梯是工程施工主要的垂直和水平运输作为方式，如果材料、人员均满足要求，但是垂直运输机械的运输能力无法确保正常的运输需求，也将严重影响工程项目的施工工期。

2. 关键因素识别

Zjbj 总承包公司成立了工期管理影响因素调查小组，对影响公司项目工期管理的问题通过调查问卷的方式进行了调查研究。调查了包括北京经理部机关和所辖的 7 个项目管理人员。共发放问卷 200 份，收回有效问卷 195 份，其中包括机关领导 4 份，机关管理人员 17 份、生产管理人员 53 份，技术管理人员 43 份，安全管理人员 37 份，物资管理人员 21 份，商务管理人员 20 份，无效 5 份。

通过对调查数据进行分析，进行关键因素的识别与排序，发现对项目工期管理影响最为关键的 5 个因素是：组织管理模式有缺陷、项目工期计划缺乏科学性且控制不力、分供商管控不力、项目团队建设存在缺陷、缺少项目工期管理保障体系。

（四）工期风险的应对

1. 改进组织管理模式

（1）优化分供商采购组织和流程

由于招标采购和定标流程太长，很大程度制约了项目工期管理的组织，因此简便快速的招标采购和定标流程对项目的工期管理显得尤为重要，为了避免影响项目的工期，故对公司的分供商采购组织和流程采取如下优化措施：分供商招标分阶段组织；集采中心全程参与招标采购；定标资料集中会签；完善合同文本等。

（2）调整员工绩效考核

一个高效的项目管理团队，不但要有明确的岗位职责，将责任落实到个人，还应该有针对岗位职责定量的绩效考核指标，只有将岗位职责和绩效考核两项内容结合起来，将考核结果最终反映到个人收入水平上，才能极大的激发项目团队的工作积极性和创造性，具体绩效考核调整措施包括：调整考核频次；考核结果决定收入；考核指标量化等。

（3）加强工序管控

项目工序管控是反映一个项目团队管理能力和水平的重要指标，同时也是项目过程管控的关键。工序管理失控，将导致项目出现诸如质量通病、安全防护缺失、成品或半成品损坏等一系列问题。工序管控分为同一分项工程施工流程管控和不同分项工程作业面交接管控两种。

2. 提高项目工期编制水平与执行力

（1）细化项目工期管理模型

项目工期控制就是通过劳动力调配、材料计划和进场控制、机械协调使用等措施，不断协调各种资源在施工过程中的匹配和平衡，如果项目实际工期比计划工期滞后，立即进行原因分析，并根据分析结果采取有针对性的纠偏措施，将工期偏差控制在合理的范围内，保证工期目标最终实现。

（2）采用关键链法编制工期计划

Zjbj总承包公司需要采用关键链法进行项目工期计划的编制，全面应用于项目工期的管理和控制，在保证项目施工质量的前提下，将项目执行过程中各种因素对工期的影响程度降到最低，确保实现最终的工期目标。关键链法的主要流程是进行工期估算、确定关键链、计算并插入缓冲区。

3. 优化供应商管理机制

（1）理清供应商管理架构

Zjbj总承包公司集采中心应调整管理思路，从服务项目和提高公司竞争力的角度出发，重新制定分供商的管理办法，将公司所有分供商的管理作为管理的工作重点，通过各项目每月和每年的《供应商评价表》，根据项目对分供商信誉、合作情况、垫资能力等多方面评价，将各类别的供应商按照进行分级管理。各项目经理在招标工作开始前，以书面的形式向公司集采中心汇报项目的整体情况。这样集团公司就对项目的情况有了比较清晰的了解，在材料供应和分包商的选择上就会做到合理配置。根据项目的实际情况安排等级适应的分供商，确保所有合作的分供商能够有序竞争。

（2）调整供应商的管理

进一步完善分供商合同管理，提高合同执行力。强化对分供商的管理，公司必须与各类分供商建立长期共赢的合作关系，进而达到稳定分供商队伍的目的。需要通过分供商的管理水平、质量水平、价格水平、技术能力、劳动力以及已履行完的施工任务情况对其综合实力进行评定，建立分供商管理台账。

4. 建立高效率的项目团队

（1）明确岗位职责

在以往的项目管理中，项目团队成员有岗位，但是多数成员的岗位职责划分不清，工序衔接管理盲点多，衔接过程中问题不能及时解决，延误项目工期；质量管理责任未明确，实施质量差，整改周期长，延误项目工期。为了解决以上问题，项目开工伊始，项目经理与团队成员签订岗位责任状，明确岗位职责和管理权限，并根据责任书进行定期考核，提高项目管理人员的岗位责任意识。

（2）提高质量标准

项目在分部分项工程开始前，必须组织管理和作业人员进行技术交底，明确施工工艺流程和质量标准；同时组织年轻管理人员利用闲暇时间认真学习标准和规范，提高现场质量标准要求，进而推动项目实现工期目标。公司要制定管理人员的职业生涯规划，做好导师带徒传帮带工作，让年轻人沉下心学习专业知识，学习发现问题和解决问题，加强过程质量管控，进而推动项目的工期管理。

（3）加强项目团队建设

团队的凝聚力和战斗力是一个项目管理成败的关键。严格执行公司的各项规章制度；树立责任意识，团队领导以身作则；加强监督检查；加强沟通；强化考核。

5. 完善项目工期管理保障措施

（1）强化全员工期管理意识

培养项目员工全员的工期管理责任意识。只有每一位员工在每个环节上都加强工期管理意识，才能做好项目总体工期的管控。强化全员工期管理的措施：①首先将项目工期管理分解到项目团队成员的岗位职责中，并与绩效考核挂钩。将团队成员职责范围内影响工期的因素作为绩效考核点，强化管理人员的工期管理意识。②向全员宣贯"工期成本"理念，将工期成本作为项目成本管控的重点和难点，经常细算工期成本账单。工期成本作为项目月度商务例会分析的一项重要内容，让工期成本理念深入团队成员心中，强化全员工期管理意识。

（2）工期、成本与质量管理相协调

对于一个项目而言，工期、成本与质量是紧密联系在一起的，一般情况下，加快项目工期需要在劳动力、材料和机械等方面增加投入，投入增加意味着成本增加；如果一味追求工期而忽略质量，出现大量的质量通病、缺陷甚至质量事故，势必造成项目质量成本增加。因此需要在工期、质量和成本之间寻找一个平衡点，只有工期、质量和成本3个既定目标全部完成，才能实现完美履约。

（3）人力资源管理机制提升

为了提高项目工期管理的科学化程度，公司需要在人才招聘、员工的内外部培训等方面提升水平，建立起相对专业化的人力资源管理机制。

（五）工期风险管控案例启示

1. 改进组织管理模式

本案例针对Zjbj总承包公司暴露出来的组织管理模式不完善的问题，建议改进项目组织管理模式，形成满足工期管理要求的管理流程，加强对项目工期的过程管控。

2. 提高项目工期计划的编制水平与执行力

本案例建议用关键链法来编制项目工期计划，结合实际案例对关键链法工期计划和管理过程进行了介绍，结果表明该方法具有非常显著的效果。

3. 优化分供商管理机制

需要公司重新制定分供商管理办法，根据项目对分供商的评价将分供商进行分级，采用优质优价的原则，推进分供商的有序竞争。

4. 建立高效率的项目团队

项目团队是项目的执行者，只有明确了团队内部的管理标准，加强项目团队建设，提高管理标准和团队执行力，才能提高项目工期的管理水平。

5. 完善项目工期管理保障措施

强化公司全员的工期管理意识，做好项目工期、成本与质量的协调统一，进而确保项目工期管理过程受控。

EPC工程总承包模式下，总承包商是项目风险主要的承担者，而项目工期管理是项目管理的重要内容。通过科学的方法，计划和协调人员、物资和设备等资源在项目的不同实施阶段合理配置，保证各种资源在正确的时间出现在正确的位置，减少资源的积压、闲置，降低项目成本。工期管理成功往往意味着项目成本管理受控，是衡量项目管理成功的关键指标之一。因此，总承包商要重视项目风险管控，建立工期风险的管控体系，不断提高企业风险管控能力，保证项目的顺利实施。

二、某医院项目质量风险管控案例

（一）案例摘要

以某医院改建项目为例，以工程质量风险防范为目标，通过对 EPC 风险的识别，运用层次分析法评价各个风险的权重，再用模糊评价法评估各个质量风险对目标影响程度的大小，并针对影响质量的主要风险因素制定相应的应对措施。通过对 EPC 项目质量风险有效的应对管理，取得较好的工程质量效果。

（二）项目背景

某医院改造工程，规模 100 个床位，包括 9 个单层建筑和 3 个双层建筑，总建筑面积为 11 400 m^2，建筑为钢筋混凝土基础和楼板，墙体为配筋的和非配筋的空心砌块墙，坡屋面为木结构，表面防水为铁瓦，平屋面为压型钢板混凝土结构，表面防水为涂膜防水。该医院为一所综合医院，包括急诊、成人内科、成人外科、儿科、医学影像科、药房、中心储存与供应、食品供应和理疗服务等。

该项目由某铁建公司总承包，总工期为 16 个月，总合同金额约 5.3 亿元，其中固定设备费用约为 2.1 亿元；工程内容包括设计、施工和采购 3 个部分，属于 EPC 交钥匙工程。加拿大 CCI 公司和当地政府签订了关于提供医疗流程和运作方面的顾问以及家具、设备的采购合同。

（三）项目质量风险识别

首先，总承包商按照项目阶段划分为初步规划设计质量风险、项目设计质量风险、采购质量风险、施工质量风险以及移交和试运行质量风险。风险管控小组结合 EPC 工程质量风险管控理论，通过专家调查法，对本项目的质量风险进行分析，列出质量风险清单。

1. 初步规划设计质量风险

此阶段属于项目最前期，由于初期勘察设计不够准确，业主提供的资料有偏差，市场价格波动大及通货膨胀等，使得项目包含诸多不确定质量风险因素，尤其需要承包商重视。此时，业主往往只提出项目的预期目标、功能要求及设计基准，并且业主对于这些内容的准确性和全面性不负责任。所以，一旦这些内容出现漏洞、失误甚至建设过程中业主发出指令变更，这些都会对承包商达到质量目标造成阻力，成为工程质量的风险。

通常在 EPC 合同下实行的是固定总价形式，报价太高，承包商的抗风险能力强，但中标机会就低；报价太低，承包商的抗风险能力弱，但中标机会就大。因此，如何以较为合理的方式报价，既能顺利中标，又能为企业保持足够的利润成为承包商需要认真考虑的问题。盲目低价中标往往会成为质量风险的隐患。

不同区域有不同的工程背景，常常存在区域性总体质量控制标准。总承包合同价格越大，对承包商的财力和实力要求越高，因此，一旦未能按照总体质量控制标准执行，必将成为质量风险的隐患。

在 EPC 合同下，由合同文本的缺陷所引起的风险，要由承包商承担责任。一般情况下，业主只负责项目的预期目标、功能要求以及设计基准，而承包商应对合同的完备性负责。如果合同文件有缺陷，未能明确规定有关情况下质量事故的责任方，必然由承包商来承担责任。

2. 项目设计质量风险

在 EPC 项目中，虽然承包商承担了全部设计工作，但业主仍然具有对承包商设计的审核权利，如果承包商的设计人员素质不够高，设计单位对工程所在地区的设计规范和习惯做法不了解；项目设计团队没有足够的医院设计经验和施工经验，导致设计不符合要求，未达到其设计质量目标，而引起设计工作量增加、设计工期延长等也容易产生质量目标风险。

承包商的设计工作环境复杂多变，不确定性很大，因此设计也要随着环境变化及时调整，以保证项目设计质量。此处，环境是指综合环境，包括所在地区的社会和自然环境，如主权、政治、法律、经济和不可抗力等，这种复杂多变的环境就构成了对设计质量的潜在风险。

设计方案不符合要求是综合作用的结果，可能是不符合合同要求，也可能是不符合实际建设的要求，不符合要求的设计方案一旦被采用，必然直接造成质量风险，或者造成设计变更等从而间接引发质量风险。

3. 项目采购质量风险

在 EPC 项目中，设备材料采购的重要性是不言而喻的，存在诸多风险，承包商对采购环境不熟悉、采购渠道不畅通，都将对采购质量造成威胁。在采购实践中，供应商和设备采购商对设计图理解有误，所采购的设备材料有瑕疵，设备运输中发生损失或损坏等情况屡见不鲜，成为引发质量不达标的主要风险。

4. 项目施工质量风险

EPC 项目参建单位多，工艺复杂，施工过程中发生意外事故在所难免，由此而引发的设备材料损坏或人员伤亡造成操作人员的心理压力都会对工程质量造成影响。施工过程中，工艺是影响质量的重要方面，施工工艺未能满足设计方或业主的要求，容易产生质量漏洞；因对环境比较生疏，对当地建设市场了解不够，如果选用了当地信誉差、管理技术水平低的分包商，无疑将成为质量的风险因素。

5. 项目移交和试运行质量风险

移交和试运行阶段的质量风险来自以下两个方面：一是移交程序不规范，包括竣工检验和竣工后检验不够严谨，在检查不合格的情况下，修补工程缺陷不到位，联合业主试运行方案不合理等；二是试运行是需要业主人员操作的，对于业主人员的培训是承包商的责任，在培训工作中，可能要求不严格而造成操作失误，也会给产品质量带来风险。

(四)项目质量风险评价

本项目采用模糊综合评价法对质量风险进行评价,对识别出的风险重要性排序,以便有针对性地采取应对措施。

过程简述如下:①建立质量风险评价层次模型。②确立判断矩阵。③邀请专家判断,结果汇总,进行数据处理,可得准则层中各因素对目标层的评判矩阵。④计算指标权重值。⑤进行一致性检验。⑥建立模糊判断矩阵:对专家发放该医院工程的有关资料,请专家自主打分,对质量风险体系中的各级指标进行评判,数据归一化,可得到各阶段质量风险单因素评判矩阵。⑦求得综合测评结果。⑧计算隶属度。

根据隶属度原则,令 $b_k=\max(b_1, b_2, \cdots, b_m)$,即为模糊综合评价结果。本项目模糊综合测评结果为 $b_1=0.3210$(等同于风险水平等级为高的权重是 0.3210,对应测评结果等级为高)即该医院 EPC 总承包项目质量风险的严重程度等级较高,应引起总承包商的高度重视。

(五)项目质量风险应对

本项目为某铁建公司在当地的第一个 EPC 项目,经过质量风险的分析,引起总承包商的高度重视。因此,对上述质量风险采取了如下应对措施。

1. 初步规划设计阶段质量风险应对

一级应对:高度重视可行性研究,科学民主决策;严格控制合同的签订,规范合同文件。

二级应对:完善规划决策机制、建立决策责任制度、加强决策组织建设和专业分工;清楚划分工作范围界限、合同价格条款审核、支付方式条款审核、误期与性能指标罚款、总计最高罚款金额和最高责任限额、税收与保险条款、业主责任条款、争议处理条款。

2. 项目设计阶段质量风险应对

一级应对:建立高效设计组织、管理模式与制度;强化设计质量的过程管理。设计图及时交由业主确认。

二级应对:建立管理部门、职能部门、设计组织质量管理机构、帮助设计企业规范人力资源管理制度、设计企业做好基础文件管理工作、建立和完善设计过程各项管理制度;规定规划设计过程(策划、输入、论证、接口协调、计算、校对、会签、更改、现场服务等)、明确设计过程管理的具体工作内容与责任人和单位、加强设计过程的档案规范化管理。

3. 项目采购阶段质量风险应对

一级应对:对供应商实施规范化管理;制定动态、可行的采购策略;加强出境前验收和物资进场验收。

二级应对:建立供应商审核制度,构建评价标准体系;确立对合格供应商资格有效期限制度;搭建对供应商信息交流平台,监控、跟踪机制;建立对供应商的奖惩制度。强制性的国内分包采购;关键路线设备、生产周期长的设备要有提前期捆绑订货;改进采购流程,保证过程监控,确保质量;提高供货商保证金额,控制设备材料的质量。物资集港、发运、验货、检查质量;重要批量生产设备和大宗材料增加中间检查,并邀请业主参加;设备材料进出工地检查，需要业主参加；货物交接检查由买卖双方与业主共同签字，并保留记录，建立档案。

4. 项目施工阶段质量风险应对

一级应对：提前做好施工质量风险规划；强化施工过程中质量监管作用；完善组织制度，建立组织内部质量保障体系。

二级应对：加强施工人员的质量培训工作；做好技术交底，严格按照工艺和技术流程施工；做好施工方案前的技术和经济论证，优化施工方案；编制质量管理手册。强化工程师质量责任制；邀请资质高、经验丰富的咨询工程师监督与指导；不定期召开质量分析会；邀请业主人员到现场对工程师、咨询师的工作监督；关注隐蔽工程质量，及时向政府部门申请验收。健全项目组织结构和制度，营造高效工作环境；创建方便的沟通渠道，促进人员相互沟通；加大人员的协调力度，使组织处于稳定状态；建立自查、互查和交接查三级检验流程；上一道工序不合格，不能进入下一道工序，形成内部质量保障制度。

5. 项目移交和试运行阶段质量风险应对

一级应对：规范竣工验收程序；建立严格的准入制度。

二级应对：参与验收人员应具有权威性；竣工验收的资料要档案化，便于日后查看；竣工验收的模式要科学化、公正和客观化。提前实施竣工与试运行人员的培训工作；操作人员全程参与设备调试、过程验收、联合调试等分项活动，提前介入各个环节；工作严格准入制度，提高人员素质。

（六）项目质量风险管控案例启示

①在工程建设中，质量风险是客观存在的，工程质量是确保生命安全的大事，也是保证合同履行、为企业赢得利润的基本前提和条件，是管理者进行风险管控最为基本的风险类型之一，承包商绝不能对此忽视。实践中，许多风险管控者采用项目管理理论和风险管控理论对质量风险进行管理，这两个理论是质量风险管控的基础，面对质量风险，首先必须识别工程建设过程中存在哪些风险，其风险的根源是什么。只有了解清楚问题，通过调查评价，选择重要影响的质量风险因素，制订风险管控计划，才能提高风险措施的有效性。

②本项目将层次分析法和模糊综合评价法有机结合运用到质量风险的评价之中，首先通过层次分析法确定各个风险的权重，再用模糊综合评价法评价出各个质量风险影响程度的大小，为总承包商开展质量风险管控的评价提供了经验。

③应该注意的是，在影响工程质量风险的因素中，许多风险因素是可以通过工程保险的方式加以转移的。具体保险形式如下。

工程设计责任险。在本项目中，通过识别和评估，在初步规划设计阶段以及设计阶段的质量管理严格程度对质量目标的影响较大，可以针对此阶段的质量风险，采用工程设计责任保险的方式将风险予以转移。因为设计风险因素属于有关工程设计责任保险的责任范围之内。因此，风险管控者应熟悉有关工程保险的内容，将那些可保风险因素纳入保险范畴之中。

工程质量缺陷险。工程质量缺陷风险是承包商普遍面临的质量风险中的一种，而质量缺陷保险则是转移这一风险的有效措施。在国际上，法国是开展工程质量保险最早、最为成熟的国家之一,并取得了较好的效果。1978年,法国制定了《斯比那塔法》,对建设工程10年的内在缺陷实施强制性保险,保险公司为了防范风险,要求每项工程在建设中必须由一个第三方的质量控制机构进行质量风险检查和控制,并给予投保单位可少付保险费的优惠。

目前,工程质量保险已经被多数国家采用,成为工程质量风险转移的重要方式,我国也在开展这方面的工程质量保险业务。

④利用工程质量检查机构发挥作用。利用工程质量检查机构的力量是防范工程质量风险的重要途径。工程质量检查机构在接收工程项目质量验收任务后,从设计(包括方案设计和施工图设计)直到工程竣工的各个阶段进行质量风险预防和控制,把建筑工程设计、建造等各个环节的质量风险控制到最小。最后,提供质量风险评价报告交付业主或保险公司,由业主转发给承包商以及其他有关各方,以引起总承包商的警惕。第三方工程质量风险检查机构必须持有国家有关部门颁发的证书。法国工程质量风险引入保险机制,促进了工程质量风险管控水平的提高。

三、福建IGCC大型石油项目HSE风险管控案例

(一)案例摘要

本案以大型石化IGCC项目为例,结合HSE风险管控工作实际情况,总结了大型项目HSE风险管控策划与实践的经验。

(二)项目背景

IGCC装置是福建某石油化工有限公司投资建设的炼油乙烯一体化项目中3套关键装置之一,总投资达40余亿元,其为整个一体化项目提供氮气、氧气、蒸汽、氢气和电力,是国内首套采用国内外先进技术并与炼油化工装置配套的大型气化一体化联合循环装置,是整个一体化项目的公用工程核心岛。

IGCC装置建设采用国际通行的FEED+EPC合同模式运作实施。IGCC项目自2006年5月22日FEED正式开工,在比其他关键线路晚开工启动半年的情况下,按期竣工并正式投产运行,且在项目执行期间,其安全管控方面的业绩骄人,例如安全人工时突破了780万元,连续安全施工天数达到837天,为顺利实现各项进度节点起到了保障作用。

(三)项目HSE风险分析

从设计方面来讲,IGCC装置属于高新、高难技术装置,与其类似装置在全球屈指可数,有过相似项目工程建设经历的也只有美国柏克德公司、意大利斯纳姆公司和美国福斯特惠勒等少数公司。工艺先进、流程复杂、产品种类繁多,是IGCC装置作为公用工程岛的特点。保障装置生产运行时,这些单元合理布局并能有机连接在一起,按设计参数、生产工艺要求有节律地"跳动",确保各个单元的"动作"既彼此独立,又和谐一致;同时,还要充分考虑IGCC装置后续施工中的危险性,最大限度地满足现场施工条件,这些是IGCC项

目着重需要解决的技术和设计难题，也是防范安全风险、确保 IGCC 装置安全运行和维护的关键所在。

从采购方面来讲，IGCC 项目的许多关键设备都是国外进口设备，而且在 EPC 工程总承包模式下，设备采购过程中的运输及仓储等环节的 HSE 风险，大都转移到总承包商的责任范围内。因此，如何确保设备运输的平稳，减少仓储环节的 HSE 风险，保证关键设备按时进入施工现场就显得格外重要。

从施工角度来讲，因为采用先进工艺技术，工程建设的技术含量相对较高，对工程技术管理人员和关键工序的施工人员有较高的要求；同时，由于本工程地处新建的化工区，生产工艺又具有先进性、特殊性与重要性，对施工管理有着非常高的要求。而且季节性施工影响大，施工现场又处于台风较强地带的湄洲湾南岸，每年 7—9 月将面临强台风登陆的直接侵袭，防台风防汛，脚手架、起重机等抗风要求高，且施工期要跨过两个年度，加之参建单位和人员庞杂，需要进行十分周密、科学且合理的组织和部署，确保工程安全、高质且如期建成。

如何才能很好地实施 HSE 管理和风险控制？该项目总承包商认为，IGCC 项目必须全面建立和实施符合国际惯例的 HSE 管理体系，对设计、采购及施工中的 HSE 风险进行全面的监控，最大限度地满足 IGCC 项目全过程对 HSE 方面的需求。

（四）项目 HSE 总体策划阶段

项目 HSE 管理策划就是在项目前期进行部署和筹划以保证项目达到 HSE 要求，是顺利完成项目合同 HSE 目标的首要工作。因此，在 IGCC 项目前期总体策划阶段，就组建了以项目经理为 HSE 第一责任人，横向到项目各管理部门，纵向到各施工承包商作业人员的 HSE 组织架构。通过《IGCC 项目 HSE 管理目标责任书》，进一步明确了项目全体成员的 HSE 管理责任，形成了一个以项目 HSE 部为核心，各部门职责分明、执行有力的 HSE 管理团队。

在此基础上，安排专人广泛收集项目相关信息，深入细致分析和评估项目各个阶段的危险源，并由项目经理亲自参与并组织多频次、大范围的针对项目全过程 HSE 风险进行的辨识和评价工作，对与项目 HSE 管理相关的各生产要素进行了总体策划。

在编制完成《炼油乙烯 IGCC 项目总体 HSE 策划书》后，根据项目实际进展情况，遵照通用 HSE 管理体系标准，根据省炼化石化一体化项目的特点，最终策划确立了 IGCC 项目 HSE 管理体系的基本框架，IGCC 项目 HSE 组织架构如下。

①领导层确定 IGCC 项目总体 HSE 管理目标和绩效指标，公司各职能部门或单位，根据 IGCC 项目基本工作划分应承担的 HSE 职责，将涉及 HSE 工作的流程和步骤逐一明确，由公司安全总监确认后执行，真正将 HSE 的职责与权限及相互关系融入 EPC 工程总承包项目的工作流程和步骤之中（即权责统一的原则）。

②IGCC 项目管理层针对具体的 HSE 管理目标和指标，开展项目 HSE 风险辨识和评估工作，并通过 HSE 策划活动，编制《××乙烯 IGCC 项目 HSE 计划书》及相应的管理程序文件，形成项目 HSE 管理文件体系。

③项目现场实施阶段作为 HSE 风险最高且最集中的阶段，积极配置合理的资源，选择合格的分承包商，IGCC 项目部进一步完善现场管理模式，并制定出具有针对性的作业程序，按

照 HSE 管理体系的"PDCA"循环工作机制，不断进行监督检查和持续改进。通过系统化的管理，有序、高效地处理 HSE 事务，确保 HSE 管理目标的实现。

通过精心策划和完善 HSE 管理长效机制，提高了对项目安全整体把握的能力，也为 IGCC 项目全程安全运作奠定了基础。

（五）项目总部执行阶段

IGCC 项目正式开工以后，企业的各专业设计室及项目设计部都将设计 HSE 管理列为总体设计管理的重要内容之一。在前期设计阶段，广泛收集整理了满足 HSE 要求的设计依据和标准，编制完成了《设计 HSE 计划书》，明确了设计过程中 HSE 如何管理和控制，以及应采用的 HSE 标准和审查方法等。

在详细设计过程中，一方面，落实了设计人员的 HSE 职责，认真遵循设计 HSE 方面的规范和标准；另一方面，健全了内部设计审查机制，积极组织开展对管道及仪表流程图的危险性和可操作性的审查，并找准时机对 IGCC 装置总平面图及设备布置图进行了 HSE 审查，最大限度地消除了设计工作带来的 HSE 风险。

值得一提的是，为解决 IGCC 各专业的技术难点，事前总承包商与美国 GSE 公司首次在国内采用动态模拟和仿真手段，对整个装置的整体控制设计主控系统大联锁，组织设计系统的各方专家，多次召开专题研讨会，相互提出工作条件，优化联锁和控制方案，实现了 IGCC 装置的控制系统集成适应性强、可靠性高的目标。为降低 IGCC 装置施工中的风险，充分发挥 EPC 总承包的优势，IGCC 项目设计团队分阶段开展了对装置可施工性的审查，组织各专业施工专家，从施工角度针对性地对设计方案进行充分论证，并对识别出的风险因素，逐条纳入施工组织设计或施工技术方案中，通过 HACON 审查，优化了施工工艺和方法，从源头上杜绝和减少了装置施工中的 HSE 风险。

此外，为直观了解和掌握每一个装置的运行情况，预见蒸汽系统在故障状态（工况）下对全厂蒸汽管网所产生的影响，在展开设计工作的同时，还和美国英维思公司合作，运用动态模拟技术，模拟了蒸汽系统的 20 个故障工况，提前做好了"故障后"影响的设计消除工作。

随着设计工作的推进，现场桩基工程陆续开工，项目物质的采购工作也同步展开。然而，IGCC 项目的 EPC 工作比一体化项目的其他两条关键线路，已晚了近半年的时间。为抢回工期，总承包商审时度势地在总部和现场设立了两个执行中心，使各专业设计人员有更多机会深入现场，及时进行设计交流和技术交底，为现场组织施工创造了更多有利条件。同时，现场的各种"情况"也源源不断地反馈到各专业设计室，通过总部与现场快速而高效的密切配合和协作，使得 IGCC 项目进度实施大大提速。除此之外，总承包商充分发挥自身科研设计、设备制造和施工建设三大板块一体化业务链的优势，各显所长；设计努力为施工赶进度"清障"，施工及时为设计提供现场"情报"，采购凭借熟悉设计进展和施工需求两方情况的有利条件，及时当起"信使"从采购保供角度出发，传递两方信息，以达到"促设计、保施工"的目的。E、P、C 之间的"无缝"衔接和高效有序的运转，为顺利进行 EPC 项目 HSE 管理创造了良好条件。

(六)项目现场执行阶段

1. 项目进入现场阶段

在项目进入现场实施后,一方面严把入场关,除对施工承包商开工前的HSE管理资质进行严格审查外,还对其管理能力和安全状况、HSE业绩进行综合评估,在其"分包商安全管理申报表"审核通过后,与其项目经理签订HSE单项承诺书。经过层层把关,使进场施工的各级分包商的HSE管理体系逐步纳入IGCC项目的HSE管理网络中。随着工程的推进,定期考核并公布其管理能力和安全状况、HSE业绩的综合考评排名,以促进各施工分包商项目管理团队对HSE管理的重视和关注。另一方面紧密结合物资供应与HSE管理工作实际,将采购风险的控制和管理纳入IGCC项目部的HSE监管范围内,针对项目采购工作点多、面广、量大和配送线长的特点,明确由项目采购部统一负责物资运输及仓储过程中的安全管理工作,确保各种物资运输、储存及配送等环节的安全,为IGCC项目的顺利实施提供可靠保障。

2. 现场全面实施阶段

在现场全面实施阶段,施工HSE风险的控制就显得极为重要,IGCC项目部的HSE管理工作从3个切入点切入,严格做到"方案过关,票证齐全,培训过关,交底到人,监督到位"。具体做法表现在以下几个方面。

(1) "方案为先,保安全"

在施工作业之前,由HSE工程师根据项目总进度计划和各个单位的施工进度计划,针对施工内容的具体特点,严格审核各类施工方案,着重关注施工方案对危险性较大的分部分项工程的作业危害性分析,并有针对性地对施工的薄弱环节以及高危作业应采取的防范控制措施进行技术指导,并督促各施工承包商做好施工方案的技术交底工作,从而保证施工中的安全风险得到控制和防范。

(2) "教育为本,促安全"

针对施工现场HSE管理的"特殊点""薄弱点"和"困难点",IGCC项目部形成了多层次、多渠道、大规模的HSE宣教培训工作格局。各分包商项目经理、主管负责人、HSE管理人员必须参加IGCC项目HSE总交底会;所有进入项目的人员必须经过业主、总承包商和分包商三级入场HSE教育;坚持开展"周一安全大会"和"班前安全喊话"活动。

为增强HSE培训效果,专设了HSE培训室,配置计算机、投影仪等器材,从各类作业人员对HSE知识的内在需求出发,举办脚手架、起重吊装等特种作业人员安全培训班,普及提高安全操作技能;开设HSE管理专题讲座,灌输HSE理念,进一步引导和启发各级管理人员从生命价值中体会HSE工作的重要性。

(3) "监管为重,稳安全"

"功夫下在现场"是基于对现场HSE管理重要性的认识而提出的管理思路。IGCC项目部始终把施工现场作为HSE管理的立足点,项目各级负责人都能以身作则,不论工作多忙都要严抓现场安全。项目部坚持采取每周例检、每日巡检的方式着重监督检查分包商的HSE体系人员到岗到位情况,专职安全员的配备,临边防护、施工用电、脚手架和安全网等资源的投入是否能满足现场要求,HSE管理人员是否尽心尽职,各项HSE责任是否已落实到人,以及各项 HSE 管理制度的执行情况等。

3. 施工高峰期阶段

在 IGCC 项目施工高峰期，IGCC 项目部为加强对施工承包商的 HSE 监控，根据现场实际进展情况，以项目 HSE 组织架构为基础，进一步细化并完善了施工现场 HSE 监控机制，实施了 IGCC 施工现场区域 HSE 层级管理负责制，即将整个项目工地划分为空分、气化及汽电联产 3 个责任区，作为第一管理层级；施工 HSE 经理领导项目 HSE 工程师、培训师对上述 3 个责任区进行全面督导和协调，规范 HSE 表现，作为第二管理层级；第三管理层级是由项目 HSE 经理全面负责，建立和维护项目 HSE 管理体系，并做到持续改进。同时要求在实施过程中建立起分包商自身的 HSE 管理体系和管理制度，并得到有效运行。

（七）项目 HSE 风险管控案例启示

回顾和总结 IGCC 项目 HSE 管理工作之所以取得不俗的业绩和反响，主要在于总承包商能遵循国际 EPC 项目管理的惯例，积极应用先进的 HSE 管理的基本理论及方法，充分发挥 EPC 工程总承包模式及项目管理一体化的整体优势，坚持"四化"（即项目 HSE 工作的管理制度化、现场标准化、作业规范化和界区封闭化）及"四全"（即全员、全过程、全方位、全天候）动态管理原则，不断改进，倡导项目安全文化，在学习借鉴的基础上，形成了在工作中监管、在监管中引导、在引导中提升的良性循环，突显"你无我有""你有我优"的 HSE 管理工作态势，成为全面完成 IGCC 项目各项任务目标的坚实依托。在具体实践中，有以下几个方面值得大家借鉴。

①对于诸如 IGCC 装置这样大量采用新技术、新工艺的工程项目，充分发挥自身的优势，自始至终将设计与采购相结合，全程融入施工当中，并不断优化和改进工程设计，最大限度地消除和降低包括建设期间的 HSE 风险，为顺利、平稳、高效地实施 IGCC 项目提供了强有力的保障，这显然是 EPC 项目 HSE 管理最稳固的基础之一。

②现场开工建设之初就设置刚性围墙，设立治安岗亭，聘请专业保安人员 24 小时值守，进入 IGCC 项目施工现场必须持双证（公司和总承包商），在此基础上，与各施工承包商联合组建了治安联防队伍，又与当地公安机关签订了治安管理联防协议，成为公司一体化项目中唯一实行全封闭化管理及第一个实施警民联防的工地，成为真正实现"全天候"为工地"保驾护航"的总承包商。

③大力实施形象工程，规范统一了各类警示标识、条幅展板等；编制了施工现场平面布置规划图，临时材料按规划图摆放；划定了文明施工保洁区，使现场道路等公共设施由专人负责清理，同时项目部将文明施工列入 HSE 检查专项必检项，对各施工承包商的文明施工情况进行考评，使整洁文明、布置规范的作业环境，良好有序的安全施工态势，高层次的企业整体形象，成为 IGCC 项目的鲜明特色。

④积极响应公司集成组合管理团队倡导的"项目 HSE 优秀者"和"现场 HSE 样板"评比、评选活动，把握契机，努力争创。自 IGCC 项目参评以来，每月均荣获"月度 HSE 优秀 EPC 承包商"奖牌，项目在 HSE 优秀评比中连续 11 次排名第一，先后获得 20 个"现场 HSE 样板"，在 IGCC 项目工地形成"比、学、赶、超"的浓厚氛围，用"优秀者""样板"来规

范、引导和激励施工 HSE 表现。与此同时，通过借助业主方的相关刊物，以及当地电视、网络等媒体力量，多角度、多层次地宣传报道 IGCC 项目 HSE 管理的观念、经验和做法，起到了传播安全文化、扩大 HSE 品牌影响的作用，进一步提升了总承包商在 IGCC 项目中良好的工程形象。

总之，HSE 管理是 EPC 项目管理的核心之一，工程建设的各方面工作都要围绕着这个核心来展开，石化工程项目的 HSE 管理已经成为各工程企业可持续发展、实现科学管理的重要内容，这些工作如何进行才是最合理、最可靠的，值得我们不断深入地研究和探讨。基于 EPC 总承包模式下的大型石化工程项目的 HSE 管理不能陷入僵硬的程式化，它是一个动态的过程，在管理中要讲求方式和方法，要讲究管理的技巧。因此，要在高度重视石化工程 EPC 项目 HSE 管理，深刻理解其重要地位的基础上，不断探索 EPC 总承包工程项目的 HSE 管理经验和教训，寻求新途径，解决新问题，促使参建各方自觉履行 HSE 责任和义务，尽可能地降低工程建设风险，确保各类工程项目顺利开展。

四、中东 M 国水电站项目汇率风险管控案例

（一）案例摘要

本案例以中方总承包商 G 经济贸易公司承揽的中东 M 国 EPC 水电站改建项目为例，介绍总承包商在签约和实施项目过程中，从项目管理和公司管理两个层面考虑和采取的对外汇风险的控制和管理措施。

（二）项目背景

中方 G 经济贸易公司，其主营业务为国际工程承包、国际劳务合作和一般贸易进出口，近年来经营总额在 3 亿美元左右，其中进口额约为 8000 万美元。

该公司通过长期跟踪，以议标的方式，承揽了中东 M 国的 EPC 水电站工程项目，该水电站装机容量为 3×6 MW，合同工期 3 年；合同总金额约为 2800 万美元。该工程的承包内容为设计、设备制造、现场安装和调试，在工程中含部分配套土建内容，土建工程金额预计占合同总额的 15%，根据市场竞争情况，总承包商预计该项目利润在 10% 左右。

（三）项目汇率风险分析

①在本项目中，业主要求合同款项以当地币支付，期间若外汇波动，将引起外汇风险。

②本项目业主要求总承包商协助解决合同金额 70% 的融资需要；在以外币计价的国际信贷业务中，在债权债务为清偿前因外汇波动，容易产生外汇风险。

③工程质量保证期（缺陷责任期）为一年，质量保证金为合同金额的 10%，返还保证金期间，外汇发生变化将会产生外汇风险。

针对本项目的特定情况和总承包商自身的情况，该公司在签约和实施中，从项目管理和公司管理两个层面考虑和采取了控制和管理汇率风险的措施。

（四）项目部汇率应对措施

1. 争取买方信贷

由于项目需要总承包商协助融资，总承包商利用我国鼓励出口的政策，经与我国进出口银行协商，该行同意在有充分担保的条件下，向项目提供贷款。

由于在买方信贷条件下，业主方负责向银行还贷，总承包商可以按照工程进度及时收汇。为了减少汇率风险中时间因素的影响，同时也为了总承包商专注项目管理和实施工作，总承包商首先向贷款银行争取买方贷款，由于政策、担保等多方面因素，最终该项目还是采取了卖方信贷的方式，即由总承包商为项目贷款并承担还款责任。由于总承包商主要以人民币方式支付项目成本，为控制汇率风险，贷款币种选择了人民币。

2. 争取以本币结算

由于本项目的主要设备在国内采购，成本主要以人民币的形式支付，因此在总合同中如果能够以人民币结算是最有利于控制汇率风险的。但是考虑到人民币尚不能在国际自由兑换，业主方不同意以人民币作为结算货币，总承包商也难以支持。

3. 优化货币组合

本项目中有部分土建工程，技术含量不高，但需要较多的施工人员，考虑到人员的国际流动成本和当地的安全因素，最终决定将该项目的土建部分分包给当地的承包商，以当地币支付，分包合同额约为总合同额的15%。因此，在支付成本时，该项目需要以人民币和当地币两种货币支付。从业主方面收到的当地币，可用于支付土建部分的费用，再考虑到美元相对当地币处于强势地位，有升值的趋势，综合考虑各种因素后最终与业主方商定以10%的当地币和90%的美元作为总承包合同的支付货币。

4. 付款进度安排

考虑到土建工程主要在项目前期，因此在总承包合同中约定先收取当地币，通过总、分合同的协调，保证用业主支付的当地币，向当地分包商支付土建工程款，及时用完当地币，防止其贬值。

5. 人民币汇率预测和合同价格调整

由于合同谈判期间国际上对人民币有较大的升值压力，市场上也有较强的升值预期，考虑该因素，在计算合同价格时预留了2%的人民币升值空间，该因素间接提高了合同报价。

6. 以保函取代质量保证金

经与业主谈判，业主方同意以保函换回一半（合同总价的5%）的质量保证金，该项安排既控制了汇率风险，又提高了收回安全性。

（五）公司汇率应对措施

1. 充分利用现有资金

将通过各种方法收到和变现的资金及时用于公司日常营业或再投资，以减少贷款支付利息，获取投资收益。

2. 保持未来外汇收支基本平衡

利用公司全部业务中既有外汇收入又有外汇支出的特点，合理规划外汇收付，调整外汇持有量，通过调整外汇收支的基本平衡来降低汇率变动带来的风险。

3. 将原远期外汇收入变为即期收入用于经营和投资

通过出口押汇、信用证抵押贷款等短期贸易融资方式，从银行获取资金，解决公司资金周转。同时，也可以提前锁定收汇金额，控制汇率变动的风险。

4. 采用多形式的汇率风险应对措施

随着金融市场的发展和可利用手续的增加，公司开始尝试采用远期结售汇、单据买断等方式控制汇率风险。同时，根据出口业务规模明显大于进口、国内出口市场发展较快的现状，成立了业务出口部，加快发展出口业务，力争使进出口额差距减小，也有利于外汇收支总体平衡，从而控制汇率波动带来的汇率风险。

（六）项目汇率风险案例启示

随着金融环境的不断变化，使得参与海外 EPC 工程总承包项目的建设企业的外汇风险管控成为风险管控的重要内容，越来越多的企业充分认识到外汇风险管控的重要性，在 EPC 工程总承包项目实践中积累了丰富的经验，实现了企业可持续健康发展的目标。

1. 提升企业外汇风险管控能力

企业应重视外汇风险带来的重大影响，树立外汇风险防范意识，积极应对外汇风险，才能促进企业发展。具体提高企业外汇风险管控能力需要做到以下 3 个方面：

①调整企业内部资金财务部门及会计部门，积极开展资金实际运作。资金和财务管理能力是企业发展的关键，主要体现企业防范与回避外汇风险能力。

②聘请、培养外汇管理人才。外汇管理人才是企业发展的保证，外汇管理人才要精通金融管理先进方法，具有敏锐的洞察力、开放的思维及创新意识。

③加强与商业银行的沟通，重视金融专业人员的意见与建议，全面提升企业抗风险能力。

2. 企业内部设立抗风险管控机构

企业在内部设立抗风险管控机构能够有效控制外汇风险。我国海外 EPC 工程总承包项目建设企业面临的外汇风险相对较大，应该建立外汇管理部门，健全完善风险管控制度，有效防范外汇风险。

3. 加强金融机构合作与联系

金融机构相对于企业更擅长外汇管理，对于外汇风险的管控能力较强，其有一套完整的外汇管理机制。海外 EPC 工程总承包项目建设企业在外汇管理中，要充分利用金融机构的专业优势，利用好金融工具，回避外汇风险。

第八章　EPC 工程总承包项目接口风险管控

工程实践证明，有接口就存在潜在风险。在项目建设过程中产生的风险大部分都来自接口，接口出现问题不仅严重影响建设项目的实现，导致项目工期延误、费用增加、质量缺陷，而且最终会影响到项目干系人的共赢目标，给工程项目带来极大的风险。为此，接口管理成为项目的重要风险源，加强接口管理是 EPC 工程总承包商进行风险管控的重要内容之一。

第一节　接口风险管控认知

一、接口的定义与分类

（一）接口的定义

接口并不是项目管理领域的专有名词，它最初出现在工程技术领域，主要是用来描述各种仪器、设备、部件以及其他组件之间的接口，即各类组件结合在一起时的结合部分。管理领域对接口的引入，使接口一词的内涵更加丰富，其外延进一步得到了拓展。它既可以指不同流程、工序之间的衔接状态，也可以指不同职能部门之间的联系状况，甚至可以用来描述人与物之间的关系。管理领域的接口一词，已经超出了工程技术领域所指的物体结合部位的意义。

虽然它仍然是一种对接口的描述，但已经脱离了具体的、有形的物质表征的束缚，其本质的属性已抽象到包容社会和物质双重属性的范畴。具体而言，接口已被定义为一种表述事物联结、相互作用状态的概念。这种联结与交互作用可以是有形的，也可以是无形的只要发生作用和联结，就可以将其称为接口。工程技术领域接口可以表现为有形体，但是管理领域接口通常是无形的。也就是说，管理活动中所涉及的接口大多是看不见、摸不着的。管理领域接口的无形性，给管理工作带来了相当大的难度，从而使管理人员往往难以准确地认识和把握接口的根源及其实质。

接口的概念在某种程度上与界面的概念相似。接口是指两个不同的系统（或子程序）交接并通过它彼此作用的部分；而界面是指两个物体之间的接触面。从字面上分析，接口不但描述了其状态——不同的系统（或子程序）交接的部分，还指明了其存在的功用——通过它彼此作用。而界面仅仅限于面。也就是说，界面指的是不同物体之间需要接触的地方，而接口更多的是指两个不同的系统相互之间交接的部位，两个系统之间极有可能存在矛盾与冲突需要协调，接口的产生必定与两方都有关系。在项目管理中，接口和界面在很多地方是可以通用的。

综上所述，可以将项目接口定义为：项目接口是指项目中系统与系统之间，阶段与阶段之间，以及系统与部门之间，或者项目实施的各个流程、各专业之间存在的联结部位物质、信息、能量的交互作用状况。

项目接口具有不确定性，如果衔接不好可能会对项目的进度、质量和成本目标带来严重的影响，甚至会影响到项目最终目标的实现。我们把接口这种潜在的不确定性称为接口风险。工程建设项目的接口风险贯穿于项目的始终，若不能正确识别接口，将增加项目风险管控难度，从而影响工程建设进度。

（二）接口的分类

项目接口的划分方式较多，按不同的接口划分标准，接口风险类别也有所不同，可以将接口风险划分为以下几类。

1. 从性质属性角度划分

按照性质属性划分，接口可以分为实体、组织、合同和阶段4类。

（1）实体接口（也称为物质接口）

实体接口是指两个或多个建筑要素或部位的实体连接。比如房屋建筑中门窗与墙体的连接处，设备与预埋件之间，设备与基础、建筑部件之间，设备与电缆之间所存在的接口，这些接口的存在可能影响项目的某一目标，产生实体接口风险。

（2）组织接口

组织接口是按照项目参与主体不同而划分的，即项目建设过程中涉及的所有个人、部门和组织之间的衔接。如总承包商与业主、总承包商与分包商的衔接，总承包商与监理单位、监理单位与各分包商、各分包商之间的衔接，业主、总承包商、监理单位、分包商与政府的衔接。EPC工程总承包项目组织接口如图8-1所示。组织之间衔接不妥，容易产生组织接口风险。

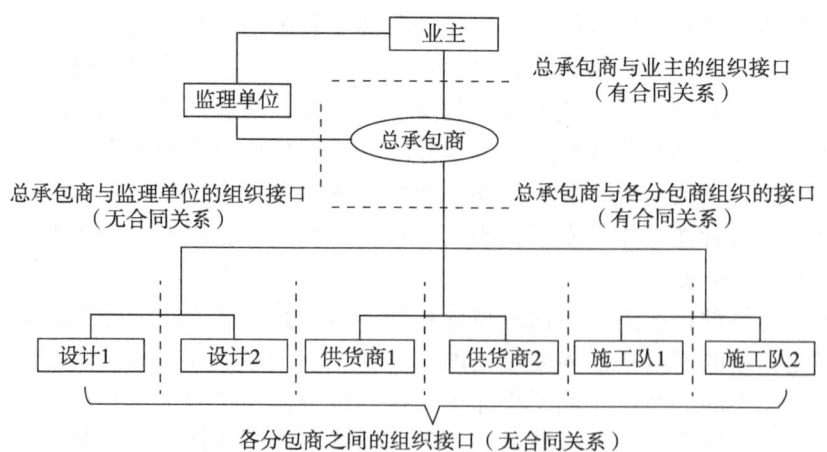

图8-1　EPC工程总承包项目组织接口

（3）合同接口

合同接口是指合同之间对合同双方责任、权利和义务界面的划分。在EPC项目中，合同接口的管理主体是总承包商。合同接口不严密，则容易产生合同接口风险。

（4）阶段接口

即EPC工程总承包项目的设计、采购、施工、安装、试运行等各阶段之间的接口，即使同一阶段也存在接口，如设计阶段不同专业的设计图、文件之间的接口，施工阶段不同工序之间的接口，甚至施工场地交付环节也存在接口。阶段接口风险则是指工程建设阶段与阶段连接不协调而产生的风险，如设计-采购接口风险、设计-施工接口风险、采购-施工接口风险等。

2. 从技术角度划分

工程项目建设过程中涉及许多技术系统，只有在各技术系统相互配合下，项目才能顺利完成。技术接口主要有土建与土建技术系统、土建与安装技术系统、安装与安装技术系统。土建技术系统又分为结构技术系统和装饰装修技术系统，安装技术系统又可划分为电气、暖通、给水排水、主体设备安装技术系统。以高速铁路工程为例，建设过程涉及土建、轨道、车辆和通信信号技术系统等，这些技术系统之间就存在接口，如土建接口、安装接口、铺轨接口等。按照技术角度划分的接口所产生的潜在风险称为技术接口风险，如土建接口风险、安装接口风险等。

3. 从项目行政归属角度划分

从项目行政归属角度划分，接口可分为外部接口和内部接口。工程项目是一个开放的系统，建设中必然要与外界建立联系，进行信息、物质、能量等的交换，项目才能够完成。从这一角度，接口风险可以划分为项目内部接口和项目外部接口。项目内部接口是指项目内部各专业系统之间以及各参建单位之间的接口。外部接口是指总承包商与银行、政府等各个部门之间的接口。其相应的接口风险称为内部接口风险和外部接口风险。因此，总承包商项目部不仅要加强项目的内部管理，而且也需要维护好与外部环境的良好关系。

4. 从传递要素角度划分

工程项目完成需要依靠多个传递要素，依据系统理论分析，工程项目就是一个系统，系统的运作需要人流、物流、资金流、能源流和信息流的输入与输出，才能使项目正常运转。人流为项目提供技术与施工的力量；物流为项目提供建设所需的材料与设备；资金流为项目提供必要的建设资金；能源流为项目建设提供必要的施工、设备的动力；信息流为项目建设传输必要的市场信号。因此，按照项目传递要素角度，接口可以分为人流、物流、资金流、能源流和信息流接口，不同的传递要素使得项目内部要素之间存在不同类型的接口风险。

5. 从时空角度划分

从时空的角度划分，接口可分为时间接口与空间接口。时间接口主要是指采购运输组织、计划工期、施工工序等涉及时间问题的接口。空间接口则是由于工程技术因素形成的接口，如土建与安装系统的接口。与其接口相应所产生的潜在风险为时间接口风险和空间接口风险。

6. 从对目标产生的影响角度划分

从对目标产生的影响角度划分，协调不好直接影响工期目标的接口称为工期接口；协调不好直接影响质量目标的接口称为质量接口；协调不好直接影响成本目标的接口称为成本接口；协调不好直接影响安全目标的接口称为安全接口。其对应的风险分别称为工期接口风险、质量接口风险、成本接口风险和安全接口风险等。

在以上工程项目不同形式的接口风险划分基础上，结合 EPC 工程总承包项目的自身特点，为便于分析，这是将侧重于对 EPC 工程总承包项目的组织接口、阶段接口和技术接口等内容进行介绍。

二、接口风险的主要来源

接口风险是指由于接口所产生的对项目总目标影响的不确定因素。许多项目的失败，其原因就是对接口风险缺乏足够的认识。认真分析接口风险的来源，有利于对接口风险的及早发现和准确辨识。

（一）信息因素

信息因素主要是信息黏滞、延迟或失真，容易产生接口风险。信息黏滞是指信息在传递过程中，在其中某一环节被黏滞，导致信息接收者不能及时获取有关信息，从而使其工作出现不便或失误；信息延迟是指由于信息传递通道过长或在传递过程中由于有关人员的疏忽甚至阻碍，导致信息传递到接收者时已经失去意义；信息失真是指信息在传递过程中需要经过不同层次的组织或人员，同一信息对不同的人员就会有不同的理解，也就是说信息在解码或译码上对不同的人员容易产生不同的解读，从而使信息传到接收者时，传到的信息与原有信息产生差距，使信息不再具备使用价值，更甚者会起到相反的作用。上述信息因素是产生接口风险的重要原因之一。由此可见，建立一个保障信息沟通顺畅的管理机制，对于控制接口风险是多么重要。

（二）目标差异

不同的组织具有不同的目标，这种目标差异往往会使双方产生矛盾和冲突，进而产生接口风险。EPC 工程总承包项目参建主体很多，各个单位之间利益在某种程度上是存在差异的，因而各单位之间对任务和职责的理解，以及考虑问题的角度必然不同，各个单位都是从各自角度出发，侧重于考虑自身目标实现的利益，从自身需要考虑问题，而缺乏从项目整体利益加以考虑问题，使得在工作中单位之间极易产生矛盾和冲突，甚至产生纠纷。因此，协调各单位目标利益对于 EPC 工程总承包项目来说是非常重要的。

（三）文化差异

文化差异是产生接口风险的重要原因之一。EPC 工程项目总承包是一个非常复杂的系统工程，系统中不同的主体有着不同的文化背景，不同的价值观念会有不同的行为与思维方式，各主体在彼此相互沟通协调中，一些价值观念和处世方式都会产生冲突和摩擦，从而产生接口风险，如果这些风险不能得到及时有效的抑制和控制，就会对项目总目标的实现产生影响。因此，应加强项目核心文化建设，使得各主体之间的文化尽可能协调一致，这是十分必要的。

（四）专业差异

EPC工程总承包项目在整个建设周期中涉及多个专业队伍，EPC工程总承包项目需要进行逐步分解、分包，这些专业化分工对于提高工程质量和工作效率是非常重要的。而与此同时，分解后的各个专业之间会产生接口矛盾，有很多需要协调的地方，协调不好就会产生接口风险。因此，在总承包商对项目进行分解中应加强专业之间以及参建主体之间的接口风险管控，尽可能杜绝接口风险的存在。

（五）历史因素

历史因素是指由于接口双方过去有过合作经历，在历史合作过程中曾产生过愉快或不愉快经历而产生的因素。如果过去双方曾有过愉快合作的经历，再次合作时彼此的接口就容易拟合，双方可以迅速建立起顺畅的合作关系，接口风险极小。如果过去曾经有过不太愉快的合作经历，则双方再次合作时，就有可能造成合作的障碍，各自会留有心理预期，双方接触比较困难，容易产生接口风险。

（六）管理因素

在工程建设过程中，管理因素造成的接口风险是非常常见的。最为常见的是计划与变化的冲突，资源配置与责任分配不匹配，组织机构中管理职能不清晰所造成的政出多门或管理区域空白等状态，这些接口如果处理、调整不及时，将会产生项目接口风险事件。管理因素造成的接口风险，有时是不可避免的，但随着相关人员的经验增多以及管理知识的丰富，管理因素造成的接口风险将逐步消除。

三、接口风险管控的意义

在工程实践中，为有效控制接口存在的风险，就必须按照一定的规则（技术的、法定的、合约的），要有一整套接口风险分析、控制手段、流程和规章制度，按照这些规则和制度来明确接口责任方之间的责任关系，使得各方按照规则履行自己的职责，才能够使界面有机联结、联合、衔接，才能准确、安全、可靠、经济、合理地实现各自的功能和系统的整体功能。就组织接口而言，参建各方才能彼此密切配合，实现接口的无缝联结，共同控制好接口问题。而这些规则、手段、程序、规章需要相关参与方，尤其是总承包商进行制定和说明，明确各方的责任、权利和义务，并要求参与各方严格遵守，并对这些接口风险实施有效、及时的监控。如此，才能保证工程建设项目高效、有序、协调、平稳地进行。因此，接口风险管控可以这样定义：在工程建设项目中，为解决各类界面存在的风险而进行接口风险规则、手段、程序、规章的制定，以及对接口风险进行的识别、分析、对策、监控的一系列活动。

EPC 工程总承包项目在建设过程中，由于项目内部和外部存在众多干扰因素，项目具有较大的不确定性即风险，风险一旦发生就可能导致质量、投资，安全等控制目标难以实现，甚至严重影响项目总目标的实现。项目风险既是影响项目目标的主要因素，也是项目管理者面临的主要挑战，降低项目风险是项目管理者的基本任务。项目风险受政治、经济、技术和自然等多种因素的影响，但是它的发生与扩大往往与项目接口有着固有的内在联系，接口是项目风险的来源之一，是实现目标的薄弱环节。工程接口风险对项目工期、质量、成本、安全产生的影响如下。

①对工期的影响。在工程项目施工过程中，土建、安装和装修工序交叉频繁，大型设备运输和现场材料、设备堆放，如果管理不善，协调缺陷，必然对土建、安装施工顺序带来负面影响，极易产生风险，一旦出现接口风险事件，则会影响各工序的进度，从而最终影响总工期目标的实现。例如，施工图拖延造成工程迟迟不能开工；采购设备不能按时到达现场造成安装工程推迟等。为此，总承包商应编制土建与设备安装、装修工程施工作业网络图，处理好土建与设备安装、设备安装与装修施工接口关系，使土建、设备安装、装修施工能够有序进行。

②对质量的影响。在 EPC 工程总承包项目建设中，由于工期紧，任务重，需要边施工边设计，设计程序和施工工序往往交叉进行，如果接口管理处理不当，接口风险不能得到及时控制，将会产生建筑质量隐患、设备安装工艺缺陷，致使设备性能及涉及的电气特性受到影响，最终导致工程项目的整体质量下降。例如，"中国建筑业索赔第一案"中，对于北京某宾馆导致"红水事件"的 8 台热交换器的质量问题，其原因在于供货、施工和监理之间接口的责任不清。又如，某省投资 3 亿元建造的省博物馆刚投入使用，便发生顶面漏水的严重事故，设计方说责任在施工方，施工方说责任在设计方，问题发生在设计、施工与供货之间的关键接口上。可见，忽视项目的接口管理将导致不确定性的发生与扩大，极大地降低项目的价值。

③对成本的影响。非承包商的原因导致土建、设备、制造接口的脱节、错位，必将对项目成本产生影响。设计施工图不能够及时到位，设备不能按时运至现场，已预留吊孔、吊钩、设备基础与安装要求不符等，都有可能造成设计变更或工程洽商，从而导致施工分包商、设备安装分包商向总承包商提出索赔要求，增加返工和修补所需要的资金，增加工程项目建设成本。

④对安全的影响。不同工种的交叉影响、不同专业的重叠作业往往成为安全事故发生的直接原因，对于土建施工、设备安装、装修工程，如果不加强对它们之间接口的风险控制，工种作业交叉无序、专业重叠无章，可能会给安全、文明施工带来隐患，造成安全事故发生。例如，江苏省某市"8·24"模板倒塌安全事故、安徽某市"5·30"沟槽坍塌安全事故的发生都与施工前未能和施工单位进行技术交底有关，从而导致安全事故发生。工程实践证明，在建设工程领域，接口问题屡见不鲜。随着世界经济和科技的迅猛发展，建设项目所涉及的系统越来越庞大、越来越复杂，建筑产品及其生产过程的不确定性不断提高。为了降低

项目的不确定性，在项目的前期策划和设计阶段就应该重视项目的接口风险管控。接口风险管控应贯穿于项目建设的全过程，但重点应在项目的前期策划阶段，项目策划必须考虑接口风险的影响，尽可能减少接口，明确接口的责任，避免产生管理的盲区。

EPC 工程总承包项目模式的建设过程极其复杂，体现在管理层面上，与其他承包模式相比多了一个管理层次组织接口，且增加了对接口管理的难度。同时，EPC 工程总承包模式包括了多个单位工程或单项工程，各子工程之间会存在同时施工的情况，这些情况也会使 EPC 工程总承包项目的技术接口更为复杂。一旦发生接口风险将会严重影响项目工期、质量，增大工程成本，造成的损失与传统承包模式相比，损失更大。减少、控制和管理项目接口，才能提高项目的潜在价值。探讨交流总承包商如何根据 EPC 工程总承包模式的特点，充分利用设计在工程总承包的主导地位，将采购纳入设计，同时将设计向施工延伸，打通设计与采购、设计与施工的接口障碍，使设计、采购、施工的联结加强，有效并促进与项目业主、监理单位、各分包商的接口关系的建立和接口关系的沟通和改善，如何管理好技术接口，这对于提高项目的潜在价值具有重要意义。为此，接口风险管控成为 EPC 工程总承包项目风险管控的重要内容。接口风险管控既是提高工作效率的重要来源，也是实现管理目标的重要保障。

总之，自然界中各种接口无处不在，它是客观规律所决定的。对于自然界的接口，人们只能理解、认识和利用这些接口。与自然界接口不同，对于管理学所涉及的接口，人们可以主动对这些接口施加影响，从科学管理的角度，改进接口结构，减少接口，从而对接口风险进行有效的控制和管理，提高项目的价值，这是接口风险管控的根本目的。

第二节　接口风险管控内容

一、总承包商内部的接口风险管控

（一）各部门之间的接口关系

总承包模式下的接口关系是由总承包商采取的项目管理模式和项目管理组织结构所决定的（图 8-2），根据总承包商组织机构和岗位职责，项目内部接口关系主要分为控制组与设计组接口关系、控制组与采购组接口关系、控制组与施工组接口关系、设计组与采购组接口关系、设计组与施工组接口关系和采购组与施工组接口关系等。

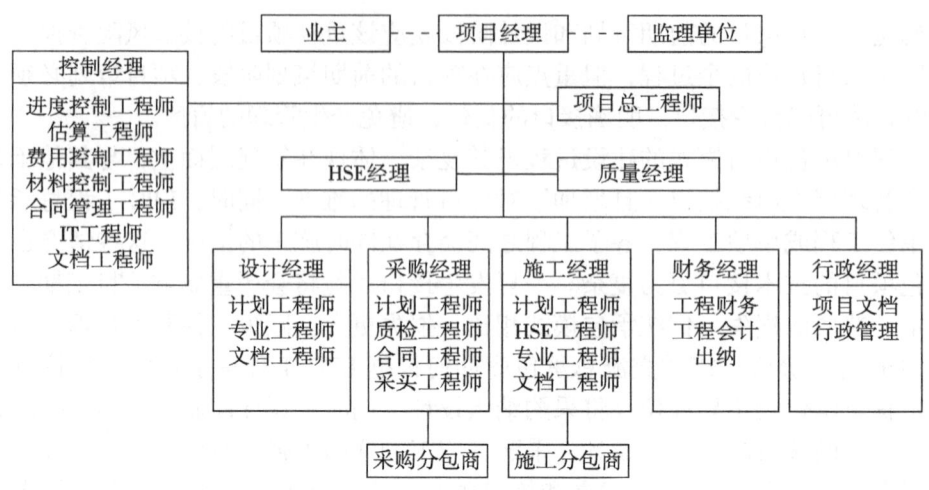

图 8-2 项目管理组织结构

（二）内部接口风险管控的内容

1. 控制组与设计组的接口风险管控

①项目的进度、费用控制工程师提出各类工作计划、统计报表和状态报告编制的依据、方法、内容和规定，设计规划师根据上述要求开展工作。

②控制组向设计组传递的资料包括项目总进度计划、装置主进度计划、设计限额计划、设计进度执行效果报告、限额设计费用的执行报告、项目进度报表（月）、工程费用报表（月）。

③设计组向控制组传递的资料包括装置设计进度计划、设计专业进度计划、装置设计人工时计划、设计进度报表（月）、设计人工时报表（月）、设计工作包费用报告、设计变更费用报告。

2. 控制组与采购组的接口风险管控

①进度、费用控制工程师需要提供各类计划、统计报表和状态报告编制的依据、办法、内容和规定，采购工程师依据上述要求开展工作。

②控制组向采购组提供的资料包括项目总进度计划、装置总进度计划、采购限额计划、设备材料采购文件及进度要求，采购进度执行效果报告、限额采购费用执行效果报告、项目进度报表（月）、工程费用报表（月）。

③采购组向控制组提供的资料包括采购进度计划、采购详细进度计划、采购人工时计划、采购计划报表（月）、采购人工时报表（月）、采购工作费用及状态报告、采购变更报告，以及采购用款年、季、月计划。

④控制经理、进度控制工程师、费用控制工程师负责协调采购计划工作与设计计划工作的有关事宜，负责协调采购进度与设计进度之间可能出现的矛盾关系。

3. 控制组与施工组的接口风险管控

①控制经理负责协调施工进度、设计进度、采购进度之间可能存在的矛盾关系,进度控制工程师和费用控制工程师负责协调施工计划工作与设计计划、采购计划的有关事宜。

②控制组参加施工招标文件的评审、招标与合同谈判,参加施工组织的调度会、协调会。进度、费用工程师提供各类工作计划、统计报表和状态报告编制依据、办法、内容和规定,施工计划工程师、施工统计人员根据上述要求开展工作。

③控制组向施工组传递的资料包括项目总进度计划、装置主进度计划、施工费用计划、施工费用计算表(施工图预算)、施工进度执行效果报告、施工费用执行效果报告、项目进度报表(月)、工程费用报表。

④施工组向控制组传递的资料包括装置施工进度计划,施工详细进度计划,施工人力动员计划,施工管理人力动员计划,施工进度报表(周),施工人工时报表(周),施工进度报表(月),施工工作包工程量状态报告,施工变更报告,施工三月滚动计划,施工工程量年、季、月计划,施工材料需求计划。

⑤施工组对现场签证的内容、数量、质量进行审查后,提供给控制组,对控制组提出的施工分包单位工程款的支付进行审核,配合控制组进行施工分包合同的执行、变更和索赔。

4. 设计组与采购组的接口风险管控

①在项目经理的组织协调下,由设计组、采购组共同确定项目合格分包商清单;设计组和采购组共同确定设备表、材料表、采购文件的编制内容及深度规定,设计组按照进度计划和深度要求编制有关的设计(工作包)文件,设计(工作包)文件经控制组增加限额采购计划表后,根据进度计划提交给设计组。

②设计组负责供货商报价文件的技术评审,并编制技术评价表,采购组负责合同的商务谈判工作,并在合同商务谈判完成后,编制待签合同(草案)经合同审批(会签)工作并得到批准后由采买人员签订合同。

③采购组负责协调设计组与供货厂商之间的技术联络等关系,按照合同规定的进度要求将需先确认及最终确认的供货厂商的制造图纸转交设计组确认后,及时返回制造厂供其生产制造使用。

④采购组组织协调、设计组派人员参加并处理设备制造过程中有关的设计问题和技术问题。采购组与设计组应密切配合,处理采购中的变更事宜。

⑤设计组向采购组提供的资料包括设计进度计划、专业设计进度计划、设计进度报表(月)、设计(工作包)状态报告。

5. 设计组与施工组的接口风险管控

①设计组参加施工招标投标工作,并负责对施工招标投标文件和施工分包合同中有关工程范围、标准规范等技术问题进行技术指导。

②设计组向施工组提供图纸交付计划、配合施工组对施工分包商提出的工程量、签证等问题的誊清;施工组向设计组提供图纸到场情况及图纸需求。

③设计组参加施工组组织的调度会、协调会,参加施工组组织的重大施工方案的评审、施工质量大检查、会签施工组提出的施工质量验收报告。

④施工组参加设计组组织的施工可行性分析会，施工组向设计组反馈图纸中存在的问题和施工中需要解决的问题。

6. 采购组与施工组的接口风险管控

①采购组向施工组传递采购计划，提供设备材料到场计划和信息，采购详细进度计划，采购进度报表（月），采购工作状态报告，库房设备、材料状态报告。

②施工组负责提出设备材料需求，向采购组传达各类施工计划（包括施工材料需求计划）；施工组参加采购组组织的设备材料检查，出厂验收和到场验收工作。

③设备材料在安装和试车过程中，出现与制造质量有关的问题，采购组应及时与供货商联系，采取措施，并配合施工组处理有关问题；施工组负责配合采购组组织采购分包方的现场服务，并协调采购分包方对现场问题的处理工作。

④采购组参加施工组组织的设备材料问题的处理，参加施工质量问题、质量事故的调查处理。采购计划工程师参加工程协调会及各类有关的施工计划会议。

⑤采购组配合施工组处理现场施工过程中临时应急性零星材料的采购事宜；采购组与施工组应密切配合处理施工中的变更事宜。

二、总承包商与业主之间的接口风险管控

总承包商与业主之间的接口关系，一般为委托的合同关系，有着明确的工作内容和沟通协调关系划分，但随着业主对 EPC 总承包项目管理介入的不断增加，其所属的职能部门与 EPC 工程总承包商组织内部之间都直接存在明显的接口关系。对总承包商与业主之间可能存在的接口风险，应采取以下管理措施。

（一）HSE 风险管控

①参加业主组织的 HSE 会议、各种检查及事故处理，通知业主参加承包商的 HSE 会议、检查、重大 HSE 方案的审查及事故处理。

②按照业主的项目现场治安保卫管理规定办理出入场手续；向业主报送 HSE 方面的各种文件及各种资质材料。

③接收业主 HSE 通知、会议纪要，并按照业主的要求组织实施，配合业主 HSE 风险管控工作，并接受业主的检查与指导。

（二）质量风险管控

①向业主报送项目质量计划，与业主共同确定质量风险控制要点；与业主共同确定单位工程，工程建设交工技术文件编制规定。

②要求业主明确质量监督机构，提供质量监督计划；通知业主参加图纸会审、技术交底、重要质量会议、质量大检查、重大方案审批、不合格品的处理和质量事故处理。

③通知业主参加隐蔽工程及工序交接；参加业主组织的质量会议、质量检查；接受业主的检查。

④参加"三查四定"工作，组织问题整改；配合联动试车和投料试车；参加业主组织的开车前的专项验收。

⑤组织向业主发放有关的设计文件；移交交工技术文件；向业主提交交工验收申请报告；配合业主对工程质量进行评定；负责组织施工分包商处理质量保修期的施工质量缺陷。

（三）进度风险管控

①协助施工分包单位办理施工准入手续；组织办理水准点、坐标点和场地移交有关手续；向业主提交施工平面设置图；参加第一次工地会议，提交开工申请报告。

②向业主报送施工组织计划、施工技术措施方案；通知业主（必要时）参加有关施工进度协调会。

③接受业主对施工进度的检查。

三、总承包商与监理单位之间的接口风险管控

总承包商与监理单位之间的接口主要是通过总承包商与监理单位的沟通、协调，总承包商的施工组根据监理单位所提出的问题进行协调落实处理。接口风险管控的内容包括：向监理单位提交项目进度计划（包括装置施工进度计划、三月滚动施工进度计划、月施工进度计划）；报批施工过程质量管理文件、施工组织设计和施工方案、质量控制点和工序检验申请单、各种施工记录、试验报告、材料质量报告等。

四、总承包商与施工分包商之间的接口风险管控

（一）总承包商与施工分包商的接口关系

总承包商与施工分包商的接口是项目接口管理的主要接口。在总承包过程中界面的接口主要是通过总承包商施工管理组与项目的各施工分包商进行沟通协调；施工管理组根据施工分包商所提问题及施工管理过程中出现的问题进行分类与总承包商内部的控制、设计、采购进行协调、落实、处理。由施工专业工程师负责施工过程问题的协调、处理、检查及结果反馈；由施工文档工程师负责各种施工文件和资料的发放、接收及传递工作。施工分包商及专业分包商的管理，要在分包合同中明确专业界面范围的划分，详细约定其职责、分工，以免出现可能的纠纷，进而确保总承包商对建设项目进行，施工总协调、进度的控制和安全文明施工的有效管理。

（二）总承包商与施工分包商接口风险管控的内容

①总承包商向施工分包商发布项目控制进度计划或单元/装置主进度计划（该计划以单元/装置为对象进行编制，其内容包括装置设计、采购、施工主要活动和关键控制点）；装置施工详细进度计划（是对项目控制进度计划中的施工计划的细化，内含施工各专业的主要

活动）；三月滚动施工进度计划（作为总承包商对施工进度计划的操作和调整性控制计划，也是施工分包商编制月施工作业计划的基础）。

②总承包商向施工分包商及时提供设计图、设备材料质量证明文件，组织设备材料到货开箱验收；向施工分包商发布的工程施工质量管理文件、HSE管理文件、工程联系函、会议纪要、备忘录、工程通知函、施工质量问题整改通知单、不合格通知单、罚款单等过程管理文件。

③施工分包商向总承包商提交施工计划，包括月施工作业计划（该计划是施工分包商在三月滚动施工进度计划的基础上编制的，对本月施工作业进度计划的安排、对下月施工作业计划的预安排、对第三月施工作业的部署）、三周滚动施工作业计划（是施工分包商在其月施工作业计划基础上编制的，是对上周作业计划的分析总结，对本周施工作业计划的具体安排，对下周施工作业计划的预安排）。

④施工分包商向总承包商提交施工组织设计、施工方案、施工记录、HSE/质量措施、工程联系单报总承包商审批，向总承包商提交设计图问题反馈、设计材料缺口需求报告、施工变更、工程联系单。

⑤施工分包商每月或每周向总承包商提交到货设备或材料在安装和试车过程中出现与制造质量或材料质量有关的问题。

综上所述，总承包商与项目各干系人之间存在多个接口。由于内部或外部的众多干扰因素，项目具有较大的风险，这一特性反应在项目的造价、工期和质量控制目标上，以及影响它们的诸多因素上。实践证明，在总承包管理中，大量的矛盾、争执、问题都反映在接口关系的协调中。因此，应对接口高度重视，积极采取应对措施，有效控制接口风险，这就要明确接口关系，规范管理运行模式，畅通沟通渠道，确保各类信息发出、传递、共享、处置得以顺利实施才能有效控制接口风险的发生，保障项目总体目标如期实现。

第三节　接口风险管控实践

本节以广东DP天然气项目进度接口风险管控为实践案例，交流其对接口风险管控的认识、做法和管理的经验体会。

一、案例摘要

以广东DP-LNG液化天然气工程项目为例，介绍了该项目的进度计划，对总承包商的进度接口风险进行了分析，并编制了进度接口清单。在此基础上，详细地介绍了总承包商对进度接口风险实施管理的做法和经验。

二、项目背景

本案例是广东 DP-LNG 液化天然气接收站一期总承包项目的实例。国内绝大部分 LNG 工程项目采用 EPC 工程总承包模式进行。由于我国 LNG 行业处于刚刚起步阶段，国内知名的大型石化企业都没有太多的经验，此类项目大多数由国外知名企业承担，国内工程公司只能作为分包或以合作的形式参与。如何利用国内石化工程建设实践，交流 LNG 项目的管理经验，对于国内公司尤为关键。

广东 DP-LNG 液化天然气接收站一期总承包项目于 2013 年 5 月签订总承包合同，于 2015 年 6 月建成投产，接收站规模为 370 万吨 / 年，接收站主要设施包括一个可供 8 万～20 万立方米 LNG 货船停泊卸料的码头，近 300 米的栈桥、两个容量为 16 万立方米 LNG 储罐、6 套 LNG 气化装置等，接收由澳大利亚进口的 LNG，物料通过低温运输船运载，到接收站码头卸料，再经过储存、蒸发、处理，生产出天然气，用于电厂发电和燃气供应。

业主为广东省某天然气有限公司，总承包商是以法国某公司为首的联合体，我国某工程公司是国内工程公司合作分包单位，负责项目陆上部分详细设计、国内物资采购及施工管理工作。从合同签订到试车需要工期 3 年，工程设计约为 18 个月，采购约需 20 个月，施工和试车时间约为 30 个月，因而设计、采购、施工在大部分时间内需要同时进行，总承包商要协调好 3 个阶段工作中合同、组织、阶段、系统专业众多接口。

三、整体规划及进度风险

（一）项目的整体时间规划

项目的整体时间计划严格按照 EPC 工程总承包合同的要求，在签约后的 38.5 个月，提交项目接收站部分的临时竣工证书，40 个月后将项目正式移交业主。项目的进度计划是根据合同上重要里程碑的清单来制订的。清单的颁布有利于项目各干系人熟悉业主对项目进度要求，各组织成员再根据此要求，调配资源，制订详细的工作计划。

（二）项目组织和分包情况

总承包商通过建立一系列的团队，动员调配项目的各种资源，以保证项目工作顺利执行。为了更好地调配资源，项目阶段不同，工作的地域中心也有所不同，设计和采购的工作分国内和国外两大部分，基础设计和海外采购工作放在总承包商的企业海外部进行，由总承包商的工程团队完成，保证有充足的人员参与，并且参与的人员和团队有丰富的经验；国内详细设计和国内采购，放到国内合作的分包企业总部，以便团队能更适应项目的政治、文化、地域等外部的环境，与施工现场有紧密的联系；施工和分包管理的工作则放到现场，由施工管理队伍完成。

（三）提早开始策划

为了实现在较短并且可行工期计划内完成项目，总承包商对项目做出全面、综合的考虑，执行施工活动提早开始的策略。根据现场复杂广阔的自然环境，施工活动的开展能够加快项目整体进度，特别是现场场地的平整、防浪堤的建设、LNG 大罐的基础打桩和 LNG 大罐的土建和机械等工作。提早开始的工作包括以下几个方面。

①在很短的时间内，集中大量的人力资源到工程设计和采购工作上。

②提早对现场开展场地平整和土建活动。

③在项目早期，尽快确定设计基础条件，以便尽早确定工艺和公用工程条件，完成物资流程图。

④尽早提交长周期物资采购订单和结束输入条件，以便更快地获取厂商的反馈资料。

⑤及时获得施工许可的证书和现场的移交。

⑥保持对详细设计和界面的总体控制。

⑦加快完成建筑物的设计和采购，以便尽快交付使用。

⑧加快确定对总图、管道、土建、结构和地下部分详细设计有影响的重要厂家资料。

⑨加快对仪表供应商的咨询。

⑩加快设备供应商的制造进度，特别是那些处于关键线路上的长周期物资。

对以上提到的施工工作，应提早制订预试车和调试的计划。

以上的这些工作都在进度计划的关键线路上。提早开始这些工作，可以保证关键线路下游工作有充足的时间，以确保项目进度不被拖延。提早开始策略使得工作活动要素接口更加紧密，对 WBS 中活动的分解则得到进一步的细化，以减少因工作活动定义不清而造成的误区，以及对进度的影响。

（四）进度接口风险分析

对项目的进度接口风险进行分析，总承包商组织横跨多个地域，大量使用设计、采购、施工等分包商，项目工期紧凑，专业及系统的划分详细，使得项目在整个建设周期内存在大量接口，这些接口若出现问题将对工程进度产生很大的影响，其中包括以下几个方面。

①项目建设的过程中有大量外界接口需要业主确认，这些条件的确认将影响总承包工作的开展。

②项目存在大量的报批工作，这些报批工作或需要由业主负责或需要由业主配合，此类接口工作处于关键线路之上，决定着项目的进程。

③项目的进度计划，特别是执行层的计划比较容易受到执行范围、施工质量、现场安全等因素的波动影响，各分包商之间进度计划相互制约。

④分包商缺少实际经验，其进度计划缺乏依据，容易在执行阶段出现较大的偏差，影响总承包商的整体进度计划。

⑤低价中标的分包企业千方百计划利用变更索赔，提高项目的收益，遇到边界不清楚的情况，会相互推诿，并提出变更要求，影响项目进度。

⑥总承包商对分包商的工作无法进行有效的评价，当实际进度落后时无法准确测量和预测，及时予以纠正。

⑦分包商出现进度落后的情况时，也往往将责任推卸到总承包商或其他分包商，导致相互"扯皮"。

⑧设备管道及钢结构（WP08）的分包商负责设备、管道以及钢结构安装，此项工作存在大量专业实体的接口，比较容易出现接口问题，对项目进度产生影响。

从以上分析可知，接口问题直接或间接地影响项目的进度，其主要原因是范围划分不清、活动分解不细致、责任没有明确。因此，有必要制定相应的接口管理措施，如通过对工作活动的详细分解，编制清晰的活动代码。

对一些关键接口活动，应将其时间、职责等要素列明，编制主要外部接口清单、项目报批记录、采购状况记录等；对项目的变更进行严格管理；采用多层级进度计划，并对作业层的活动实施滚动计划，增加计划的灵活性。通过以上这些措施，对接口问题进行重点的关注，以降低项目延误的可能性。

四、活动及其接口的管理

（一）活动分解代码的编制

项目的工作分解结构按照多种特性来划分，以便全方位对项目进度进行控制，并协调好工程设计、采购、施工和试车所有的活动。根据活动的对象阶段、岸上/离岸合同、专业、固定/变更合同及系统等特性，将项目综合地分解成一系列的工作，以多层 WBS 代码划分。

通过多层次的 WBS 代码，可使工作的特性更加清晰显示，如编写气化设备询价书的相应代码为 GEOFBEQPO6，这样将工作之间的接口有效进行划分，明确其关系，便于进行管理和控制。初步工作结构分解成果，则作为项目上层工作进度的输入。总承包商提出初步 WBS 和上层进度计划的要求，由分包商进行详细具体活动任务分解，并完善下层执行层面的进度计划。

（二）活动接口的控制

活动经过详细分解后，一些专业、组织、阶段之间的接口，特别是对项目工期有重要影响，需要对方协助努力共同完成的接口，应该通过清单来说明活动的范围、责任方、状态、计划日期和实际日期等要素，以便进行重点监控。

1. 主要外部接口清单

项目建设过程中，存在大量外部接口，这些接口影响着设计的方案、采购物资、施工安装，以及项目管理等工作，通过建立这些外部接口清单，将项目中主要的实体、施工和管理接口识别出来，并将总承包商与业主责任分清，有利于总承包商与业主共同将项目外部接口管理好。

2. 报批项目记录

项目中大量的许可报批工作处于关键线路之上，对总承包商的进度至关重要。其中一部分的报批工作由业主负责，总承包商提供协助，属于总承包商的外部接口，列明这些接口工作的责任、内容、条件、对象和日期等信息，可以使边界划分清晰，当进度受到此类因素而拖延，可以追究业主方的责任，更好地保护总承包商的利益。通过列表报批项目记录，报批工作得到各方的重视，总承包商可以随时监控报批工作的状态，保证施工可以按照提早开始计划进行，同时，避免一些施工单位推诿进度落后的责任。

3. 采购物资状态登记

项目的采购工作贯穿于设计和施工过程之中，与设计和施工的活动存在着众多的接口，因此有着密切的联系。采购活动中发标、厂家资料返回、物资的到货这几项活动的时间与设计、施工活动的时间有着密切联系，建立物资采购状态表，可以对物资采购工作中设计、施工的时间接口进行有效的识别和监控。

变更可分为设计更改和设计修改两种。其中，设计更改是指方案性的，或总工作量达到10个工作日以上的设计变更；设计修改是指非方案性的少量设计变更。项目经理或设计经理在收到设计变更修改的要求后，首先分析其原因，再估算变更、修改的性质和工作量，判断其受影响的专业，对总承包商内部原因产生的变更，应及时修改，对影响较大的变更，应将范围和措施及时通知业主；对外部原因产生的变更，将影响范围、费用、措施方案确定后，通知业主，做好变更记录，以向业主索赔。

通过对设计变更的严格控制。统计出各施工分包商的设计变更次数。其中，外部的原因变更比例大幅下降，同时负责工程项目核心部分的 LNG 大罐 WP04、WP05 安装分包商的变更，也约占总变更数量 5%，工程设计核心理念在施工阶段得到有效的落实。通过变更原因的追究，各方责任得到了明确，缩短了变更相应的时间，并降低了所产生的影响。

五、进度计划的接口

（一）进度计划管理总则

项目的各级进度计划存在时间、资源、责任分工上的衔接，进度计划应由总承包商和分包商共同完成，总承包商负责对项目进行整体进度计划编制，编制设计、采购和施工 3 个阶段的进度计划，下游各组织及分包商则负责对下层活动的进度计划进行编制，提交给总承包商进行调整和汇总，各级进度计划存在时间、资源、输入依据、责任分工等的接口衔接，需要对各层级进度计划的以上内容做出清晰的定义和划分。

总承包商进度计划管理和控制的主要任务如下：编制工程项目各级、各类进度计划；检测和控制时间进度，在编制出一个全面的、具有指导意义的总体计划后，计划的实施一定要做到；严格按计划实施，定期及时反馈实际情况，认真对比分析，酌情调整。总承包商的项目经理在监督管理中的职责是指导监督主要进度计划的编制、实施和控制，保证按照合同进度要求完成项目任务。

项目合同、项目工作分解结构（WBS）、项目组织分解结构（OBS）、项目代码和编码是进度计划管理工作的主要输入，以上内容通过业主审批，可以让其了解项目情况，避免因输入的变化而影响进度计划。进度计划通过层级由上而下分工编制，使其中的接口得到紧密衔接。

（二）项目级进度计划

第1级进度计划定义了项目总体进度计划，表示项目主要里程碑，与合同进度计划基本一致，用于指导工程设计、采购、施工、调试等阶段的总体控制目标。

第2级进度计划表示设计、采购、施工和试车中各专业主要活动的先后次序和起始时间，用于协调以上工作接口关系，是编制各详细进度计划的依据。设计、采购、施工和试车经理组织各专业负责人分别进行本专业WBS的分解，计划工程师在此基础上，根据工程承包合同中经双方确认的进度计划，编制完成计划初稿，交给项目各部门的经理以及专业负责人审查并提出意见，计划工程师反复调整修改，最终由项目经理批准，并在开会期间和业主讨论达成一致，会后发表作为2级项目的执行计划。

计划编制依据有：①合同进度计划；②合同中的职责范围和工程规定；③公司的报价和相关的工作量；④全场总布置图；⑤工艺设备表；⑥项目的WBS。

第1、2级进度计划由总承包商负责，计划工程师在项目经理指导下主编，一旦经项目经理和业主共同批准，项目成员就要严格按照该计划控制进度和人工时。若在项目执行过程中，出现大范围的项目变更或进度偏差，使项目已经无法按照原计划执行，由项目经理批准后，计划工程师应重新组织安排更新计划，该计划经项目经理审核，并提交业主批准。更新计划的编制方法和职责分工参照原计划的编制程序。项目级进度计划将按月进行检测，并在项目进度月报告中发布。

（三）专业级进度计划

专业级进度计划是控制作业的依据，也是安排专业人工时和编制费用进度计划的依据，是项目进度计划的核心，用于分析和控制项目状态。本级计划由项目WBS来定义，其活动的信息应包括活动定义、WBS代码、描述、持续时间、权重、涉及工作量、资源和逻辑关系。本级计划将以各专业的月进度状态进行检测。本级计划通常采用P3管理软件编制横道图计划和进度百分比计划。专业级的计划按照阶段划分，各阶段的专业级计划分工、输入和输出如下。

1. **设计专业详细进度计划**

（1）设计编制计划的责任分工

本计划由设计各专业负责人主编，计划工程师审查并提出修改意见，经设计经理批准后发表。

（2）设计计划编制依据

合同中的职责范围和工程规定；项目级进度计划；项目的WBS；公司的报价和相关的工作量；设计人工时定额；工艺设备表。

（3）设计计划编制要求

按项目的 WBS，估计和确定本专业设计的全部工作包或图纸；估计设计工作量，参照设计人工时定额，确定所选工作包或图纸的人工时，以及在专业中所占的比重；确定所选工作包或图纸的起止时间及月进度、所含各工序的起止时间及月进度、各工序的加权值；根据项目级进度计划的限制要求和各专业的条件关系调整，校核并优化后完成计划编制。

2. 采购详细进度计划

（1）采购编制计划的责任分工

本计划由采购经理主编，计划工程师审查并提出修改意见，经设计经理批准后发布。并按所编计划分别填写 MR、催交和检验三种状态表，计划工程师审查并提出修改意见，项目经理批准后发布。

（2）采购计划编制依据

设备、材料采购清单；项目进度计划；设备材料费单价；采购人工时定额。

（3）采购计划编制要求

按专业列出采购的全部订单；估算采购工作量和人工时；估算各订单的设备、材料费及在总采购费中所占的比重；确定所列全部订单的采购起止时间和月进度，各工序的加权值；根据项目级进度计划的限制要求和与设计、施工详细计划的协调关系，调整上述计划，校核并优化后，完成计划的编制；按上述计划分别填写 MR、催交和检验三种状态表。

3. 施工专业详细进度计划

（1）施工编制计划的责任分工

本计划由施工经理主编，施工分包商协助，计划工程师审查并提出修改意见，项目经理批准后发布。

（2）施工计划编制依据

项目的工作分解结构（WBS）；项目级进度计划；装置的工艺流程；主要工区施工程序；施工预算定额。

（3）施工计划编制要求

按项目的工作分解结构（WBS），估计和确定专业中各工区施工的全部工作包；确定专业中各工区施工的先后顺序及工区中各工作包的施工顺序；根据各工作包施工工程量，估计劳力费、机具费和施工材料费，确定每一个工作包的费用比重。确定各工作包的起止时间及月进度，所含各工序的起止时间及月进度，各工序的加权值。根据各工作包的开工时间，确定主要设备、材料到场时间。注明各工区施工时，设计图资料到达现场时间。

根据项目级进度计划的限制要求和各专业的条件关系调整，校核并优化后完成计划编制。

4. 开车详细进度计划

（1）开车编制计划的责任分工

开车详细进度计划主要包括开车前准备工作计划、预试车计划和投料试车计划。开车前准备工作计划应在项目初始阶段由开车经理主编，项目经理审定，业主确认。预试车和投料试车计划应由现场开车指挥部在机械竣工达到 70% 时开始依次编制。

(2) 计划编制依据

项目级进度计划；工艺包；工艺文件。

(3) 计划编制要求

确定开车前准备工作的具体活动内容；估计工作量，确定每项活动开车前准备工作的比重；确定每一项具体活动的进度；根据项目级进度计划的限制要求和各专业的条件关系调整，校核并优化后完成计划编制。

(四) 作业级进度计划

作业级进度计划通常是指编制三月或三周滚动计划、工作包计划和班组计划。设计和采购阶段的作业计划通过控制计划表，由作业人员将工作进行细化。施工阶段作业计划应根据施工专业详细进度计划，由施工分包商编制，计划工程师负责审查和汇总，施工经理批准后发表。开车阶段的作业计划与施工阶段类似。

在执行项目初期，为了统筹规划，应根据项目的 WBS、项目级进度计划和专业详细进度计划进行项目的人工时估算，并据此编制各阶段的人力初始调遣计划；必要时还应编制施工机具初始调遣计划。上述计划应随着项目的深入和进度计划的改变而做出相应的调整。

六、进度接口风险管控案例启示

①对进度接口管理应提前策划。接口处理不妥，会对进度产生直接的影响。因此，总承包商应全面分析对进度产生影响的接口，提前识别进度接口，对项目关键线路上的部分工作提早策划，才能争取主动，减低对工期的压力，加快整体进度。

②识别进度接口风险后，应根据项目的特点，由总承包商进行原因分析，通过对工作活动代码划分、外部接口清单、项目报批记录、采购状态记录以及对设计变更的严格控制，对接口活动输入、内容、时间、责任和状态等要素进行监控，保证活动接口的顺利衔接，以减少接口风险。

③总承包商应对项目计划进行划分，增强计划的灵活性，以减少接口对工期风险的压力。如本案例项目进度计划分为项目级、专业级和作业级三级计划，对计划责任分工、输入依据、编制要求进行清晰定义，将总承包商和分包商计划工作进行划分，增加了计划的灵活性，为同行提供了经验。

本项目通过运用以上对接口风险管控的措施，该天然气一期工程 EPC 总承包工程项目做到了定义分解清楚、职责分工明确、关键接口活动处于监控状态，使项目干系人紧密合作，在设计、采购和施工工作基本是同时进行的情况下，项目工期按照合同里程碑要求完成。工程实践证明，接口是否处理得当，直接影响项目总目标的预期实现，是减少项目目标风险的关键性工作，因此应引起总承包商的高度重视。

第九章 EPC 工程总承包项目全面风险管理

全面风险管理是一个全新的概念，是企业经营发展形势的客观需要，是风险管控领域研究深化的结果。实施全面风险管理要求总承包商通过企业内部控制，全方位地从整体考虑项目设计、采购和施工阶段的风险及接口风险，而不是对风险进行单一、静态的分析和控制。实施全面风险管理对项目达到预期目标具有十分重要的意义。

第一节 全面风险管理的含义

一、全面风险管理的定义与框架

目前，对于全面风险管理国际上并没有统一的定义。对于全面风险的定义各有各的说法，尽管表述上存在差异，但基本意思则是相同的。我们主要分析美国反虚假财务报告委员会下属的发起人委员会（The Committee of Sponsoring Organizations of the Treadway Commission，COSO）制定的《企业风险管理－整合框架》（COSO-ERM）和我国国务院国有资产监督管理委员会制定的《中央企业全面风险管理指引》（CSAMC-ERM）的定义和框架。

（一）COSO-ERM 对全面风险管理的定义和框架

对风险的认识如下：事项可能带来负面的影响，也可能带来正面的影响，或两者兼而有之；带来负面影响的事项称为风险，其会妨碍价值创造或破坏现有价值，带来正面影响的事项可能会抵消负面影响，或者说代表机会。机会是一个事项将会发生并对目标——支持价值创造或保持——实现产生正面影响的可能性。

COSO-ERM 对全面风险管理的定义是：企业风险管理是一个过程，它是由一个董事会、管理层其他人员实施的应用于战略制定并贯穿于企业之中，旨在识别可能会影响主体的潜在事项，管理风险使其在该主体的风险容量之内，并为主体目标的实现提供合理保证。COSO-ERM 主要框架如下所示。

①管理目标。要求有 4 个风险管理目标，即战略目标、经营目标、报告目标和合规目标，并列出风险管理的 8 项要素，即目标设定、内部环境、事件识别、风险评估、风险反应、控制活动、信息与沟通和监控。

②8 项要素。目标设定，是全面风险管理的起点。内部环境，包括企业的资源和能力，在全面风险管理过程中，侧重于企业文化的运用，创造企业风险文化的氛围。事件识别，强

调影响目标实现的内外部事件，区别威胁与机会。风险评估，甄别风险类型、区分风险性质（是纯粹风险还是机会风险）、选择适合的评估技术、评估发生事故的可能性及可能影响、控制成本。风险反应，是全面风险管理的基础，为各类风险选择合适的处理措施。控制活动，采取措施，将风险对企业的影响减低到企业的风险偏好之内，控制管理成本。信息与沟通，全面风险管理框架要求有高效的信息系统和沟通渠道。监控，通过连续监控，明确当前情景、发现潜在问题，为下一个循环的风险管理活动提供经验。

③企业参与层级。一是要求企业管理层负有主要责任；二是要求职能部门负有支持责任；三是要求各业务线及子公司负有实施责任。

COSO-ERM 框架可归纳为 "483" 风险管理框架。COSO-ERM 全面风险管理结构三维模型和基本流程如图 9-1 和图 9-2 所示。

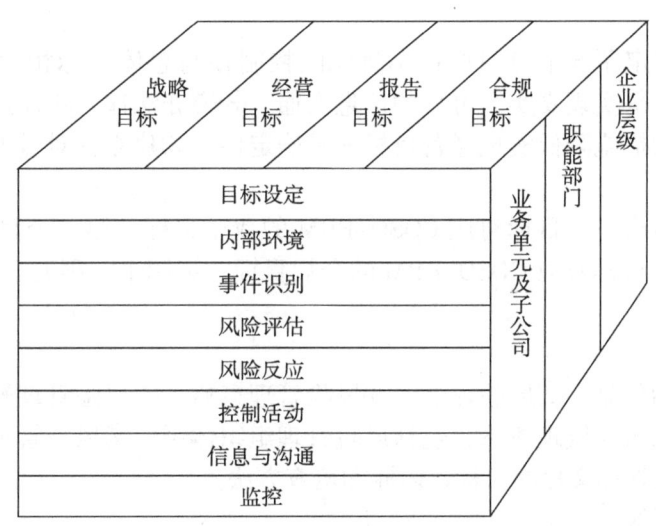

图 9-1 COSO-ERM 全面风险管理结构三维模型

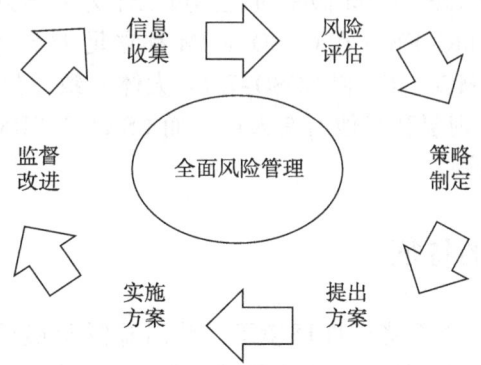

图 9-2 COSO-ERM 全面风险管理基本流程

(二) CSAMC-ERM 对全面风险管理的定义和框架

CSAMC-ERM 对风险的表述为：所称企业风险是指未来的不确定性对企业实现其经营目标的影响，包括纯粹风险（只有带来损失的风险）和机会风险（损失和盈利可能性并存的风险），具体分为战略风险、财务风险、市场风险、运营风险和法律风险等。

对全面风险管理做了如下定义：所称全面风险管理，是指企业围绕总体经营目标，通过在企业管理的各个环节和经营过程中执行风险管理的基本流程，培育良好的风险管理文化，建立健全全面风险管理体系，包括风险管理策略、风险理财措施、风险管理的组织职能体系、风险管理信息系统和内部控制系统，从而为实现风险管理的总体目标提供合理保证的过程和方法。

CSAMC-ERM 框架归纳如下。

（1）管理目标

CSAMC-ERM 设定了 5 个分目标：①将风险控制在与总体目标相适应并可接受的范围内。②确保企业内外部实现真实、可靠的信息沟通。③遵守法律。④通过企业安排，且以企业的规章制度和重大措施降低实现经营目标的不确定性。⑤建立针对重大风险发生后的危机处理计划。

CSAMC-ERM 的第一个目标对应 COSO-ERM 的战略目标，第二个目标对应 COSO-ERM 的报告目标；第三个目标对应 COSO-ERM 的合规目标；第四个、第五个对应 COSO-ERM 的经营目标。

（2）8 项要素

①风险管理初始信息。②风险评估。③风险管理策略。④风险管理解决方案。⑤风险管理的监督与改进。⑥风险管理体系，包括风险管理组织体系。⑦风险管理信息系统。⑧风险管理文化，包括风险管理文化的目标、内涵和培育方法。

（3）企业参与层级

企业风险管理参与主体包括董事会、企业总经理，职能部门与业务单位，企业全体员工。关于企业参与层级，CSAMC-ERM 似乎对全体员工作为主体更为关注。

对于风险的认定，CSAMC-ERM 和 COSO-ERM 都立足于不确定性这一本质特征；对于全面风险管理的定义，CSAMC-ERM 和 COSO-ERM 大体一致，只是 COSO-ERM 强调全面风险管理的主体是董事会、管理层和其他所有人员，而 CSAMC-ERM 的全面风险管理主体在文件的其他地方加以专门的强调。

二、全面风险管理的特征

风险管理是指如何在一个不确定性环境下，将风险降至最低的管理过程。这种概念往往局限于被动的、静态的、单一的、局部的层面，主要内容是信用风险与财务风险，没有认识到风险可以是主动的，是完全可以掌控的，缺乏对分风险管理的系统研究和认识。如上所述，全面风险管理是指企业围绕总体经营目标，通过在企业管理的各个环节和经营过程中执行风险管理的基本流程，培育良好的风险管理文化，建立健全全面风险管理体系，包括风险管理策略、风险理财措施、风险管理的组织职能体系、风险管理信息系统和内部控制系统，从而为实现风险管理的总体目标提供合理保证的过程和方法。

全面风险管理主要体现在是用系统的、动态性的方式，减少项目实施过程中的不确定性，其不仅使各个层面的项目管理者建立风险管理意识，重视，风险问题，防患于未然，而且在各个阶段、各个方面对项目的所有风险进行有效的管控，结合各个业务部门之间的联系，从宏观整体上控制项目风险，重点是保持风险管理的持续性和时效性。归纳起来，全面风险管理的概念有以下4项含义。

（一）全要素性

全要素性是指对EPC项目所有风险都进行有效的识别、评价、应对和监控。全要素性要求对涉及EPC项目目标的所有外部风险和内部风险；纯粹风险和机会风险；战略风险、财务风险、市场风险和运营风险、法律风险，等等，都要实施有效的管控。

（二）全过程性

对EPC项目总承包商而言，风险管理必须从项目开始到结束实施全盘的管理，对项目整个生命周期内的任何阶段可能产生的风险都要进行管控，也就是说对项目全过程实施风险识别和风险评价，并采取有效的应对措施和监控，而且这种监控是动态的、持续的。

（三）全方位性

全方位性是指采取全方位的监控手段和措施对风险进行全面的管理。如可以选择风险回避、风险转移、风险转换、风险对冲、风险补偿和风险控制等策略监控风险；采用事前监控、过程监控和反馈监控三个层次全方位的手段对风险实施管理等。

（四）全团队性

全团队性是指对涉及EPC工程总承包项目的所有参建单位都要参与和开展风险管理的实践活动。如设计分包商、货物供应商、施工分包商等单位或组织。同时，全团队性要求实施全面风险管理不仅仅涉及决策层或管理层，而且涉及单位全体员工，只有全员投入到风险管理的实践活动之中，才能有效地提高整体项目风险监控水平。

对于EPC项目来说，总承包商的风险管理目标可以表达为在保证建设过程安全的前提下，实现成本、工期和质量的控制要求，最终能交给业主一个满意的产品。显然，EPC工程总承包项目全面风险管理的总体目标和工程项目管理的目标是一致的。

EPC工程总承包项目生命期较长，成本数额巨大，在全局性的风险管理总目标指导和限制下，工程项目的风险管理有不同层次的目标，这些管控子目标在生命周期的每个阶段各不相同，所有目标综合起来就构成了一个完整有机系统的目标体系。当然，这个目标系统必须与项目管理的总目标保持一致。

三、全面风险管理与传统风险管理的区别

全面风险管理的概念是将风险管理置于不确定性的框架之中，这是与传统风险管理最大的不同，传统风险管理是刻板地执行既定计划。由于传统的风险管理更多依赖于风险管理者个人主观的判断和以往的项目经验，因而当环境复杂并存在难以估计的风险时，就难以确保项目目标的实现。全面风险管理将管理活动作为一个循环的、动态的过程，在项目的整个生命周期内不断进行风险识别、评价、监控和反馈，并针对发现的问题，不断修正应对计划和对策。全面风险管理与传统风险管理的主要区别如表9-1所示。

表9-1 全面风险管理与传统风险管理的主要区别

内容	全面风险管理	传统风险管理
管理目标	实现企业战略，目的是降低风险，取得最大效益	与企业战略联系不紧密，仅为了转移和避免风险
管理组织	建立从高层到基层的风险管理委员会，强调风险内控系统	独立的风险管理职能部门，分散的管理组织
管理客体	多种风险以及分析各风险之间的关系	单独的、某一项的风险
管理态度	主动的、动态的管理	被动的、静态的管理
管理模式	从系统角度考虑和管理所有风险	对每一个风险个体实施风险管理
管理技术	采用多种风险管理手段	采用风险回避和保险手段

第二节 全面风险管理的理论发展

一、现代风险管理理论

1992—2001年，是现代风险管理理论研究发展阶段。对整体风险管理理论的研究是以美国学者Kent D.Miller提出的整合风险管理概念为标志的。在随后的十多年里，不同的学者从自己的研究领域出发形成了多个学派。各个学派在各自研究的角度、研究的侧重点方面有所差异，但他们的基本思路是一致的，将各种风险及其管理综合起来，赋予全面的考虑，试图走出以前将风险分别进行分析和处理的误区，具体的代表学派有以下几种。

（一）整合风险管理（IRM）

整合风险管理理论认为，企业应该从整体角度出发识别、分析和评价企业面对的所有风

险，并实施相应的管理措施。其主要观点在于企业可以根据具体风险状况，对多种风险管理方式进行整合，强调风险研究范围的扩展，以美国的 Fidelity investment 公司为例，在20世纪70年代，公司只进行纯粹的信用风险管理，到了20世纪80年代演变为财务风险管理（包括信用风险和市场风险管理），到了20世纪90年代则进入整合风险管理时期。

（二）整体风险管理（TRM）

美国学者 Haimes 提出了整体风险管理的概念，认为对一定量的风险进行控制是风险管理的最终目标，风险管理必然涉及3个要素：价格、概率和偏好。价格是用来确定预防各种风险所必须支付的成本；概率是用来估计这些风险发生的可能性；偏好是用来确定承受风险的能力、意愿和信心度。风险管理必须将这3种要素综合起来，进行系统的和动态的理性决策，从而实现对风险的全面控制。

（三）综合风险管理（GRM）

1994年，欧盟提出了一种称为综合风险管理的理论，该理论体系试图建立一个更加综合的框架，通过严密的程序来枚举和估计与项目有关的潜在风险因素，强调对风险做出连贯一致、准确和及时的度量。同时，在企业内部建立专门的风险管理部门，致力于防范和化解风险并且消化由此带来的成本。

其构成阶段包括风险识别、风险估计、风险评价、风险减轻措施、不可预见费用估计和决策与控制等。

（四）全生命周期风险管理（FCRM）

1994年，国外学者 Tummala 等提出了一种包含风险识别、衡量、估计、评价及监控五要素的风险管理过程方法，这种方法可以适用于项目生命周期的不同阶段，将项目风险管理看成一个动态的过程。2001年，美国学者 Ai Jaafari 进一步提出了生命周期风险管理理论，将风险识别和评价贯穿于项目整个生命周期之中，这是风险管理观念上的一次飞跃。

我国学者祁世芳等对全生命周期的风险管理理论进行了研究，认为项目风险管理应该在项目全生命周期阶段持续动态地进行风险管理。

二、全面风险管理理论

2001年至今，为全面风险管理理论的形成阶段，具体介绍如下。

（一）全面风险管理基本理论

国际全面风险管理理论最初产生于美国，2001年11月的美国安然公司倒闭案和2002年6月的世通公司财务欺诈案，加之其他一系列的会计舞弊事件，促使企业的风险管理问题受到全社会的关注。2002年7月，美国国会通过《萨班斯法案》（Sarbanes-Oxley Act），要求所有在美国上市的公司必须建立和完善内控体系。《萨班斯法案》被称为是美国自1934年以来最重要的公司法案之一，在其影响下，世界各国纷纷出台类似的法案，加强公司治理和内部控制规范，加大信息披露的要求，加强企业的全面风险管理。

随后，美国反虚假财务报告委员会下属的发起人委员会（COSO）在普遍征集对内部控制整体框架意见的前提下，继1992年COSO发布的《内部控制整合框架》后，结合2002年《萨班斯–奥克斯利法案》对报告方面的要求和企业主动控制的要求，于2004年9月编制了《企业风险管理–整合框架》（COSO-ERM），成为内部控制领域最为权威的文献之一。该框架拓展了内部控制领域，更加关注于企业全面风险管理这一更为宽泛的领域，将内部控制纳入全面风险管理概念之中，并随之成为世界各国和众多企业广为接受的标准规范。该框架的出台揭开了全面风险管理的序幕。

《企业风险管理–整合框架》（COSO-ERM）的理论认为，风险往往是以复合形式存在的，单一的风险管理具有相互联动性，风险管理不仅仅是对过去单个业务的单个风险的管理，而应从整个系统的角度对整个机构内各层面业务单位的所有风险进行系统管理。

该框架强调在整个企业范围内识别和管理风险的重要性，强调企业的风险管理应针对企业目标的实现，并应在企业战略制定阶段予以考虑；具体实施时应从组织顶端、以全局的风险组合观来看待风险，这样使全面风险管理更具有前瞻性与预防性，不仅解决了内部控制所关注的事件执行流程，即"将事情做正确"，更在事情的选择阶段就充分发挥作用，即"做正确的事情"。

由此看出，COSO全面风险管理框架的实质是：以内控为中心，强调通过制度、流程和财务等手段，在业务层面上管控运营和操作过程中的风险。它可以在企业整体层面制定风险战略，构建内控体系，完善风险管理制度，优化流程和组织职能，为企业构建风险管理的长效机制，从根本上提升了风险管理的效率和效果，最终帮助企业实现风险管理的各项目标。

2018年，《企业风险管理–整合框架》（COSO-ERM）经修改发布第二版，即《企业风险管理框架》（COSO-ERMF），进一步强调了风险管理与企业战略与绩效是一个有机的、密不可分割的整体。

我国开展企业全面风险管理标准要求起始于2006年国务院国有资产监督管理委员会出台的《中央企业全面风险管理指引》，该指引用于指导中央企业全面风险管理工作。2008年6月，财政部、证监会、审计署、银监会、保监会联合发布《企业内部控制基本规范》。两个文件的出台都受到《萨班斯法案》和《企业风险管理–整合框架》的影响。

近年来，我国一些学者已经将全面风险管理理论引入工程项目风险管理之中。唐坤等提出项目全面风险管理有4个方面的含义：一是项目全过程的管理，从立项到项目结束，都必须进行风险的研究、预测、评价和控制；二是全部风险管理；三是全方位的管理；四是全面的组织措施。王宏伟等建立了以全过程、全部风险、全方位、全体组织为特征，以风险管理环境体系、风险管理目标及制度体系、风险管理流程体系、风险管理方法体系为四大支柱的项目全面风险管理体系。

（二）集成风险管理理论

十几年来，随着全面风险管理理论不断发展，出现了集成风险管理理论，并被逐步引入到项目风险管理之中。项目集成风险管理是由全面风险管理和全生命周期风险管理相结合而成的，目前是项目风险管理最新的理论之一。

该理论在时间上要求考虑对工程项目全生命周期的各个阶段进行风险管理，然后在每个阶段考虑对项目的全部风险实施全过程的风险管理，并提出进行全面、系统、综合的风险管理，将风险管理的各个要素进行优化配置，从而实现项目风险管理目标。

具体到实践中，国际上一些大型项目均采用了先进的风险管理技术，如美国华盛顿地铁、新加坡地铁和英国地铁等。而我国在风险管理实践中，缺少专业的风险研究报告，所以风险识别这一阶段就比较困难。风险评价阶段涉及很少，或采用设置少量的不可预见费就认为可以包含全部风险，并且风险发生后的处置手段也比较落后。

第三节　全面风险管理的体系构建

EPC 工程总承包项目作为一个宽广和复杂的系统工程，其全面风险管理的最终目的是要建立一个合适的全面风险管理体系，该体系主要包括 EPC 工程总承包项目全面风险管理的环境体系、目标体系、流程体系和方法体系 4 个基本体系。全面风险管理体系框架如图 9-3 所示。

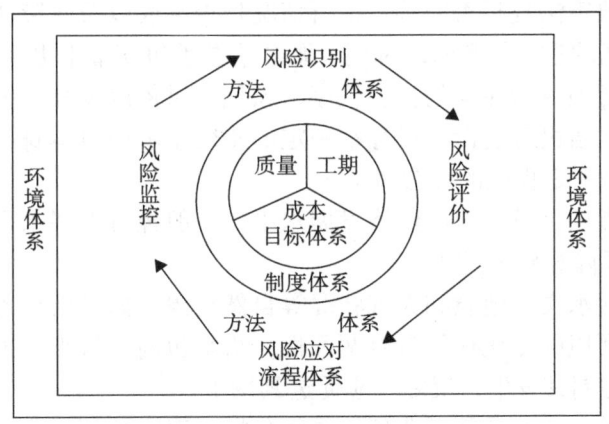

图 9-3　全面风险管理体系框架

如图 9-3 所示，4 个基本体系共同构成了客观、高效、动态且系统的全面风险管理体系。其中，环境体系是全面风险管理体系的基础，对 EPC 工程总承包商确定全面风险管理的目标、制定风险管理制度、建立风险管理组织机构和队伍起决定性作用。而全面风险管理制度体系是总承包商实施风险管理操作流程的保障，具体的流程操作和方法应用都应该满足管理制度的要求和组织职能机构的需要，以实现风险管理的目标。而方法体系是实现全面风险管理目标的具体措施。

一、环境体系

EPC 项目在一个敞开的系统中，导致总承包商所面临的项目管理环境也相对繁杂得多，总承包商在项目建设初期，就要准确辨识所处环境对其项目建设实施整个过程中的影响。对 EPC 项目风险管理，环境体系可分为外部环境体系和内部环境体系两种。

（一）外部环境体系

EPC 项目总承包商的外部环境体系可分为外部宏观环境体系和行业环境体系两部分。外部宏观环境是指 EPC 项目所在地政府政策的改变、经济的发展情况、市场环境以及自然环境的变化等，外部宏观环境对总承包商的战略制定和实施具有重要作用，将对总承包商总体发展目标具有重要的作用和影响。行业环境是指对总承包商所处的行业领域的具体情况，其事关项目成败和企业在市场竞争中的生死存亡。因此，所有试图开展总承包业务的企业都应该评估自身的实力在本行业中所处的优势和劣势，取长补短，以便有针对性地做出正确的抉择，更好地抓住机遇和接受挑战。

因此，总承包商要建立对外部宏观环境的监控系统，即经常保持有效工作。EPC 工程总承包项目外部宏观环境系统应对承包商所面临的风险进行分析，一般可从政治、社会、经济、法律和自然环境 5 个方面进行分析。分析 EPC 项目总承包商所处的行业环境受其外在的政治、法律、社会、经济和自然环境的影响。其中，政治、法律环境主要是指 EPC 项目所在地的政局是否稳定和政策法规是否完善、执行情况是否彻底以及政策变动是否连续等，例如遇到地方保护主义较强的建设行政管理部门，则会给总承包商带来更大的风险。

社会环境主要是指项目所在地的社会秩序、风气、风俗以及社会公众对建设项目的支持程度等，如项目所在地居民对建设项目存在一定的质疑或者项目本身与当地的社会状况相冲突，会给总承包商带来一定程度的社会风险。

经济环境主要是指项目所在地的经济发展水平，一般经济发展水平越高，金融保障体系越完善，项目的经济风险相对就越小。

自然环境主要包括水文、地质和大气状况等自然现象，如暴雨或连雨天、冰雹、洪涝、冰冻和大风等，自然环境的变化往往具有两面性，给承包商所带来的损失和收益并存。若带来损失，总承包商要抑制其发生；反之，应促进其发生。

总承包商也要对承包企业外部行业环境进行分析，建立外部行业风险体系，对外部行业风险进行分析。主要体现在承包企业进入总承包市场和承包企业的项目投标决策阶段，一个有远见的总承包商对所考虑的外部行业分析系统主要体现在潜在的竞争者和分包商的技术和服务水平、行业内的地位、投标报价策略等。在设计分包商具有较强的设计能力、采购分包商具有较强的设备材料供应能力、施工分包商具备很高的施工技术和管理水平等外部环境的共同作用下，势必会给总承包商带来挑战，进而回避和防范由此分析出的部分风险。

(二)内部环境体系

EPC 总承包模式下,总承包商内部环境体系包括组织结构子系统、管理制度体系子系统、技术开发管理子体系、全面风险管理信息子系统和企业文化建设子体系等。

EPC 项目总承包商全面风险管理的实施是以总承包商的组织架构作为支撑体系的,要求以专业化分工为基本划分原则,设置多部门风险管理组织机构,需要组建包括业主、分包商和咨询机构等在内的组织元素,明确各职能机构的责任和义务。

EPC 工程总承包项目内部管理制度是由企业领导、项目全面风险管理决策层制定的。制度是企业开展全面风险管理的核心和保障,是全面风险管理体系中最基本的体系之一。健全、高效的管理制度是全面风险管理的有力支撑,企业内部制度包括岗位授权制度、定期报告制度、责任制度、审查监督制度、考核评价制度、重大风险预警制度、风险顾问制度和权责平衡制度等。

四新技术的运用是现代工程领域发展的必然趋势。总承包商在 EPC 工程总承包项目建设实践中,往往需要使用新工艺、新技术,在此情况下,建立企业技术开发风险管理体系十分重要。但是在企业提供四新技术为企业获取较高效益的同时,新技术的应用也蕴藏着许多新的风险因素。总承包商应建立技术开发管理体系,注重产品的研发和新技术的应用和推广工作,建立完善的技术开发管理体系。

信息技术系统是现代社会的发展趋势,全面风险管理信息子系统是全面风险管理的技术支撑,若 EPC 总承包商没有一套完备的信息技术系统,就不可能广泛地收集风险资料,了解外部环境,也就不能准确地识别和评价风险。因此,信息技术子系统是全面风险管理体系中的重要部分。

文化是一种精神、理念、意识,企业风险管理文化是企业长期潜移默化培育的结果,全团队具备优良文化素质是企业开展全面风险管理的基础,培育优秀的企业风险文化,可以使全面风险管理活动具有巨大的精神动力,会将全面风险管理意识贯穿于企业的各个流程,并形成自觉行为。若企业没有良好的全面风险管理文化氛围,就不可能获得高效的全面风险管理效果。因此,企业内部文化建设是全面风险管理体系的重要子系统。

总之,总承包商应构建良好的对外和对内的环境控制体系,体系构建得越科学、越完善,总承包商才越有可能将风险降低到最小,以实现项目效益的最大化。

(三)构建全面风险管理组织结构体系

全面风险管理组织结构是保障全面风险管理的实施主体,也是风险政策和体系具体的实践者,按照项目全面风险管理的要求,对项目的资金和人力资源进行合理的安排。EPC 项目应该建立不同层次的风险管理组织,在每一个管理层面上明确每个参与者的责任和义务,从而构成以风险管理委员会为核心,全员参与的工程项目全面风险管理组织体系。全面风险管理组织结构有以下几层。

1. 公司领导层

公司领导层对全面风险管理的态度会对项目管理组织产生很大影响,只有企业领导决心开展全面风险管理工作，才能更好地发挥引领作用。

2. 全面风险管理委员会

全面风险管理委员会是项目全面风险管理的核心，也是风险管理的最高决策机构。全面风险管理委员会全权负责项目的全面风险管理方案的决策，全面风险管理的领导和协调。全面风险管理委员会由公司领导、项目经理、风险管理职能部门主管和其他职能部门经理等组成。

全面风险管理委员会是总承包商风险管理层的最高领导层，其实行主席责任制，并依照EPC项目建设全过程中各专业分工组织划分，下设设计风险管理小组、采购风险管理小组等风险管理小组以及财务风险管理小组、质量安全管理总监和风险管理协调小组。其中，质量安全管理总监和财务风险管理小组的职责分别是负责项目风险实施过程中，为使风险管理目标与项目管理目标相吻合，当风险发生或者对风险进行评估，对项目质量安全和成本的控制和监督。

全面风险管理委员会下可设立风险协调小组，风险管理协调小组的主要任务如下：

①协调相关部门之间的误解和纠纷。

②协助高层领导设立EPC项目风险管理制度规范和实施策略。

③参与全面风险管理委员会日常风险管理成员之间的组织与信息管理工作（包括风险信息收集整理、风险跟踪及评估等）。

④向全面风险管理委员会提交日常风险监视成果和风险预测警告信息，对项目的不确定性因素进行指标监控和评估。

⑤协助全面风险管理委员会主席审核各个风险管理主体提交的项目风险信息的完整性和准确性，并经全面风险管理委员会主席批准后提交给项目管理部。

⑥组织召开小组内项目风险管理会议，对部门风险管理工作进行总结，并把相关情况反馈给项目管理委员会。

⑦组织相关培训和工作分配，开展项目风险管理协调会等。

风险管理协调小组成员，可以从总承包商内部选拔或者外部招聘具有相关项目经验和风险管理背景的人员来担任。

3. 风险管理职能部门

编制全面风险管理报告向全面风险管理委员会定期汇报，组织重大风险的解决方案和处理措施，负责全面风险管理的具体实施，并对其他职能部门的风险管理工作进行监督和指导。

（四）构建全面风险管理信息系统

总承包商全面风险管理的核心理念是用系统的、动态的方法对EPC项目进行风险管理。为了真实、精确、高效地传递和总承包商各个业务层面共享各种风险信息是建立全面风险管理信息系统的原因，通过规范化、标准化和优化各项风险管理工作来改善总承包商风险管理信息环境和流程体系，达到对EPC项目风险进行系统、动态的控制，提高总承包商开展EPC项目的风险管理水平。

全面风险管理信息子系统的技术支撑系统包括数据库、DNS 服务器、Wb 服务器和客户机等企业硬件设施和互联网等，并以此为依托建立动态风险管理信息处理平台。主要风险信息机制建设措施有以下几个方面内容。

①定期发布风险管理手册，对项目风险情况进行预警，传递风险信息。

②全面风险管理委员会定期召开风险分析会，总结上一阶段全面风险管理的工作情况，对风险管理模范行为进行表彰，对风险管理的不良行为给予批评和处罚。

③不定期邀请风险管理专家给予指导，举办全面风险管理研讨会，对项目风险管理人员进行风险管理知识的培训。

（五）全面风险管理文化体系

总承包商应该树立和健全全面风险管理的理念，并使之不断加强成为企业的基本文化理念，作为全面风险管理理论和实践的核心内容，它要求项目全体人员都必须营造风险意识氛围，能够快速防范和处理项目建设过程中所面临的威胁，全面风险管理文化理念还要渗透到风险管理目标体系设计及风险管理流程的各个环节。

1. 打造全方位的风险管理文化理念

风险管理决策层应高度重视企业内部和风险管理相关主体的风险管理文化理念的培育，EPC 项目涉及的利益相关体比较复杂，总承包商不仅要注重本企业人员的风险管理文化，还要协调各利益主体，组成全面风险管理委员会，使所有相关主体能够了解总承包商的风险管理文化，使整个项目团队像大家庭一样，为了项目的目标能更好地实现，进行风险管理文化融合。由全面风险管理委员会牵头负责，同时总承包商的组织领导层、高管人员在养成这个文化中务必要起到领导和榜样作用，在企业的共同作用下，将风险管理工作的直接实施人员锻炼成深谙企业风险管理文化的中坚力量。

2. 总承包商管理层身体力行传播风险文化

总承包商所有管理人员和业务操作人员应以身作则，努力促进企业风险管理文化的传播，树立严格防控、慎重审视、抓住机遇、全面负责的风险管理意识和理念。

3. 关注人员福利，激励风险文化的形成

全面风险管理文化体系的组建和传播与人力资源和员工的福利待遇紧密结合，良好的风险管理激励措施，有利于风险意识的提高和风险管理文化的传播，慎重选择风险管理应对策略，防止夸大业绩、忽略风险无处不在的客观存在性，给企业带来损益。

4. 全面提升总承包商员工的素质

提升总承包商员工的素质（包括道德素质、法律素质），使本企业形成诚信经营、道德规范的企业文化。同时，对那些违反法律法规、践踏公民道德的行为坚决予以摒弃和惩处。要加强对员工的培训工作，提高全体人员的专业文化素质和道德素质。

5. 健全文化制度，促进文化形成

全面风险管理文化建设需要制度的支持，促进文化的形成和发展，通过对项目全要素风险的研究、制定系统的风险控制制度和风险奖惩制度，引导成员自觉按照规章制度办事，通过不断加强成员对制度的认同感，由文化自觉转化为成员行动自觉。同时，这种制度也不是一成不变的，应根据制度的实行情况不断完善，对于成员形成全面风险管理文化，不断创新、发展全面风险管理文化具有重要意义。

二、目标体系

（一）目标体系的基本内容

将目标作为导向的 EPC 项目总承包商全面风险管理，将项目风险管理在总承包商自身可承受范围之内，与项目各参与方的目标相吻合，从这个层面来说，总承包商的风险管理目标与项目管理目标是具有一致性的。总承包商实施全面风险管理是实现项目目标的重要保证，而且确定项目目标时也要考虑风险因素。为了给 EPC 项目总承包商设立一个明确的发展目标，首先要明确风险管理目标，做到有的放矢。

英国皇家特许建造学会（COB）将项目管理定义为：为满足业主的要求，在从项目概念阶段直至完成的全过程中对项目进行全方位的计划、协调和控制，在约定的时间内，在批准的预算费用内，按要求的质量标准，建成经济和功能上可行的项目。

美国学者 Harold Kerzner 认为成功的项目管理可以定义为在下列几个条件下实现了项目管理目标：①在规定的预算内；②在规定的时间内；③在满足要求的性能或技术水平下；④资源分配得到高效、有力的运用；⑤满足顾客要求。

对工程项目管理目标的提法有多种，但基本的三大目标是不变的，对 EPC 项目也是如此，即项目的成本目标、工期目标和质量目标，这 3 个方面共同构成项目管理的 3 个目标要素。除了这 3 个基本项目管理目标之外，随着国民经济发展对项目安全和可持续发展的重视和研究，将安全目标与环境协调目标也加入目标体系之中。由于 EPC 项目总承包商所涉及的利益关系复杂，不仅要考虑自身的利益，同时也要考虑利益相关者的利益，为了与各成员单位之间建立长期的合作伙伴关系。因此，我们将目标体系分为成本目标、进度目标、质量目标、安全目标、环境目标和相关方满意度目标。

1. 成本目标

全面风险管理的成本目标应综合考虑 EPC 项目系统的全生命周期的风险损失与收益，包括 EPC 项目投标成本、设计成本、采购成本、施工成本、社会成本和环境成本等与相对应的投资回报率之间的平衡。实施全面风险管理的成本控制目标不是将项目成本压缩到最低，而是要结合项目风险管理，采用经济合理的方案，实现项目成本与项目风险的平衡。另一方面，如果遇到了无法回避的风险，也应该用最为经济的方法，最大限度地减少损失，以最低的风险成本达到最大的项目保障。

2. 进度目标

对于全面风险管理来说，总承包商在 EPC 项目全生命周期风险管理过程中，进度控制是最基本的，也是最为核心的目标，就是保证项目能够按照计划实施，按期顺利完工。

3. 质量目标

质量目标致力于 EPC 项目技术系统的总体功能、技术规范和安全指标等，追求规划设计质量、基础设施建设工程质量以及 EPC 项目最终的安全运行和服务质量的统一性。

4. 安全目标

安全目标是指全生命周期内所涉及的人、财、物的安全保障。在全生命周期内全面风险管理的安全性，是 EPC 项目正常进行的基本保障。

5. 环境目标

EPC 工程总承包项目是一项复杂的系统工程，项目所在地多在人口密集的城市，因此可以运用全生命周期分析法，处理和解决好 EPC 项目实践过程中人与自然及人与人的关系问题。环境目标如何制定和实现已经发展成为工程建设项目研究领域广泛关注的焦点课题。

6. 相关方满意度目标

EPC 项目最好的管理方式就是设计、采购和施工全部来自一家有资历的单位统一管理，最大化地实现管理效能，但是就目前国内的建筑市场而言，一般具有这 3 个功能的总承包商不多，多数是采用联合体模式或者将部分业务分包，总承包商一般而言不可能单独完成某 EPC 全部项目，这就会涉及很多利益主体，包括 EPC 项目业主、设计、采购和施工方等成员，总承包商要处理好与各成员方的友好关系，才能有效促成 EPC 项目的顺利完成，减少利益关系协调不力而带来的风险。

（二）建立全面风险管理目标体系

风险管理有其独特的管理目标。总承包商的全面风险管理是贯穿于项目的全过程的，故要兼顾项目执行的各个阶段。在不同的阶段，总承包商所面临的风险和任务也不尽相同，总承包商在各个阶段所追求的建设目标也会随着总承包商所处的环境变化而有所改变，风险管理的手段与关键点也会有所差异。

针对总承包商而言，EPC 项目所包含的各阶段之间是密切关联的，并且贯穿于项目的整个生命周期之中。EPC 项目的风险管理目标早在项目的可行性研究时期就应该明确，它不仅要反映投标报价时期的风险管理目标，还要反映建设期的设计阶段及以后各个阶段的阶段性风险管理的目标。

1. 投标阶段风险管理目标

投标阶段风险管理目标主要包括以下几个方面内容：

①保证市场调查研究资料的全面性、准确性和可靠性。

②充分理解招标文件明示或隐含的要求，全面、系统领悟招标意图。

③防止投标报价失误，选择正确的估算方法。

2. 设计阶段风险管理目标

EPC 项目总承包商在设计过程中要充分了解业主的设计意图，根据业主提出的设计要求进行设计，设计目标分为三项，即可靠性、适用性和经济性。可靠性目标是要求工程设计标准的选择能保证项目主体部分达到预定的功能。适用性目标是指要求 EPC 项目具有使用功能和美观效果。经济性是指在工程项目保证可靠性和适用性的前提下，实现建设周期短、工程投资节约且经济效益显著。基于上述项目设计要求，总承包商应对 EPC 项目的整个设计过程进行控制，主要包括质量控制、投资控制和进度控制。质量控制主要体现在设计方案的优选、主要设备材料订货及生产安排、施工图设计质量、施工组织设计的编制质量等；投资控制主要体现在基础建设投资、各阶段的投资分配、预算是否合理等各种技术经济指标上；进度控制主要是指 EPC 项目的总进度规划、关键线路的确定、阶段性进度等，以及采购方案能否满足供应连续、施工环境能否保证项目正常实施等。

3. 采购阶段风险管理目标

主要体现在采购的原材料的质量是否合格、价钱是否合理和材料的供应是否及时，以及满足项目建设过程中阶段性供应的连续性。

4. 施工阶段风险管理目标

施工阶段风险管理目标主要包括以下几个方面内容。

①质量目标主要体现在设备材料招标投标、采购、安装，施工方案设计质量，施工人员控制，施工工序安排及控制，施工过程对于业主方建议的采纳以及零缺陷转交等。

②成本目标主要体现在施工过程实际费用与预算投资的偏离情况。

③进度目标主要体现在施工阶段进度与决策阶段进度目标对偏离情况，进行实际进度调整。

5. 试车阶段风险管理目标

试车阶段的管理目标主要是安全事故频度、程度，实际运行情况与决策阶段预测的对比情况，产品的状态维护，大修、技改方案及执行状况。成本目标是指运行维护费用控制等。进度目标是指能否按约定的时间进行试车工作。

以上 EPC 项目各阶段的风险管理的子目标一方面具有独立性，一方面又相互影响、相互制约且相互统一，是项目管理三大目标的具体体现。因此，就全面风险管理的目标体系而言，总承包商所面临的风险是随着项目的进展情况而变化的，但是无论目标怎样变化，都会最终与项目管理的总目标一致，只是不同时期风险管理目标的侧重点有所差异。

三、流程体系

EPC 项目的风险管理是总承包项目管理中不可缺少的部分，完善的风险管理流程体系是项目健康运作的重要保障。基于《中央企业全面风险管理指引》和《企业风险管理－整合框架》的全面风险管理理论，在对 EPC 工程总承包项目的全面风险管理目标确定和内外环境分析的基础上，建立全面风险管理流程体系（图 9-4）。

第九章　EPC 工程总承包项目全面风险管理

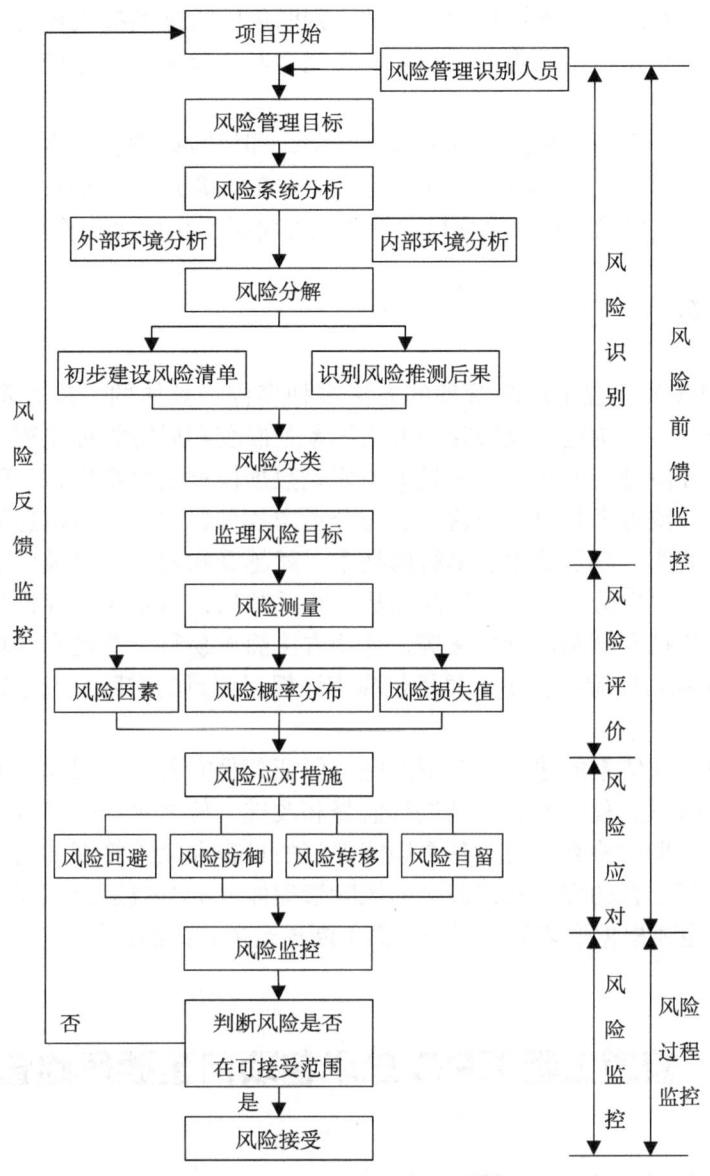

图 9-4　全面风险管理流程体系

全面风险管理流程体系大致分为以下几步。

①风险识别。风险识别主要是指在收集风险影响因素的基础上对风险进行分类，建立初步的风险清单。

②风险评价。风险评价是对风险因素采用定性和定量相结合的方法进行分析，建立风险评价模型，预测风险损失值。

③风险应对。根据风险评价的损失值情况确定风险应对策略，风险应对的方法有风险回避、风险防御、风险转移和风险自留。

④风险监控。针对风险管理过程的有效性，判断风险管理的损失程度是否在总承包商的承受范围内。若符合要求，则风险监控结束，反之，对风险管理过程进行检查，重新制定风险管理策略。

流程体系不仅包含了一般风险管理的基本步骤，即风险识别、风险评价、风险应对和风险监控，还体现了全面风险管理的系统性和反馈性。在明确 EPC 工程总承包商的风险管理目标体系的基础上，实施风险管理，全面风险管理流程将指引全面风险管理活动。

四、方法体系

在风险管理的各个流程中风险管理的方法多种多样，具体的风险管理分析常采用定性与定量相结合的方法。所构建的风险管理方法体系是嵌套在风险管理流程体系当中的。在风险管理的方法中，风险分析方法应用的最大障碍是数据模型的复杂性，为降低复杂性，可以限制模型变量的个数或方案数目，但这无法充分考虑各种各样的项目信息流，从而降低了结果的可靠性。调查表明，越是简单、易行的技术，就越受欢迎，并且被广泛应用。管理方法主要有专家打分法、层次分析法、等风险图法、相关数法，以及风险评价指数法、模糊综合评价法、蒙特卡罗模拟和敏感性分析法等，这些方法简单易行，并且有计算机软件的支持。在 EPC 工程总承包项目实施过程中，总承包商应该根据项目的实际情况进行选择和应用上述方法。

任何项目风险管理体系的建立，都不能完全保证其是完善的，因此全面风险管理体系建立后，需要在体系执行过程中不断对其进行监督和改进，使之更加完善有效。这就需要对整个体系的运行进行定期的检查，通过各个职能部门的自查和风险管理部门的检查评价，以持续监控和重点监控相结合的方式来保证全面风险管理体系的有效运行。同时，一个有效的全面风险管理体系，也要根据形势的发展变化而不断地改进和提高。

第四节 管道工程 EPC 总承包项目全面风险管理实例

一、公司简介及工程项目概况

（一）管道局简介

中国石油天然气管道局（简称"管道局"）成立于 1973 年，是中国石油天然气集团有限公司（简称"中国石油"）所属全资子公司，是国内外油气行业知名的油气储运工程建设专业化公司。奉行"挑战、精细、团队、创新、安全、和谐"的核心价值观，致力于建设国际一流油气储运工程综合服务商，为中国石油建设世界一流综合性国际能源公司提供服务和保障，为国内外客户提供优质工程和服务，为客户、员工和社会创造财富与价值。

管道局坚持国际化、高端化、特色化、差异化的发展方向，坚持储运建设一体化、施工服务一体化、国际国内一体化、陆上海洋一体化的产业定位，主营业务包括：陆上管道建设、海洋管道建设、油气储库/罐建设、油田地面建设、LNG 处理与接收站建设、炼化装置安装、通信电力安装、管道技术服务等 8 个领域，形成了从科研、咨询、融资、勘察、设计、采办、施工、管件制造到投产保驾、运行维护的完整产业链，具备油气储运设施全生命周期建设管理能力，可为客户提供"一揽子"解决方案和"一站式"综合服务。

成立以来，管道局参与建设了东北输油管道系统、西气东输管道系统、陕京管道系统、中亚天然气管道系统、中俄原油管道、中缅油气管道、兰郑长成品油管道、苏丹管道、伊拉克油田外输管道等国内外长输油气管道，总里程超过 8 万行米，建设深港支干线、坦桑尼亚天然气管道等海洋管道 100 余千米，建设舟山、兰州、宁波等地原油和成品油储罐 3000 万立方米，设计建设锦州、成都、昆明等地下储油库 2000 万立方米，建设华北石化 100 万吨重油催化裂化、广西石化氢气提纯等炼化装置 50 套，设计建设江苏、深圳、潮州等 LNG 接收站及工程 2230 万吨，参与安装大港、华北、长庆等油田油气处理装置、通信电力设施等 100 余座，得到了国内外客户的认可和信赖。2015 年，管道局居 ENR 国际承包商排名第 64 位，在入围中国公司中居第 11 位。

（二）西气东输三线东段管道工程概况

西气东输三线东段（简称"西三东"）干线吉安—福州段工程，起于西气东输二线江西吉安联络站，途经江西省、福建省，终到福州末站。管道总长 817 千米，管道直径 1016～1219 毫米，设计压力 10 兆帕，设计年输气量 150 亿立方米。全线设 11 座站场和 36 座阀室。2012 年 10 月正式开工建设，2016 年 12 月建成通气。

西三东管道工程采用"PMT+PMC+EPC"的管理模式，由中国石油管道建设项目经理部（IPMT）全面统筹组织工程施工建设，东段全线划分为 2 个独立标段，EPC 总承包商分别为川庆油建公司和管道局（第二标段）。其中第二标段线路起自江西省瑞金市与福建省长汀县交界处，止于福建省福州末站，沿线经过长汀、上杭、连城、龙岩、南靖、漳州、台商投资区、厦门、南安、泉州、仙游、莆田、福清、闽侯等 14 个县市。线路总长 571.3 千米，设计压力 10 兆帕。管径为 1219 毫米，管道长度 258.3 千米，采用 X80 管材；管径为 1016 毫米，管道长度 313 千米，采用 X70 管材。

第二标段干线管道沿线共穿越铁路 12 次，高速公路 15 次，一、二级公路 37 次，其他二级以下公路 1237 次，隧道穿越 40 次，河流钻爆隧道穿越 2 处，大开挖穿越大型河流 1 处，大开挖穿越中型河流 23 处，大开挖穿越鱼塘 77 次，大开挖穿越小型河流、沟渠 137 处，穿越地下管道 71 处、地下光缆 153 处。

第二标段设站场 8 座，包括：龙岩分输清管站、漳州分输清管站、海沧分输站、同安分输站、泉州分输清管站、莆田分输站、福清分输站、福州末站，线路设阀室 26 座，其中 RTU 阀室 9 座。

第二标段设计、采办、施工承包商有管道一公司、管道三公司、管道四公司、管道五公司、通信公司、建设公司及管道设计院、物资装备总公司等，以及相关专业分包商 10 余家。

（三）工程主要难点

①管道沿线地质条件复杂，地貌单元变化频繁、地形起伏较大，以中低山、丘陵及沟谷为主，地表多为林地。地貌类型表现为山地、丘陵、山间沟谷及平原。其中沿线的山区地段长183.67千米，丘陵段长231.43千米，山间沟谷长70.89千米、平原段长34.27千米。钢管运输困难，石方爆破量大，施工风险高。

②福建省是我国绿化覆盖率最高的省份，当地对林地保护非常重视，管道沿线穿过林地及经济林的面积很大，森林覆盖率达68.3%，防火等级高，林木砍伐手续办理复杂、周期长，地貌恢复困难，施工难度大。

③河流、铁路、高速公路等控制性工程多，通过权手续办理困难，施工难度大。

④管道位于东南地区雨季时间为3—9月，其中7—9月为台风多发期，福建省平均每年遭受台风袭击3～4次。山区施工中由于降水量大山体滑坡、泥石流等地质灾害频发。有效作业时间短，施工风险大。

⑤福建省经济发达，管线在经济发达地区铺设，土地珍贵，规划区、矿区、投资区、风景区多，将导致管道路由频繁变更；管道沿线政府、村民对于赔付期望过高，外协难度大。

二、项目管理目标及风险控制范围

（一）工程风险管理目标

按照EPC工程总承包合同的要求，在规定的工期内，保质保量地完成合同内的工程项目内容，并圆满完成管道局下达的安全、质量、利润等指标，保证企业的利益最大化，为国家能源通道的建设做出企业的贡献。

（二）风险管理的范围

十一大类别：经营、合同、设计、采办、工程施工、技术、财务、质量、HSE、对外协调、其他风险。

（三）风险管理机构

①项目风险最高管理机构：管道局西三东管道工程EPC项目部风险管理委员会。
主任：项目经理
副主任：项目副职、安全总监
委员：各部门经理、各承包商项目经理
②责任部门：EPC项目部经营合同部是项目全面风险管理的责任部门，为项目风险管理委员会的常设机构，即项目风险管理委员会办公室。
③各专业部门：EPC项目部各部门负责本部门（专业）的风险管理，并协助其他部门进行关联风险管理。

三、风险管理过程

(一)风险要素的识别

①根据西三东管道工程二标段的实际情况及确定的风险管理范围,即合同、设计、采办、工程施工、财务、经营、技术、质量、HSE、对外协调、其他管理风险,确认出重大、较大和一般的风险要素。

重大风险是指该风险要素对项目的工期、质量、费用可能产生重大影响,或直接影响项目预期目标的实现。

较大风险是指该风险要素对项目的工期、质量、费用可能产生较大影响,不会对项目预期目标的实现产生影响。

一般风险是指该风险要素会对工期、质量、费用的一项或两项产生一定的影响。工程项目的风险管理过程是动态的过程,风险要素的等级会随着时间的推移而发生交替和转化,风险要素等级的确定不是一成不变的。

②在项目实施阶段,针对已确定的重大、较大和一般风险的转化、交替,以及发现新的风险要素,要进行识别,辨识风险等级,制定削减措施,纳入风险辨识及消减措施表中,对风险等级为重大的风险编制风险应急预案。

③对于已消除的风险要素,应在风险辨识及消减措施表中标注风险状态且不应在风险登记表中删除。EPC 项目部每个成员都有义务对新增风险进行识别,风险项应按类别将责任分解到每个部门,各部门承担的风险项可以交叉但不能漏项。各部门应有专人负责本部门风险管理工作。EPC 项目部建立良好的沟通渠道和交流平台,如专题座谈、专项会议、业务培训、绩效考核、管理评审等。

(二)风险分析

风险分析的必要性:项目实施过程中某一个风险事件的发生可能衍生多个风险,且多个风险可能互相关联,因此必须认真全面地开展风险要素分析工作。

EPC 项目部风险管理实行动态化管理,由风险管理委员会定期组织各部门对风险要素进行分析,及时掌握风险要素变化情况。

(三)风险控制计划

风险控制计划是对项目风险控制内容、方法与步骤做出的安排和说明。管道局西三东管道工程 EPC 项目部风险控制计划(设计管理)如表 9-2 所示。

表 9-2 管道局西三东管道工程 EPC 项目部风险控制计划（设计管理）

责任部门：EPC 设计部

序号	风险要素	风险描述	风险影响	风险等级 重大	风险等级 较大	风险等级 一般	削减措施
1	设计输入条件	业主提供设计输入条件不充分、不及时；初步设计不完善，施工图设计单位调研不全面导致设计输入漏项	影响线路走向、站址确定、文件报批，导致设计方案变更和周期延长，甚至影响整体工期		√		组织设计单位认真确认初步设计和现场勘察、调研；及时向业主进行技术澄清；提出变更申请
2	设计计划	设计计划编制不详细、不可行；未充分考虑项目地理环境、气候、地质条件及专业间和采办、施工的有机结合	项目设计各专业内部接口不顺畅，上游专业影响下游专业设计完成时间，影响设备、材料订购和施工计划的实施		√		根据 WBS 分解及项目实施计划，细化设计计划，充分与采办、施工单位的结合
3	设计内容	设计内容不全，设计未达到施工图设计深度要求	影响订货周期或导致施工返工或设计返工		√		加强设计质量控制，加强设计内部评审
4	规范标准	规范标准引用不当、采用标准执行不合理	造成设计方案变更、设计返工；影响设计、采办、施工进度			√	加强设计标准规范有效版本清单管理，避免规范使用不当
5	勘察	勘察测量资料不全，未充分考虑地质条件、施工技术现状	导致设计方案变更；增加工程量和施工难度或无法施工		√		加强勘察质量评审，必要时组织重新勘察验证，优化方案
6	系统方案设计	系统水平落后或不匹配、不适用，工艺流程不合理，设计未达到确定的性能指标；技术不完善，未充分考虑操作安全性、质量要求	项目运行后可能存在安全、质量问题。影响项目投产验收，运行单位拒绝工程移交			√	主动与运行单位结合，优化方案，加强设计质量控制，加强设计内部评审
7	水工保护及水土保持	水工保护及水土保持工程量的确定不能满足施工、业主、运行方的要求	影响施工和项目投产验收，运行单位的最终确认		√		加强对水工保护及水土保持工程量的细化和明确，力争使地方政府、业主及运行方满意
8	路由报批、选址与政府批准	仙游县和福清市地方规划与申请相冲突，相关行政管理部门对路由和站场选址书面文件不予确认	影响施工图报批、施工手续办理；可能改线、改址；赔偿或补偿费用超出预期；耽误工期		√		业主给予协调并提前与地方主管部门沟通：由 EPC 外协部或承包商配合办理相关审批文件；及时变更路由或站址方案
9	设计现场服务	现场设计人员没有及时就技术问题与承包商进行沟通、交流，不能按时到场解决施工中的实际技术问题	施工人员不了解施工图设计技术要求，导致施工错误、返工等问题；影响工期，增加成本		√		协调设计资源投入，加强现场服务管理，做好设计技术交底

第九章 EPC 工程总承包项目全面风险管理

（四）风险评估报告

风险评估是对项目各阶段风险因素可能造成的影响进行定性、定量分析，估算出各类风险发生的概率及其可能造成的损失，确定项目的重要风险，为重点处理这些风险提供科学依据，确保工程建设的顺利进行。

①风险评估的目的：按照合同的要求，在规定的工期内，安全顺利地完成 EPC 总承包合同规定的工作内容，圆满完成管道局下达的利润指标、安全指标、管理指标，保证企业的利益最大化，为国家能源通道的建设做出积极贡献。

②风险评估的依据：以合同为主线，充分了解现场的施工环境及合同执行过程中的各种影响因素，依据管道局西三东管道工程 EPC 项目部风险识别分析表确定的重大风险。管道局西三东管道工程 EPC 项目部风险评估报告（设计管理）如表 9-3 所示。

表 9-3 管道局西三东管道工程 EPC 项目部风险评估报告（设计管理）

序号	风险要素	风险等级 重大	风险等级 较大	风险控制措施及建议	风险评估结论
1	各级主管部门对公路铁路等穿越工程评审审批过程中，由于规划调整等原因，可能引起穿越位置及方案的调整		√	及时与地方接触，方案与地方沟通，铁路穿越需经评审等	影响施工图报批，甚至改线改址，耽误工期；与相关部门及早沟通，尽量避免穿越位置的调整，对项目整体工期影响不大
2	专项评价的补充报告未完成，部分矿产压覆协议尚未签署，可能导致施工过程中因矿产压覆问题引起改线调整		√	①与业主协调沟通，及时索取各项专项评价报告的补充报告；②及时与地方政府主管部门沟通，核实专项评价的设计要求，或提供相关案例，及时组织设计文件的报批；③及时敦促地方行政主管部门召开方案审查会，及时批复设计方案	影响施工图报批、影响施工手续办理；可能改线，风险加大，项目工期延后等；工程投资增大
3	大、中型穿越初步设计外的设计变更均为较大方案的变更，重新设计或修改设计所需周期长，投资变化大，且多涉及地方政府部门以及水利、环保等部门的重新报批		√	①在原方案可行基础上，尽量减少大、中型穿越初步设计外变更；②变更方案决策要慎重考虑，尽可能召开专家评审会详细进行比选和讨论；③按变更程序上报变更；④增派设计人员和设备对变更方案及时重新设计或修改设计；⑤保留好地方政府公文、上级单位批复等相关的变更依据，以便进行费用追加；⑥及时与地方政府或相关主管部门进行沟通协商	经过风险控制措施的实施，大、中型穿越初步设计外的设计变更大多数可以及时将新设计方案完成，不会影响施工，且通过正式变更报批程序大部分可以获得费用的认可，只是地方报批的时间难以确定，但可以通过加强沟通缩短

续表

序号	风险要素	风险等级 重大	风险等级 较大	风险控制措施及建议	风险评估结论
4	隧道主体已经由业主提前进行分包,设计进度不可控,隧道内管道安装设计需要隧道承包商提供设计资料		√	①与业主、PMC协调沟通,及时索取隧道主体的设计文件;②与隧道主体EPC进行沟通,核实预留的支墩位置。尺寸及进出隧道口的管沟预留情况,如发现问题,请业主协调解决;③请隧道EPC承包商协助完成隧道进出口管道的路由确定,避免管道路由与隧道渣场等产生冲突	隧道EPC的设计进度影响隧道内管道安装的设计进度;隧道渣场选定位置影响隧道进出口管道路由的选择;进度风险较大
5	初步设计尚未获取终极审查,部分设计方案调整的风险较大,尤其是阀室放空问题,将导致征地变更		√	①建议业主尽快请股份公司审查初步设计方案,确定阀室放空方案;②在与地方协调阀室征地时,留有活口,可补充征地	影响阀室放空方案的确定;影响阀室的征地手续办理

(五)重大风险应急预案

风险应急预案就是针对可能发生的事故,为迅速、有序地开展应急行动,降低事故损失而预先制定的行动方案。方案贯穿项目管理全过程,是项目控制中不可或缺的重要部分。

①风险应急预案编写方针:坚持预防为主;坚持快速高效;坚持以人为本;确保项目效益。

②风险应急预案编写原则:以人为本,安全第一;统一领导,分级负责;条块结合,属地为主;尊重科学,依法规范;预防为主,确保效益。

管道局西三东管道工程EPC项目部重大风险应急预案(HSE管理)如表9-4所示。

(六)风险监控

管道局西三东管道工程EPC项目部结合施工进展,追踪并评估风险变化状况,监控潜在风险的发展情况,及时发现和分析新风险,有效执行风险控制计划的同时,评估风险控制效果,监测风险发生征兆,根据结果及时启动突发状况下的应急响应。

第九章 EPC工程总承包项目全面风险管理

表9-4 管道局西三东管道工程EPC项目部重大风险应急预案（HSE管理）

序号	风险要素	风险应急策划	风险应急准备	风险应急响应	施工现场及时清理与恢复	重大风险应急预案管理与评审改进
1	沟下作业	①沟下作业可能存在管沟塌方、山体滚石等风险，可能发生重大安全事故，造成重大人员伤亡及财产损失。②项目途径山区、丘陵覆盖面积广，施工难度大。③EPC项目部建立统一的应急管理体制，并要求施工承包商编制有针对性的现场处置方案，用于指导施工现场的应急救援工作	①编制并执行专项应急预案，明确应急组织及职责权限、组建应急抢险队伍。②定期对施工人员、应急人员进行安全培训、应急演练。③保证应急救援必需的装备、器材、设施、药品等应急物资的贮备，做好维护保养，使其始终处于良好状态。④作业前进行安全分衍与交底，并开展作业全程监控。⑤现场目视化管理，配备各类标识牌。⑥严格按批准的施工方案组织施工。⑦一旦发生较大塌方或滚石，迅速启动预案，立即组织撤离、救援等行动，防止事故扩大，并立即上报。⑧在事故抢救过程中，采取安全措施，避免二次伤害，确保救护人员的安全	发生事故时，施工承包商要将事故及时上报EPC项目部，同时根据事故的不同情况按照本单位已编写好的相应应急预案采取应急救援措施、组织人员撤离、指挥抢险等。危险时，应着重考虑：立刻停止除营救之外的所有活动；从现场撤离到安全地带，检查是否有受伤人员；确定人员已安置在安全地带后抢救财产和设备。发生事故时，施工承包商要将事故及时上报EPC项目部，同时根据事故的不同情况按照本单位已编写好的相应应急预案采取应急救援措施、组织人员撤离、指挥抢险等	①应急抢险结束，制定恢复施工的措施，要保证施工恢复工作有序实施。②善后处理组负责对死难、受伤家属的安抚、慰问工作。③做好职工、群众的思想稳定工作，并消除各种不稳定因素	重大HSE风险应急预案由HSE部制定，项目应急领导小组经讨论修改后由项目经理批准发布。按照应急演练计划各承包商对HSE重大风险进行应急演练，根据演练据情况，由项目应急领导小组对HSE重大风险应急预案进行评审，并针对发展变化情况，及预案本身暴露出的缺陷，持续更新、完善HISE重大风险应急预案

第十章 "一带一路"视角下EPC工程总承包项目风险管控

第一节 EPC工程总承包项目风险评价体系

一、风险识别及因素分析

风险识别是指通过系统地风险筛查、分级，区分工程项目中潜在的风险类型。对简单的工程项目来说，风险识别的过程相较容易确定，主要是借助专家经验和以往测评，而对于"一带一路"背景下的EPC工程总承包项目，风险识别通常很困难，因此需要进行全面而深入的风险调查，专家咨询，数值模拟或实验验证才能准确确定风险清单。

导致工程风险发生的因素有很多，其主要因素是风险因素。风险因素具有两个特性，一是直接性，即直接影响风险发生的因素；二是相关性，风险因素必须与确定的风险相关。

风险因素的确定是风险评估的前提。风险因素与风险在实际操作中往往容易混淆，但是两者在概念上有着严格区别。

(一)项目内部风险因素

项目风险存在于项目生命期的每个阶段，在不同的阶段，项目风险的影响程度也不尽相同。项目内部风险因素具体如下。

1. 设计风险

EPC总承包项目的设计是否科学决定了它能否达到预期目的。设计风险在EPC所有风险中显得尤为重要。当前，中国设计行业的员工正在年轻化，而设计单位用来规避风险的手段赶不上年轻化的速度，仍然是保守设计。通常在固定的合同价格下，良好的设计，有利于降低建筑的成本，进一步提高了设计质量，并可能导致诸如现场维修之类的建筑浪费。

2. 财务管理风险

从整个EPC项目建设的需求来看，财务管理是为项目实施提供保障的方法之一。在整个桥梁建设项目中，任何环节的财务管理错误都有可能造成严重后果。如果一个或者多个人员不能对项目的建设投资基金准确把握并及时协调计划，则当进行原材料的购买和设备的购置时，由于资金周转，采购周期将会延长，从而会影响项目的施工速度，严重时将会导致项目暂停，最终影响按时完工，将会造成不可估量的经济损失。

3. 合同管理风险

对于EPC项目总合同，总价合同是合同管理的主要对象。在项目开始之前已经确定了项目的总成本。如果采用的模型是传统合同模型，则将在合同中指定所有者的风险。承包商负责向业主汇总的风险。总承包项目的所有者将以固定的总价将部分风险转移到合同中，这很容易导致所有者合同变更的风险。

4. 工程参与方不尽责风险

EPC工程总承包项目在落实的时候会涉及很多主体。例如，总承包商可以将部分非主要工程分包给其他具备相关资质的企业施工，这些具备资质承接部分工程的主体称之为分包商。另外项目建设的过程中，会消耗和使用一些材料、设备，本次工程的参与也包括产品的提供方。项目的顺利完成需要所有参与方（业主单位、总承包商、分包商、供应商）的努力。

（二）项目外部风险因素

项目外部风险主要来源于项目中人的活动、物的流转和项目环境，它们共同构成了项目风险的基本来源。为了便于风险控制，将外部风险因素进行分类，具体如下。

1. 不可抗力风险

不可抗力是指无法辩护的不规则变化的影响。一旦发生不可抗力风险，不仅可能造成人员伤亡，还可能造成重大的经济损失。受不可抗力风险影响的总承包商，很难获得全额赔偿。一般而言，施工期可以推迟，严重时最终影响按时完工，将造成较大的经济损失。实际上，甲乙双方签订的总合同规定，风险不能转移给其他方，而是由总承包商来承担不可抗力风险，因此该项目的建设工期将被推迟，最终影响项目的交付。

2. 社会环境风险

社会环境风险的影响可能是危机社会稳定性，秩序等。在"一带一路"的背景下，EPC项目总承包项目为广泛的人们服务。不同的人群对项目的要求也不同，进而导致社会环境风险。对于业主而言，如果不同地区对EPC项目的需求没有事先得到加强，则施工进度可能无法如期完成。如果事件已发生，则必须立即采取措施行处理，而处理的效果将影响项目的损失。尽管双方签订的合同都规定总承包商得来承担社会风险的责任，但由于具体情况具体分析的特点以及不可预料的事情的发生，也会导致工程延误和其他事件，从而影响施工单位的生产和施工、操作计划并带来间接损失。

3. 法律法规风险

法律法规的风险，指的是当项目处于建设阶段时，由于外部环境发生了一些变化而带来的风险。每个城市会根据自身的经济发展水平和建设情况制定一些规定。但是，对所有系统的难以把握将导致法律法规风险是只有在施工时碰到问题了才知道有这样的规定，另外，对于项目的建设工作，有必要与项目所在地的政府部门进行沟通。如果地方政府部门有贪污腐败、效率低下等不良行为，也将影响项目的完成进度。

4. 经济环境风险

经济环境是企业发展的基础，地区的经济发展水平与消费者的消费结构、购买能力有很大的关联，工程项目所需要的原材料和设备的价格与工程项目质量呈正相关。另外，作为业主一方也应通过承包商根据业主提供的材料，将任务量结合价格信息，如果不跟着经济环境的变化对总价做出相应的调整，就会引发价格变更，这都是经济环境风险的范畴。

（三）项目风险清单

根据 EPC 工程总承包项目风险事件调查及案例统计分析，借鉴国内外相关领域研究成果，在专家调查等方法获取的成果基础上，可以确定 EPC 工程项目风险的基本要素。

二、风险评价及等级确定

一般来说，项目建设实现了预定目标，就可以评判为达成设定标准，风险评价可分解为以下环节。

①核定风险评价所涉及的基准数。为了保证风险评价的全面性、客观性，基准数必须科学性和严谨性。

②确定建设项目应承担的风险级别就是确定要承担的全部和部分风险级别。首先，评估局部风险因素。其次，应使用合理和常规的方法来计算项目的风险承受能力值，使用该方法的原则必须确保风险评估和风险承受能力相互影响。

③研判项目工程建设的风险水平。其主要要求为判别项目建设存在的风险是否能够处在可承受的范围内，确保项目的顺利进行。

（一）风险概率评价

参考铁路建设工程风险管控对于风险概率等级的划分标准，将 EPC 工程总承包项目风险概率分为四级，分别为极高、高度、中度、低度，并根据风险矩阵法综合评定风险等级。参照相关规范、准则，综合专家意见，制定出 EPC 工程总承包项目风险概率评价标准。

（二）风险损失评价

基于风险识别，风险估计，综合考虑风险发生的可能性，损失率等因素的风险损失评价，得出发生风险的可能性和损失率以及一般认可结果与国际安全生产标准相比，定义了 EPC 项目的风险等级，从而决定是否需要采取控制措施。

（三）风险等级确定

综合风险概率等级标准与风险损失等级标准，制定 EPC 工程总承包项目风险分级标准。

三、风险评价自学习模型

（一）风险评价自学习模型构建

项目风险评价模型构建的方法包括：层次分析法、贝叶斯网络的数学建模法、敏感性分析法和模糊综合评价法等。

风险评价模型构建流程本文基于贝叶斯网络的数学建模法，构建国际 EPC 工程总承包项目风险评价模型。

首先，通过对已获得的样本数据进行分析处理，构建 EPC 项目总承包风险评估的自学习模型。

其次，建立完整的国际 EPC 项目总承包项目风险评估模型。

最后，对构建的风险评估自学习模型进行推理分析，识别 EPC 项目总承包项目的关键风险因素。

（二）风险评价自学习模型参数

在建立风险评价模型结构的基础上，通过机器学习计算各节点变量的条件概率分布。

最大期望算法的基本思想：为求得贝叶斯网络参数的最大似然估计，从参数的某个初始值出发开始迭代，交替进行 E- 步骤和 M- 步骤，直至参数收敛。

（三）风险评价自学习模型递进

1. 逆向推理在

GeNIe2.0 软件中将"EPC 工程总承包项目整体风险水平"的风险等级状态概率设定为 100%。通过模型推理，得出导致 EPC 工程项目风险发生的显著风险因素，即其中任何一项事件发生时，造成 EPC 工程项目损失的可能性极大。

因此，重点监控对象应当为将推理所得关键风险因素，制定与之相关的措施行为，将风险控制在可接受范围内。

2. 敏感性分析

GeNIe2.0 软件中内置的灵敏度分析算法是 Kjaerulff 等针对贝叶斯网络中每个节点的输出状态提出的灵敏度分析算法。该算法的计算原理是利用在树形结构上建立所有可能的状态单向传播系数函数的基础上，得到多维灵敏度分析系数集。将分析所得的敏感风险因素作为重点监控的对象，并采取合理的防范措施，从而达到风险控制的目的。

第二节 EPC工程总承包项目风险评价准则及控制措施

一、风险评价准则的确定及风险响应

（一）风险评价准则的含义

风险接受准则是指一定特定时期或行为阶段内建设项目的可接受风险水平，直接反映每个项目主体的风险接受程度。

在实际的EPC总承包项目中，风险评估和风险控制措施是根据风险接受标准制定的。因此，建立风险接受标准是应对风险的基础工作。在风险分析过程中风险接受准则应是预先制定的，是风险评价的前提。根据风险表示的方式风险接受准则可以通过定量或定性的方式来表示。

（二）风险评价准则的确定

在EPC工程项目风险管控过程中，为降低工程发生概率、减少工程损失离不开资金、技术和人员投入，均衡项目风险和投资收益，制定科学合理的风险应对措施，都依赖于系统的风险接受准则。

本节参考风险可接受准则的思想，制定"一带一路"视角下EPC工程总承包项目的风险评价准则。目前国际上普遍认可的风险可接受准则的确定方法有如下几个。

① ALARP法是指在合理可行的前提下，将EPC工程总承包项目中可能产生的风险损失降低到可以被接受的程度，根据风险等级划分不同区域，并给出不同应对措施（图10-1）。

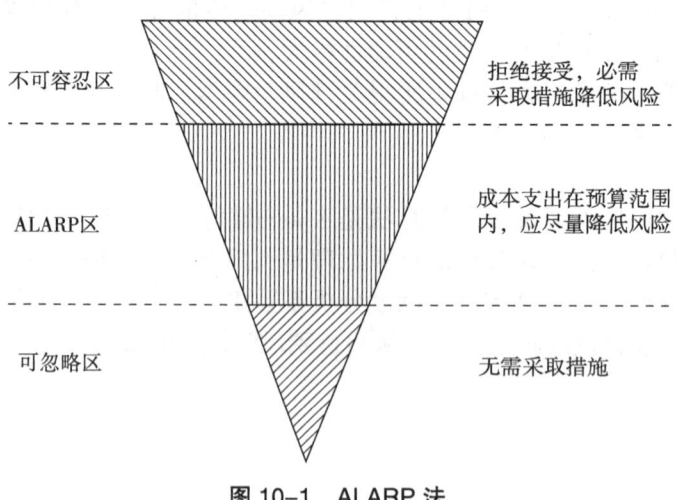

图10-1 ALARP法

ALARP法的核心思想：任何工程项目都存在风险，预防措施可以降低风险发生概率但不能彻底消除风险，降低风险的难度和付出的成本也会随着项目风险水平的降低成正比增长。

②FN（FN Curves）曲线法，衡量社会风险可用到此方法，表示的是人群中的N个或者更多的人受到影响的积累频次。

③风险矩阵法，采用概率统计法对风险进行评估，并综合发生概率P和风险后果C对风险评估指标进行定量和定性分析。

④AFR（Average Fatality Risk），此方法可用于衡量个人风险，特别是衡量一个人一年内死亡的可能性。

⑤社会效应优化法，以社会或某些人的生活质量LQI（Life Quality Index）为描述对象，建立综合指标体系并制定风险接受准则。

以上所述方法又可分为以下3类，如下文所示。

①个人风险接受准则：个人风险具有高度的主观性和自愿性，荷兰首次提出IR标准，用于衡量建安工程与道路运输中的个人风险，实际工程应用中可辅以风险等高线图。

②社会风险接受准则：社会风险事件社会关注程度高，可接受的社会风险准则应设置得足够低，才能保证不会对社会风险造成很大的增加。

③环境风险接受准则：针对工业生产对环境及后者对人们身体健康造成的影响，挪威NORSOK结合其难以量化的特点，提出了相应的环境风险接受准则。

（三）风险响应及预报预警

"一带一路"视角下的EPC工程总承包项目属于跨国性的经营及管理活动，在实际工程建设中，每个环节都不可避免地会出现风险，积极开展风险应对和预测预警是有效减少或避免风险发生，减少风险损失的关键环节。

1. 风险响应

风险响应是指针对特定风险采取的相应应对策略。在EPC工程总承包项目建设过程中，具体指建筑企业和项目建设单位在完成风险识别和评估之后，为规避风险或减少风险损失而采取风险应对措施的过程。对项目进行有效风险应对的前提是正确制定并严格执行项目的早期风险管控计划。现行通用的风险应对策略主要包括以下几类。

（1）风险规避

风险规避作为风险响应中最为完整一种策略，有助于建筑企业和建设部门在风险发生之前及时有效的避免一切项目损失。当工程总承包项目面临的某一风险的发生概率非常高，且可预见的风险损失后果难以承受，项目建设单位并未针对该风险制定适当的风险应对措施，或者是解决这一风险的成本高于预期成本时，项目建设方可果断舍弃该项目，进行风险规避，杜绝一切相关风险损失。但是，风险规避同样具有局限性，规避对象必须是可预见的项目风险，对于自然风险、政治风险等难以预判的风险，风险规避就失去了其效用。此外，规避风险虽然可以完全解决风险造成的损失问题，但也将失去从项目中获得丰厚利润的机会，因此过于保守和被动。

风险规避的手段主要有两种：第一种是主动预防，第二就是被动规避。实际工作中，两种方法都可能采用。而对于上述两种方式：第一种，综合各类因素计算风险概率并进行控制；第二种，在总结工程风险总体损失之后，采取风险规避措施。

风险规避的具体方法有：

①计划终止法，是通过终止某些项目内容，或为规避整个或部分项目计划而达到一定目的而制定的。

②规范程序法，指已经存在了一整套的系统规范和制度，结合具体工程，按照规范程序进行合理的风险规避，降低风险损失。

③学习教育法，指强化对项目参与人员的关注和教育，积极发展项目风险管控中人的作用的优势，提升项目的整体风险意识层面，达到风险规避的目的。

（2）风险转移

"一带一路"背景下的 EPC 工程总承包项目其所在地的周围环境较为复杂，政治因素不确定，鉴于此，只进行风险回避不是一个好的策略。此时，选择风险转移可有效提高风险管控水平，风险转移不是风险消除，而是将风险从自身转移到其他地方，项目公司通常会通过必要的措施将风险转移给第三方。目前，风险转移的主要方法有两种：保险转移和非保险转移。建筑公司进行保险转移时，通过与保险公司签订保险合同的手段，将部分风险或其中影响项目目标实现的风险转移给保险公司。如果在项目建设阶段发生风险事件，给项目造成巨大损失，企业和建设单位可以立即向保险公司索取赔偿，确保有足够的项目资金以保证项目稳定持续开展。非保险转移是指企业通过与另一公司或机构签订合同将其自身风险转移给第三方。非保险转移需要风险的转嫁方必须采取相应的措施来应对风险，否则，如果风险失控，可能会造成转嫁方无法承受的损失。

（3）风险减轻

工程建设过程中存在部分无须进行规避和转移的风险，建筑企业和项目建设单位面临此类风险一般会在风险发生前后进行风险控制以减轻风险损失。风险减轻是指项目风险管控人员根据风险对项目的影响程度，采取一定技术手段和管控措施，减少风险损失或降低风险发生概率。风险减轻措施包括两类：被动抑制和主动预防。风险发生之后，为降低风险影响程度，避免其继续放大，对项目风险进行被动抑制；项目风险损失发生之前，可采取必要手段一次性解决或减轻风险，实现主动预防。风险减轻的具体方式为：

①对于建设项目过程中难以回避的风险，综合运用多种管理方式，控制损失规模和影响程度。

②工程风险发生之后，应采取紧急应对措施，尽可能降低风险损失。只有当项目风险不可避免地无法消除，风险损失成为既定的客观事实时，建筑企业和工程建设单位只能进行被动抑制，专门针对降低风险等的内容进行研究，得出减轻风险损失的有效措施。

（4）风险自留

风险自留是风险管控成本最低的一种风险响应措施。建筑企业和建设项目管理人员会针对预估损失值在企业承受范围内的风险选择风险自留，针对此类风险，项目管理决策者不会主动去降低相关风险的发生概率、控制其相关风险对于项目的影响程度，更不会对其采取回避措施，一般来说，此类风险造成的损失远低于企业进行保险转移所付出的成本。另外，当建筑企业拟利用发生的风险事件来总结项目管理经验提升企业管理水平时，才可能运用风险自留的措施。企业选择风险自留的前提一定是对项目整体具有全盘认知，否则风险自留造成的风险损失很可能超出自身承担能力，其基本类型有：主动自留和被动自留。前者是项目管理者做出的对风险主动承担的决策，但这应当是对各种风险响应办法权衡利弊之后做出的决定；后者是对工程项目没有充分认知的基础，企业不得已选择风险自我承担、自行消化的方法。

2. 风险预报预警

风险预警是指当实际项目与预期结果存在偏差时，项目参与者可以根据一定的机制或内部变量之间的关系及时意识到风险的存在，从而积极采取有效的风险响应，避免恶性工程事故发生。

（1）EPC工程承包项目风险动态预警流程

结合EPC工程总承包项目的特点，根据施工环境的变化对风险情况进行实时监控，揭示风险因素变化的规律，并采取及时的风险响应。EPC工程总承包项目风险动态预警流程如图10-2所示。

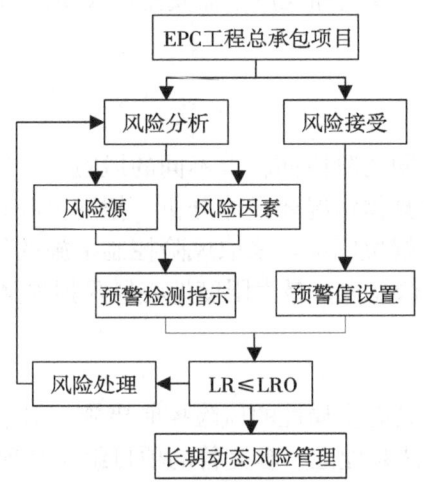

图10-2 EPC工程总承包项目风险动态预警流程

（2）EPC工程总承包项目风险动态预警系统

为预测EPC工程总承包项目在日常工作中发生概率较高的风险，建立风险动态预警系统，并根据预测结果有针对性地制定预防措施，最大程度上避免风险的发生（图10-3）。

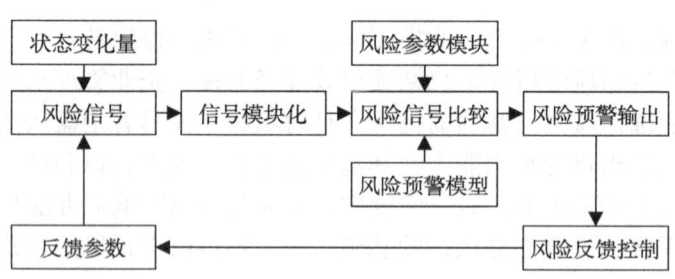

图 10-3　EPC 工程总承包项目风险动态预警系统

风险预警系统包括状态变化量的输入、风险信号处理、风险信号转化、风险预警结果输出和结果反馈控制等 5 个模块。建立风险预警系统时，企业应从工程实际出发，有针对性地对工程潜在风险进行监控并进行风险预估，设定风险预警界限，一旦超出预警线便会触发风险预警系统发出警报，这样项目的管理层就可以根据预警结果积极采取有针对性的风险响应措施进行预防。

"一带一路"背景下的 EPC 工程总承包项目与国内的工程项目不尽相同，风险状态更加复杂，风险损失结果对于整个项目的影响程度更大，建立切实可行且行之有效的 EPC 工程总承包风险预警系统，是保证财产安全和人员生命安全的关键环节。

二、风险控制措施

EPC 工程总承包项目在不同的阶段面临着不同的风险，阶段性预防就显得尤为重要。因此，在工程建设过程中，针对具体情况要具体分析，把握风险动态，建立风险处置机制，以采取行之有效的风险控制措施解决问题。采取风险控制措施的最终目的是从根本上避免风险发生，全面提高和巩固风险抵御能力，最大限度地将风险损失降到最低。

（一）组织措施

组织措施是最重要也是最具有全局性的风险控制措施，对于国际 EPC 工程总承包项目风险控制来说，最快速有效的方法是建立一套完善的项目组织管理制度。

1. 紧跟工程施工进程

在项目开工前，业主方应组织项目参与方会议，制定整体管理计划；项目建设过程中组织开展研讨会，对工程变更、工程款支付、施工技术及时沟通协调，将风险控制在最小范围内，避免风险影响进一步扩大。

2. 合作共信

业主方和承包商之间的相互信任是双方合作的基础，为实现风险的有效管理和控制，项目参与各方应建立合作共信的友好关系，相互体谅、相互理解、团结协作。

3. 明确责任划分

业主方作为建设项目的组织者，应带头组建一支工作效率高、专业水平和管理水平高的风险管控队伍，设定风险管控目标，通过分析项目性质、各部门工作任务，明确责任方，将责任落实到对应岗位。

（二）经济措施

经济措施是最常用也是最易受人们接受的措施，但其效果持续性受到考验。

在"一带一路"国际工程承包中，常见的经济措施有以下几个。

1. 项目结算采用人民币，转移汇率波动的风险由供货商承担

在国际EPC工程总承包项目中投标厂商通常是国内贸易代理公司，通常与供货商之间采用人民币结算，可在合同中规定汇率发生变化时结算金额固定，供货商承担了一部分风险。

2. 针对物价波动，设立风险自留金

物资价格波动是不规则的，并且受许多因素影响，因此很难人力干预。当价格波动导致原材料价格上涨并超出施工单位可以承受的范围时，风险自留金用于此类补贴，防止施工单位或供货单位资金断链。

3. 建立严格的项目财务工作流程

总承包单位在EPC工程总承包项目中负责资金流转的主要工作，为保证资金链正常运转，总承包单位应严格遵守收付款流程和监管体系，将责任层层下放、责任到人，降低因自身问题导致的项目财务风险。

（三）管理措施

管理措施是按客观经济规律对工程项目建设全过程有效地进行计划、组织、控制与协调，"一带一路"视角下的EPC总承包工程管理也应该逐步与国际接轨。

1. 加强项目管理规范化建设

工程建设初期就应提出标准化且切实可行的管理制度体系，工程项目建设应严格按照规章制度开展，设置明确的奖惩措施。奖惩分明是确保管理思想统一、各项措施能够顺利落实的关键。

2. 落实安全文明施工标准化建设

明确项目所在国安全文明施工标准，增大项目安全管理工作的资金投入；总承包商负责安全施工检查，定期审核检查结果，并将各专业部门检查结果进行横向对比，明确奖惩清单；选取奖励清单中具有代表性的部门工程，建立安全文明施工样板，通过借鉴经验和参观学习的方式，落实EPC总承包单位安全文明施工的标准化建设。

3. 强化项目人员执行力建设

总承包单位项目经理应与业主方建立良好沟通，争取业主方的政策支持，同时积极配合其监督检查，引导施工单位严格遵守施工要求。项目经理应具备统筹管理和工作任务分配的良好素质，对上协调业主，对下管理工程施工，沟通有重点，执行有力度、有办法是支撑其进行工程项目管理的重要因素。

（四）技术措施

技术措施是指在 EPC 工程总承包项目全过程中，为改进施工技术和完善生产管理而制定的方案及其实施办法，主要技术措施有以下几个。

1. 加强设计全生命周期监管

（1）现场设计

设计阶段作为 EPC 工程总承包项目的关键一环，对于工程项目的实现至关重要，尤其是"一带一路"沿线国家的 EPC 工程总承包项目均具有特殊性，设计人员只有深入现场进行全面了解，才能保证施工图纸按照现场要求设计，施工现场出现任何偏差也可及时解决，保证施工效率；

（2）施工图多方会审

设计各部门之间进行内部会审，主要检查各专业图纸设计参数是否一致，以消除设计误差，然后再组织项目各参与方的相关技术人员，对施工图进行会审，进一步降低设计技术风险，高质高效地完成施工图纸。

2. 施工过程中严格控制

从招标阶段进行源头把控，选择具有国际 EPC 工程总承包项目经验的规范企业，以保证项目建设过程工作配合的专业度和工作流程的正规性；工程施工阶段强化施工质量把控，构建系统的施工质量监督管理体系，达成详细、规范的考核指标，通过合理的奖惩措施确保施工质量，避免因施工质量差而造成的施工技术风险。

3. 建立标准化、精细化工程调试标准

在 EPC 工程总承包项目工程调试准备阶段，由项目经理组织制定初始调试计划，并组织项目参与各方的调试负责人参与调试计划研讨会，制定一套切实可行的完备调试计划；在 EPC 工程总承包项目调试阶段，严格按照调试流程、参数要求和技术规范开展项目调试，保障调试质量和工程性能。

三、风险云管理

（一）层次分析法评价指标权重分析

层次分析法（AHP）是指通过确定下级指标对上级指标的权重，并最终确定每个指标对最终目标的影响程度，分层分级地简化复杂问题。进行多指标风险评价时，首先构建风险评价矩阵，综合专家意见和仿真模拟结果，形成评判矩阵并求其特征向量。

（二）风险等级界定

在 EPC 工程总承包项目风险多指标评估分析的基础上，按颜色进行风险等级界定，并将评估结果绘制成风险等级云图。

风险云图能够清晰明了地显示 EPC 工程总承包项目各阶段的风险概率，通过风险云管理在很大程度上克服了 EPC 工程项目控制力度低、项目分担不均衡、风险不确定性大等问题，同时为风险管控计划报告提供依据，在"一带一路"视角下的国际 EPC 工程总承包项目风险管控研究中具有实际应用价值。

第三节 赞比亚输变电 EPC 工程总承包风险管控实践

一、工程概况

赞比亚输变电工程位于非洲的中南部地区。赞比亚国家和中国一直保持友好关系，近几年赞比亚国家的经济持续稳定增长。自"一带一路"倡议提出与推行后，中赞双方贸易与经济都得到了快速发展。赞比亚输变电工程是两国经济合作最典型的代表作。

国内承包赞比亚项目的公司为上市制造业 M 公司，M 公司业务主要是电力总承包等，主要生产的产品也是跟电力业务息息相关的设备材料，虽然其他方面的设备也有生产，但均为 M 公司的副业，不作为主流产业。M 公司的国际市场主要存在于经济欠发达地区。M 公司签署赞比亚项目后，立即成立了赞比亚项目部，分别在国内外设有一个。由于公司在业务方面，不断升级优化及扩展，M 公司顺应局势与公司发展趋势，人员招聘方面更倾向于有专业技能的青年。有海外大项目经验的员工只占总员工的 30%，其中一些员工是毕业一两年的大学生。由于业务范围的快速发展，M 公司的整体员工结构呈现出年轻化的发展趋势，只有少数员工具有丰富的项目经验，因此对项目管理的要求也相应提高。

二、项目风险识别及其评价

（一）赞比亚工程风险识别

项目风险识别是项目风险管控流程的第一步，起着至关重要的作用。项目风险识别是项目实施过程中根据收集的资料并专家进行研究，根据当地实际情况确定赞比亚工程项目的未知风险源，并将风险识别结果进行归纳分类，为后续风险评估提供指标。

对赞比亚工程可能存在的风险进行综合分析后，对项目风险因素分类。利用专家调查法，并搜集工程有关资料，从公司内部和外部邀请专家组成专家组对赞比亚工程风险进行评估，并将外部风险与内部风险具体化，整理出赞比亚工程的风险清单。

（二）赞比亚工程风险评估

项目的风险评估通常使用分析和综合评估方法。当数据不足时，通常使用专家判断来弥补。本项目主要采用专家判断法，具体如下。

①从参与赞比亚项目中挑选专家组成专家组，发行问卷以进行评分和估计。由于选定的专家实际上都参与了该项目，因此本文将不再考虑每个专家的权威性。

②从公司内部和外部邀请若干名专家组成专家组，专家组根据自身经验和资料整合评估赞比亚工程风险因素等级。并进行综合打分。

③专家对项目的风险发生概率进行打分后，将专家的打分整理求算术平均值，然后评定风险等级，项目的风险影响等级分为关键（人员死亡、项目目标失败、建筑企业破产）、严重（发生人员严重受伤、无法实现项目目标）、中级（工期拖延时间长、产生大量额外费用）、小（人员损伤或疾病程度低、工期拖延时间少、额外费用产生少）、可忽略（损失后果可忽略不计）5档。

④风险因子的发生概率乘以风险影响程度即可获得风险程度。

赞比亚工程在每一阶段都有一个风险等级最高的风险，根据同阶段各风险因素的风险度高低，选出每个阶段最为主要的风险，从风险等级可以看出，外部风险中最主要的风险是汇率风险，应着重考虑；投标阶段中风险最大的是报价风险，影响到后续的采购计划；设计阶段中设计分包商水平不足成为最大风险，该风险决定了设计质量；采购阶段中采购成本上涨和供应商风险最为主要，这两个风险均会导致采购成本上涨；施工阶段的风险众多，最重要的是施工管理和合同的风险，都会影响到后续的施工进度；最终验收竣工阶段的最大风险是验收风险，该阶段如果产生供电不足可能会导致难以进行试运行。

三、风险评价准则及其风险控制措施

（一）风险评价准则

制定 EPC 工程总承包项目施工风险接受准则时要对施工的质量、安全、进度、成果和环境保护等指标进行综合考虑，最大程度避免或减少经济损失和人员伤亡，保障工程建设周期，提高风险管控效益。依据 ALARP 准则，并综合国际上相关规范给出的 EPC 总承包工程的规定，建立赞比亚工程项目风险的五级接受准则。

Ⅰ级　不能接受：遭遇灾难性的风险应立即停止施工，针对风险具体情况进行规避和采取控制措施，从而减小灾害带来的损失。

Ⅱ级　不希望：该类风险程度较高，产生后续影响程度大，可能造成工程损坏与人员伤亡，可花费一定资金进行防控。

Ⅲ级　可接受：公认的风险水平很高，后果很严重，它将对项目造成一些损害，且人员伤亡很少；在这种情况下，需要采取某些工程措施；需要加强预防和监测措施。

Ⅳ级　接受：该类风险虽然水平较低，但依旧要引起注意，可能发生事故造成影响，可提前预防。

Ⅴ级　可忽视：风险发生水平最低，事故造成的影响可忽视，不用进行预测防控。

（二）风险控制措施

各位专家结合风险评估结果与风险接受准则，专家组判断对风险度等级大于 2 的风险会对项目造成较大影响，对于这些风险企业需要采取控制措施。针对这些主要风险，我们将重点整理赞比亚项目风险控制措施清单。

1. 经济风险

①存在汇率损失：可以利用金融工具及与专业银行合作。

②通货膨胀严重：加快工程进度，缩短工期。

2. 社会风险

出现偷盗现象：雇佣保安设备物资进行监管或移交给施工单位。

3. 业主方面的风险

①业主支付金额不及时：如业主原因导致的工期拖延，加强与业主的沟通，延长工期。

②业主审批图纸慢，导致工期延误：时刻督促业主尽快审批图纸或让业主延长工期。

③存在工程量变更：调整合同金额。

4. 投标阶段风险

①报价时存在漏项报价的现象：熟读招标文件，在报价时考虑风险处置金。

②自身实力弱以及竞争对手多：加强调查竞争对手，合理报价。

③工作范围前后不一致：仔细研究招标文件，并进行多部门评审。

5. 设计阶段风险

①设计变更，产生废料，造成损失：对设计文件及图纸进行多方评审。

②设计时间安排不好，设计出图慢：加强对设计的监管，督促按时出图等。

6. 采购阶段风险

①物价上涨和设计变更等导致采购成本上涨：设置采购物价浮动金，根据物价涨幅，调整采购策略。

②供应商供货不及时：选择性价比高的一流供货商。

③运输条件复杂：选择综合实力较强的货运代理，购买运输保险。

7. 施工阶段风险

①分包商实力较弱，缺乏海外施工经验：选择性价比高的实力雄厚的施工单位。

②总承包方监管施工方供应材料不到位，施工进度拖延：施工单位加强进度管理，定期召开施工管理会议。

③对施工进行优化导致施工合同变更：加强设计与施工配合，减少设计变更。

8. 竣工验收阶段风险

试运行时无法供电，导致验收延迟，工程款回款延迟：加强与业主的沟通，顺延工期。

结语

　　提升 EPC 工程总承包项目的风险管控水平有重要的现实意义。工程项目实施决策过程中的风险可以通过有效的风险管控实现最大限度的降低，EPC 工程总承包项目的风险管控水平的提升也能使决策系统化、科学化、合理化；在工程项目执行过程中，有效的风险管控能为项目的顺利实施提供安全和正常运行的环境，为高质、高效、如期达成项目目标提供更为有效的保障；风险管控也能为工程项目风险的预先识别、规避、减少，最低程度降低风险发生时的损失，及时弥补风险发生时造成的损失，保质保量地完成工作，达到预期的项目整体目标提供有力保障；通过风险识别、评估，提出风险控制计划和措施，能够提高 EPC 工程总承包商各个部门的工作运行效率，为企业经营效益目标的实现提供有效保障。

参考文献

[1] 薄立磊. 基于PSO-SVM的工程项目施工阶段成本风险预测[D]. 邯郸：河北工程大学，2012.

[2] 陈起俊. 工程项目风险分析与管理[M]. 北京：中国建筑工业出版社，2007.

[3] 查京民. 国际工程总承包项目管理[M]. 北京：化学工业出版社，2006.

[4] 陈观福，胥树茂. 国际风电EPC总承包项目管理[M]. 北京：机械工业出版社，2015.

[5] 顾祥柏. 国际工程项目投标实务[M]. 北京：中国石化出版社，2013.

[6] 国际咨询工程师联合会. 设计采购施工（EPC）/交钥匙工程合同条件[M]. 北京：机械工业出版社，2002.

[7] 何伯森. 工程项目管理的国际惯例[M]. 北京：中国建筑工业出版社，2007.

[8] 何晓宁. EPC国际工程项目风险评价研究[D]. 石家庄：石家庄铁道大学，2018.

[9] 黄福. 海外EPC工程项目风险管理研究[D]. 南宁：广西大学，2013.

[10] 李冰. 基于EPC承包模式下国际工程项目风险管理研究[D]. 北京：对外经济贸易大学，2016.

[11] 李海文. 基于粗糙集理论的国际工程EPC项目风险研究[D]. 长沙：中南林业科技大学，2016.

[12] 李浩淼. Zjbj公司住宅项目装修工期管控研究[D]. 大连：大连理工大学，2017.

[13] 李利娜. EPC总承包模式下国际工程的风险管理研究：基于赞比亚工程的案例分析[D]. 北京：北京交通大学，2018.

[14] 李硕. 基于总承包商视角的国际EPC工程项目合同风险研究[D]. 济南：山东建筑大学，2020.

[15] 李文英. EPC工程总承包项目风险管理研究[D]. 北京：对外经济贸易大学，2017.

[16] 李雪. EPC模式下总承包商合同风险管理研究[D]. 沈阳：沈阳建筑大学，2017.

[17] 李阳. 我国国际工程EPC总承包项目风险管理研究[D]. 长沙：长沙理工大学，2009.

[18] 李瑜烁. EPC模式下工程总承包商风险评价研究[D]. 郑州：郑州大学，2021.

[19] 林树奎. EPC总承包模式下国际工程项目合同风险管控研究[D]. 重庆：重庆交通大学，2017.

[20] 吕文学. 国际工程项目管理[M]. 北京：科学出版社，2013.

[21] 潘多. EPC模式下海外电力工程项目风险管理研究[D]. 北京：对外经济贸易大学，2017.

[22] 齐宝库，张小月，王欢. 基于AHP-模糊综合评价法的国际建筑工程项目风险评价研究[J]. 沈阳建筑大学学报（社会科学版），2013，15（4）：369-373.

[23] 申建红，张云华，张胜昔. 基于G-COWA的工程项目界面风险评价[J]. 土木工程与管理学报，2016，33（3）：16-21.

[24] 史宗亮. EPC工程合同管理中的前期风险研究[M]. 北京：中国建筑工业出版社，2006.

[25] 孙文建，杨文亚. 基于LMBP神经网络的国际工程项目风险评价研究[J]. 现代电子技术，2017，40（23）：109-112，118.

[26] 田玉环. 国际电力EPC总承包项目风险管理研究[D]. 北京：华北电力大学，2021.

［27］汪国懋. 基于层次分析法的水利PPP项目风险评价［J］. 重庆理工大学学报（自然科学），2016，30（9）：156-160.

［28］汪寿建. EPC模式下的国际工程风险控制概论［M］. 北京：化学工业出版社，2020.

［29］王海东. 某储运罐区改造项目投标风险分析与控制［D］. 大连：大连理工大学，2018.

［30］王伍仁. EPC工程总承包管理［M］. 北京：中国建筑工业出版社，2008.

［31］吴凤平，陈淼，何帅磊. 基于灰色多层次的国际水电承包项目风险评价研究［J］. 科技管理研究，2015，35（6）：60-63，79.

［32］肖继保. 国际石油EPC总承包工程项目典型风险及对策研究［D］. 武汉：武汉工程大学，2013.

［33］徐慧声. 基于工程总承包商视角下的EPC项目合同风险分析与防范研究［D］. 天津：天津理工大学，2016.

［34］徐敏. EPC项目采购风险控制决策研究［D］. 郑州：郑州大学，2019.

［35］岳魏. 国际EPC项目合同风险管理［D］. 成都：成都理工大学，2015.

［36］曾玉华，吴善杰，赵海迪. 展望"十四五"工程总承包开启新征程［J］. 中国勘察设计，2021（5）：28-30.

［37］张水波，陈勇强. 国际工程总承包EPC交钥匙合同与管理［M］. 北京：中国电力出版社，2009.

［38］张毅. EPC模式下G工程项目采购风险管理研究［D］. 北京：北京交通大学，2021.

［39］郑朝明. 管道工程EPC总承包项目的全面风险管理研究［D］. 青岛：中国石油大学（华东），2016.

［40］中国水电建设集团国际工程有限公司. 国际工程EPC水电项目管理理论与实践［M］. 北京：清华大学出版社，2014.

［41］周军. 基于风险管理的国际工程EPC项目实施策划研究［D］. 长沙：长沙理工大学，2012.

［42］周绍琼. EPC工程总承包项目风险管理研究［D］. 成都：西南财经大学，2013.

［43］朱中华. FIDIC EPC合同实务操作［M］. 北京：中国建筑工业出版社，2013.